파이썬을 활용한

빅데이터 분석 개론

쉽게 이해할 수 있도록
그림과 이미지로 설명

안기수 지음

생능

저자 소개

안기수

- 성균관대학교 경상대학 통계학과 졸업
- 성균관대학교 대학원 통계학과 졸업(경제학 석사)
- 성균관대학교 대학원 통계학과 전산통계전공(경제학 박사)
- 현재 동남보건대 세무회계학과 교수

저서

- 《단계별로 설명한 C 프로그래밍》(2000, 생능출판사)
- 《응용 프로그램 개발을 위한 명품 C 언어 프로젝트》(2010, 생능출판사)
- 《명품 C 언어 프로그래밍》(2013, 생능출판사)
- 《엑셀로 풀어보는 생활 속의 통계학》(2021, 생능)

파이썬을 활용한 **빅데이터 분석 개론**

초판인쇄 2024년 6월 18일
초판발행 2024년 6월 28일

지은이 안기수
펴낸이 김승기, 김민정
펴낸곳 (주)생능 / **주소** 경기도 파주시 광인사길 143
출판사 등록일 2014년 1월 8일 / **신고번호** 제406-2014-000003호
대표전화 (031)955-0761 / **팩스** (031)955-0768
홈페이지 www.booksr.co.kr

책임편집 신성민 / **편집** 이종무, 최동진 / **디자인** 유준범, 노유안
마케팅 최복락, 김민수, 심수경, 차종필, 백수정, 송성환, 최태웅, 명하나
인쇄 교보P&B / **제본** 일진제책사

ISBN 979-11-86689-54-7 93000
정가 26,000원

머리말

이 책은 빅데이터 분석의 입문자를 위한 개론서입니다. 개론서는 기본서로서 전공 분야의 전반적인 내용과 지식을 담고 있기에 전공 분야의 참고서적으로 활용됩니다. 그러나 4차 산업혁명의 특징인 융복합이라는 포괄적인 개념으로 전공 분야의 내용과 지식의 범위가 점차 확대되고, 그 경계가 모호해지는 경향이 있기에 이 책에 수록할 내용의 폭과 깊이에 대해 적잖은 고민을 할 수밖에 없었습니다.

빅데이터 분석을 포함하여 빅데이터를 분석하기에 앞서 요구되는 절차들과 분석 이후의 평가와 해석 등을 모두 다루기에는 내용이 너무 방대하므로 이 책의 목적은 빅데이터 분석의 기초로서 소개와 이해에 있으며 다양한 분석 방법을 나열하여 설명하기 보다는 어떤 데이터로 어떤 분석을 통해 어떤 결과를 얻어낼 수 있으며 그 결과물에 대한 기초적인 해석에 초점을 두고 있습니다.

이 책에서는 관련 서적에서 많이 활용되고 있고, 인터넷에서 쉽게 얻을 수 있는 데이터를 사용하였고, 이 데이터를 통해 탐색적 데이터 분석 과정을 설명하기 위하여 파이썬 언어를 사용하였습니다. 그리고 파이썬 언어를 이용한 빅데이터 분석의 예를 통계적 기법의 다변량 분석을 통해 알기 쉽게 설명하고자 하였습니다.

이 책의 앞부분에서는 프로그램 언어의 경험이 없더라도 빅데이터를 분석하기 위한 도구로서 쉽게 활용할 수 있는 파이썬 언어와 라이브러리들을 소개하였고, 파이썬 언어의 기본적인 사용 방법과 그래프의 작성과 표현, 데이터를 요약하는 방법들의 예를 소개하고, 프로그램과 결과를 통해 확인해 나갈 수 있도록 하였습니다.

책의 중간 부분은 분석에 앞서 데이터를 수집하는 방법들, 데이터를 분석에 맞게 수정하거나 편집하는 방법들, 그리고 탐색적 데이터 분석을 통해 데이터 자체에 내재된 특성을 파악하는 방법의 예를 설명하였고, 파이썬을 통해 경험해 볼 수 있도록 하였습니다. 그리고 마지막 부분에서는 다변량 분석을 중심으로 데이터 분석의 예와 더불어 파이썬 프로그램의 결과와 의미에 대해서 설명하였습니다.

앞서 설명하였듯이 이 책은 입문서이므로 복잡한 수학적 표현은 생략하고 대신 그림을 통하여 쉽게 설명하였고, 어떤 부분에 대해서는 분석 절차와 분석 결과를 축소하거나 생략하였습니다.

빅데이터 분석을 위하여 다양한 지식과 기술이 요구되지만, 아무쪼록 이 책이 그러한 지식에 대한 궁금증과 필요성을 일깨워 주는 작은 디딤돌이 되기를 희망합니다.

2024년 6월
안기수

이 책의 구성과 특징

이 책은 총 7개의 장으로 구성되어 있습니다. 이미 파이썬 언어의 기초를 학습하였다면 파이썬 언어와 응용(Part 1) 부분은 생략하는 대신, 데이터 수집과 응용(Part 2) 부분을 확대하여 실제 데이터를 수집하여 시각화의 방법과 데이터의 특성을 숫자로 요약하는 방법들에 대해 실습해보는 것을 추천합니다.

주별	장	내용
1	1장 빅데이터	빅데이터와 빅데이터 분석, 직업 분류와 자격증, 인공지능과의 관계, 정보보호법
2	2장 파이썬 언어(Part 1)	파이썬 프로그램 설치와 실행, 기초 문법
3	2장 파이썬 언어(Part 2)	데이터의 시각화와 요약, 데이터의 특성을 숫자로 요약하는 방법들
4	3장 데이터 수집(Part 1)	데이터 수집 방법의 소개, OPEN API를 이용한 데이터 수집 방법
5	3장 데이터 수집(Part 2)	국내외 데이터 제공 사이트 또는 파이썬 라이브러리에서 제공하는 데이터를 활용한 데이터의 시각화와 요약
6	4장 데이터 다루기(Part 1)	리스트와 배열의 사용 방법, 데이터의 구조를 변환하는 방법들
7	4장 데이터 다루기(Part 2)	데이터 파일 불러오기와 생성하기, 결측값을 확인, 대체, 삭제하는 방법
8	중간평가	1~4장
9	5장 탐색적 데이터 분석과 시각화(Part 1)	타이타닉 데이터의 탐색적 데이터 분석
10	5장 탐색적 데이터 분석과 시각화(Part 2)	텍스트 마이닝의 시각화(단어 구름, 히트맵, 네트워크 다이어그램)
11	6장 데이터 분석 모형(Part 1)	통계 기반 데이터 분석 모형(기술통계와 추론통계, 추정과 가설검정, 다변량 분석)
12	6장 데이터 분석 모형(Part 2)	데이터 마이닝 기반 데이터 분석 모형, 머신러닝 기반 분석 모형
13	7장 분석 기법(Part 1)	상관분석과 회귀분석
14	7장 분석 기법(Part 2)	다변량 분석(주성분분석, 인자분석, 군집분석, 판별분석)
15	총정리	5~7장
16	기말평가	5~7장

이 책의 특징은 다음과 같습니다.

- 공학계열의 전공자뿐만이 아니라 인문계열의 비전공자들도 빅데이터 분석의 개념을 이해할 수 있도록 쉽게 설명하였습니다.
- 파이썬 프로그램에 대한 지식이 없어도 빅데이터 분석과 처리에 파이썬 언어를 활용할 수 있도록 예를 들어 이해하기 쉽게 설명하였습니다.
- 빅데이터 분석의 개념을 쉽게 이해할 수 있도록 수학적 표현을 생략하고 그림과 이미지를 통해서 설명하였습니다.
- 빅데이터 분석의 예제와 연습문제에서 다룬 데이터는 파이썬 라이브러리를 통해 쉽게 이용할 수 있거나 실생활에서 쉽게 접할 수 있는 데이터로 구성하였습니다.

차례

CHAPTER 01 빅데이터

1.1 빅데이터란?   14
1.2 빅데이터 처리와 분석   15
1.3 빅데이터 관련 직업 분류와 자격증   16
   1.3.1 빅데이터 직업 분류   16
   1.3.2 관련 자격증   18
1.4 빅데이터와 인공지능   25
1.5 개인정보보호와 정보 활용   26
   1.5.1 개인정보보호법   26
   1.5.2 개인정보의 유형   28
   1.5.3 개인정보의 사례와 판례   29
   1.5.4 개인정보의 수집과 이용   31
   1.5.5 마이데이터   32
   ■단원 정리   35
   ■연습문제   38

CHAPTER 02 파이썬 언어

2.1 설치와 프로그램의 실행   42
   2.1.1 파이썬 언어   42
   2.1.2 설치와 실행   43
   2.1.3 라이브러리   56
   ■단원 정리 2.1   62
   ■연습문제 2.1   64
2.2 기초 문법   65
   2.2.1 print 함수와 연산자의 사용법   65
   2.2.2 데이터의 입력과 변수   66
   2.2.3 프로그램의 제어   68
   2.2.4 특별한 기능을 처리하는 단위, 함수   75
   ■단원 정리 2.2   78
   ■연습문제 2.2   83
2.3 데이터 시각화와 요약   87
   2.3.1 그래프를 통하여 데이터의 특성을 나타내는 방법들   87
   ■단원 정리 2.3.1   101

　　　　■ 연습문제 2.3.1　　　　　　　　　　　　　　　　　104
　　　2.3.2 데이터의 특성을 숫자로 요약하는 방법들　　　108
　　　　■ 단원 정리 2.3.2　　　　　　　　　　　　　　　119
　　　　■ 연습문제 2.3.2　　　　　　　　　　　　　　　121

CHAPTER 03　데이터 수집

　3.1 데이터 수집　　　　　　　　　　　　　　　　　　　126
　3.2 공공데이터 가져오기　　　　　　　　　　　　　　　136
　3.3 데이터 제공 사이트　　　　　　　　　　　　　　　144
　　　■ 단원 정리　　　　　　　　　　　　　　　　　　160
　　　■ 연습문제　　　　　　　　　　　　　　　　　　163

CHAPTER 04　데이터 다루기

　4.1 데이터 구조인 리스트와 배열의 사용 방법　　　　166
　　　4.1.1 리스트(list)　　　　　　　　　　　　　　　166
　　　4.1.2 배열　　　　　　　　　　　　　　　　　　169
　4.2 데이터 구조의 변환　　　　　　　　　　　　　　　174
　4.3 데이터 파일 다루기　　　　　　　　　　　　　　　180
　　　4.3.1 데이터 파일 불러오기　　　　　　　　　　181
　　　4.3.2 데이터 파일 생성하기　　　　　　　　　　185
　4.4 결측값 다루기　　　　　　　　　　　　　　　　　187
　　　4.4.1 결측값 확인하기　　　　　　　　　　　　189
　　　4.4.2 값 대체하기　　　　　　　　　　　　　　191
　　　4.4.3 결측 사례 삭제하기　　　　　　　　　　　192
　　　■ 단원 정리　　　　　　　　　　　　　　　　　　194
　　　■ 연습문제　　　　　　　　　　　　　　　　　　196

CHAPTER 05　탐색적 데이터 분석과 시각화

　5.1 타이타닉 데이터를 이용한 분석　　　　　　　　　203
　　　5.1.1 변수와 값　　　　　　　　　　　　　　　203
　　　5.1.2 탐색 내용　　　　　　　　　　　　　　　206
　　　■ 단원 정리 5.1　　　　　　　　　　　　　　　227
　　　■ 연습문제 5.1　　　　　　　　　　　　　　　229
　5.2 텍스트 마이닝의 시각화　　　　　　　　　　　　　230
　　　5.2.1 단어 구름　　　　　　　　　　　　　　　230
　　　5.2.2 히트맵　　　　　　　　　　　　　　　　231
　　　5.2.3 네트워크 다이어그램　　　　　　　　　　232
　　　■ 단원 정리 5.2　　　　　　　　　　　　　　　234
　　　■ 연습문제 5.2　　　　　　　　　　　　　　　235

CHAPTER 06 데이터 분석 모형

6.1 통계 기반 데이터 분석 모형   239
    6.1.1 기술통계와 추론통계   240
    6.1.2 추정과 가설검정   241
    6.1.3 모수 검정과 비모수 검정   252
    6.1.4 단변량, 다변량, 단순, 다중 분석   254
    ▪단원 정리 6.1   260
    ▪연습문제 6.1   265
6.2 데이터 마이닝 기반 데이터 분석 모형   270
    ▪단원 정리 6.2   278
    ▪연습문제 6.2   280
6.3 머신러닝 기반 분석 모형   283
    ▪단원 정리 6.2   288
    ▪연습문제 6.2   291

CHAPTER 07 분석 기법

7.1 상관분석과 회귀분석   297
    7.1.1 상관분석   298
    7.1.2 회귀분석   301
    7.1.3 로지스틱 회귀   308
    ▪단원 정리 7.1   310
    ▪연습문제 7.1   313
7.2 다변량 분석   315
    7.2.1 변수 간의 관계 분석   315
    7.2.2 개체 간의 관계 분석   328
    ▪단원 정리 7.2   347
    ▪연습문제 7.2   349

참고문헌   351
찾아보기   354

예제 차례

2장

〈예제 2-1〉 print() 함수의 기본적인 사용법 65
〈예제 2-2〉 이차 방정식의 근을 출력 67
〈예제 2-3〉 나이에 따른 버스 요금의 출력 69
〈예제 2-4〉 일정한 횟수를 반복하는 for 문의 사용법 71
〈예제 2-5〉 조건이 참인 경우에 반복하는 while 문 72
〈예제 2-6〉 주어진 숫자만큼 문자를 반복하는 함수 rept()를 작성 75
〈예제 2-7〉 결과값이 있는 함수의 예 77
〈예제 2-8〉 히스토그램 작성 90
〈예제 2-9〉 가로와 세로 막대그래프 작성 92
〈예제 2-10〉 파이 차트 작성 93
〈예제 2-11〉 선 그래프 작성 94
〈예제 2-12〉 주당 스마트폰 사용 시간에 대한 상자 도형 작성 96
〈예제 2-13〉 초등학생의 키와 몸무게에 대한 산점도 작성 97
〈예제 2-14〉 아이리스 데이터에 대한 산점도 행렬 작성 99
〈예제 2-15〉 중학교 남학생들의 몸무게에 대한 대푯값 출력 110
〈예제 2-16〉 산포도 출력 113
〈예제 2-17〉 대푯값과 산포도 모두 출력 115

3장

〈예제 3-1〉 국제우주정거장의 현재 위치 129
〈예제 3-2〉 통화에 대한 환전 비율 133
〈예제 3-3〉 단기예보 데이터 불러오기 140
〈예제 3-4〉 seaborn 라이브러리에서 제공하는 데이터 확인 152
〈예제 3-5〉 iris 데이터 153
〈예제 3-6〉 mpg 데이터 153
〈예제 3-7〉 tips 데이터 154
〈예제 3-8〉 titanic 데이터 155
〈예제 3-9〉 펭귄 데이터 156
〈예제 3-10〉 sklearn 라이브러리에서 제공하는 데이터 확인 157
〈예제 3-11〉 sklearn 라이브러리에서 제공하는 diabetes 데이터 157
〈예제 3-12〉 sklearn 라이브러리에서 제공하는 wine 데이터 158

4장

〈예제 4-1〉 리스트의 생성과 요소에 대한 접근 167
〈예제 4-2〉 리스트의 메소드 사용법 168
〈예제 4-3〉 〈예제 4-4〉 배열(array)과 리스트(list)의 차이 170
〈예제 4-5〉 1차원 배열의 연산 171

〈예제 4-6〉 2차원 배열의 합과 곱   172

〈예제 4-7〉 배열에서 메소드를 사용한 기술통계 사용 예   172

〈예제 4-8〉 배열 초기화   173

〈예제 4-9〉 특정 조건의 배열 요소로 초기화   174

〈예제 4-10〉 데이터프레임의 생성과 함수 melt()를 이용한 데이터 재구조화   175

〈예제 4-11〉 함수 concat()를 이용한 데이터 재구조화   175

〈예제 4-12〉 함수 merge()를 이용한 결합   177

〈예제 4-13〉 함수 pivot()을 이용한 행렬 전환   178

〈예제 4-14〉 함수 groupby()를 이용한 그룹화   178

〈예제 4-15〉 메소드 sort_value를 이용한 데이터 정렬   179

〈예제 4-16〉 CSV 파일 불러오기   184

〈예제 4-17〉 데이터 파일의 생성   185

〈예제 4-18〉 결측값이 포함된 데이터   189

〈예제 4-19〉 사례수가 많은 경우에 결측값의 확인   189

〈예제 4-20〉 함수 isnull()을 이용한 결측값의 확인   190

〈예제 4-21〉 결측값의 개수 확인   190

〈예제 4-22〉 함수 notnull()를 이용한 결측값의 확인   190

〈예제 4-23〉 결측값이 포함된 평균 계산   191

〈예제 4-24〉 함수 fillna()를 이용한 결측값의 대체   191

〈예제 4-25〉 잘못 입력한 값의 대체(함수 replace())   192

〈예제 4-26〉 결측값이 포함된 사례(데이터 행)의 삭제   193

〈예제 4-27〉 결측값이 포함된 사례(데이터 열)의 삭제   193

5장

〈예제 5-1〉 titanic 데이터의 변수의 이름과 각 변수의 사례수 그리고 데이터 형 출력   206

〈예제 5-2〉 titanic 데이터의 기본정보 출력   210

〈예제 5-3〉 성별 생존자 수와 생존율의 비교   213

〈예제 5-4〉 객실 등급별 생존자 수와 생존율의 비교   217

〈예제 5-5〉 연령별 생존자 수와 생존율의 비교   220

〈예제 5-6〉 탑승도시별 생존자 수와 생존율의 비교   224

6장

〈예제 6-1〉 모집단 표준편차를 모르고 표본의 크기 n이 작은 경우($n < 30$)의 구간추정   244

7장

〈예제 7-1〉 산점도와 상관계수   299

〈예제 7-2〉 단순 회귀분석   305

〈예제 7-3〉 포도주에 대한 주성분분석   317

〈예제 7-4〉 주식 수익률에 대한 인자분석   324

〈예제 7-5〉 붓꽃 데이터를 이용한 판별분석   341

참고 차례

2장

[참고 1] 주피터 노트북(Jupyter Notebook)   48
[참고 2] 주피터 랩(Jupyter Lab)   52
[참고 3] 변수의 이름   67
[참고 4] 파이썬에서의 들여쓰기와 블록   74
[참고 5] 로또와 당첨확률   116

3장

[참고 1] JSON   132

4장

[참고 1] 함수(function)와 메소드(method)   168
[참고 2] 파이썬 프로그램의 오류들   170
[참고 3] 이스케이프 시퀀스(escape sequence) 사용 시 오류 해결   185

6장

[참고 1] 좋은 추정량의 선택 기준   241

7장

[참고 1] 최소제곱법을 사용한 회귀계수 a와 b에 대한 추정   304

01

빅데이터

빅데이터에 대한 정의, 빅데이터의 처리와 분석과 관련된 기술들, 관련 직업 분야와 국내외 자격증, 인공지능과의 관계 그리고 정보보호와 활용에 대해서 알아봅니다.

contents

1.1 빅데이터란? ┃ 1.2 빅데이터 처리와 분석

1.3 빅데이터 관련 직업 분류와 자격증

1.4 빅데이터와 인공지능 ┃ 1.5 개인정보보호와 정보 활용

| 이 장에서 학습할 내용 |

1. 빅데이터 정의
2. 빅데이터 처리와 분석
3. 빅데이터 관련 직업 분류와 자격증
4. 빅데이터와 인공지능
5. 개인정보보호와 정보 활용

1.1 빅데이터란?

빅데이터는 데이터를 처리하는 기존의 응용 소프트웨어로는 수집하거나 저장 및 분석하기 어려운 방대한 양의 데이터를 의미하며 이러한 데이터로부터 가치를 추출하고, 결과를 분석하는 기술입니다.

빅데이터는 정치, 경제, 사회, 문화, 과학, 의학 등의 거의 모든 영역에서 우리에게 가치가 있고 의미 있는 정보를 제공하고 있으며, 그 중요성이 날로 높아지고 있습니다. 이러한 이유로 빅데이터 분야의 기술을 가지고 있는 직업 분야의 수요는 폭발적으로 증가할 것으로 기대하며, 조직의 지속적인 발전과 경쟁력 강화 및 관련 분야에서의 경쟁 우의를 선점하기 위한 중요한 요소로 자리매김을 하고 있습니다.

그러나 빅데이터는 수많은 사람들의 정보로 구성되므로 인터넷을 사용하면서 남긴 데이터를 무분별하게 수집하거나, 보안상의 문제로 개인정보가 유출될 때 사생활이 침해될 수 있습니다. 특히 의료분야에서 빅데이터에 대한 잘못된 분석의 결과는 처방과 치료의 오남용을 가져올 수 있으며, 여기에는 개인의 신체적 특징이 포함된 민감한 정보가 포함되므로 개인의 동의 없이 또는 이를 무시하고 사용될 때 사회적으로나 윤리적으로 문제가 발생합니다. 따라서 빅데이터의 사용 전에 전제가 되어야 하는 것은 무분별한 정보의 남용으로부터 개인을 보호하고, 윤리적인 문제점을 고려해야만 합니다.

빅데이터는 규모(Volume), 속도(Velocity), 다양성(Variety), 정확성(Veracity), 가치(Value)의 5V의 특성[1]을 갖습니다. 규모는 빅데이터의 첫 번째 특징으로 존재하는 데이터의 양을 나타내며, 속도는 데이터가 생성되는 속도와 데이터가 이동하는 속도를 나타내며 신속하게 경우에 따라서는 거의 실시간으로 처리되고 분석되어야 합니다.

다양성은 데이터 유형의 다양성을 나타냅니다. 어떤 목적으로 수집된 데이터는 정형(structured data), 비정형(unstructured data) 또는 반정형(semi-structured data) 데이터의 유형으로 구분합니다. 과거에는 분석하거나 의미를 파악하기가 어려웠던 비정형 데이터를 분석함으로써 빅데이터의 탄생에 큰 역할을 담당하였습니다.

데이터 유형	설명	예시
정형 데이터	정해진 규칙에 따라 정리된 데이터로 값의 의미를 쉽게 파악할 수 있고, 연산이 가능하며, 특정한 구조로 되어 있음	관계형 데이터베이스, 스프레드시트, SCV
비정형 데이터	정해진 규칙이 없고 연산이 불가능하며, 값의 의미를 쉽게 파악할 수 없음	텍스트 파일, 영상 파일, 음성 파일
반정형 데이터	정형과 같은 규칙이 있으나 연산이 불가능함	JSON, HTML, 웹문서

정확성은 데이터의 정확성과 신뢰성을 의미하며, 데이터의 신뢰도는 데이터의 진실성을 요구합니다. 다양한 유형의 데이터로부터 사용 가능한 자료가 수집되더라도 부정확하거나 불필요한 정보를 제거하여 사용하는 것 그리고 이를 통해 정확하고 진실한 정보를 추출하는 것이 중요합니다. 가치는 데이터로부터 얻어지는 부가 가치 또는 유용성을 의미합니다. 데이터가 유용해지기 위해서 지식으로 변화되어야 하며, 이 과정에서 다양한 분석 방법과 기술이 요구됩니다.

1.2 빅데이터 처리와 분석

빅데이터 처리 프로세스에는 일반적으로 다음과 같은 단계가 포함되지만 항상 선형적으로 처리되는 것은 아니며, 구체적인 사용 사례와 요구 사항에 따라 서로 다른 단계를 반복하거나 동시에 수행할 수 있습니다.

---

1) IBM. "The 5 V's of big data(2023), https://www.ibm.com/blogs/watson-health/the-5-vs-of-big-data/."

처리	내용
수집	데이터베이스, 소셜 미디어, 센서 및 기타 소스와 같은 다양한 유형의 원천으로부터 데이터를 수집
저장소	수집된 데이터는 하둡 분산 파일 시스템(HDFS) 또는 아마존 S3와 같은 분산 파일 시스템에 저장
처리	배치 처리 또는 실시간 처리와 같은 다양한 기술을 사용하여 저장된 데이터를 처리하는 것을 포함. 일괄 처리는 대량의 데이터를 한 번에 처리하는 것을 포함하는 반면, 실시간 처리는 데이터가 도착하는 대로 처리하는 것을 포함
분석	데이터를 처리한 후에는 데이터를 분석하여 통찰력을 얻고 정보에 입각한 결정을 내리는 것
시각화	데이터 분석에서 얻은 통찰력을 그래프, 차트 또는 대시보드와 같은 시각적 형식으로 제시하여 이해도를 높이고 의사 결정을 용이하게 함
해석	마지막 단계는 데이터 분석 결과를 해석하고 향후 의사 결정을 안내하는 결론을 도출하는 것

빅데이터 분석은 머신러닝, 데이터 마이닝, 자연어 처리 등 첨단 분석 기법을 활용해 의사 결정을 내리고 프로세스를 개선할 수 있는 패턴과 통찰력을 파악하는 것 등을 포함합니다. 빅데이터를 처리하고 분석하려면 Hadoop, Apache Spark, NoSQL 데이터베이스와 같은 전문화된 도구와 기술이 필요합니다. 이러한 도구는 대량의 데이터를 처리하고, 처리 워크로드[2]를 여러 시스템 또는 서버에 분산하며, 복잡한 분석 기술을 지원하도록 설계되었습니다.

1.3 빅데이터 관련 직업 분류와 자격증

빅데이터 분야에는 다양한 직업이 있으며, 이 분야의 업무는 데이터 수집, 저장, 처리, 분석, 시각화, 모델링 등 다양한 영역을 포함합니다. 이와 관련된 국내외 자격증 역시 직무별 자격 요건과 처리 기술 능력에 따라 다양합니다.

1.3.1 빅데이터 직업 분류

다음은 일반적으로 빅데이터 분야에서 찾을 수 있는 주요 직업 분류입니다.

---

2) 워크로드(work load) : 주어진 시간 안에 컴퓨터 시스템이 처리해야 하는 작업의 양

직업	역할	기술 및 도구
데이터 엔지니어 (Data Engineer)	대량의 데이터를 수집, 저장, 처리, 전송하고 데이터 웨어하우스를 설계 및 구축	Hadoop, Spark, SQL
데이터 사이언티스트 (Data Scientist)	데이터를 분석하여 비즈니스 문제를 해결하고 예측 모델을 개발	통계, 머신러닝, 프로그래밍 언어(예: Python, R), 데이터 시각화 도구, 데이터 마이닝 등
빅데이터 분석가 (Big Data Analyst)	대규모 데이터 셋을 분석하여 기업에 가치 있는 정보를 제공하며, 비즈니스 의사 결정을 지원	SQL, 데이터 시각화 도구, 통계 및 분석 도구
데이터 아키텍트 (Big Data Architect)	빅데이터 시스템의 아키텍처를 설계하고 구축하며, 데이터 관리 전략을 개발	클라우드 플랫폼, 빅데이터 프레임워크(예: Apache Hadoop, Spark), 데이터 모델링
빅데이터 프로그래머 (Big Data Programmer)	빅데이터 솔루션을 개발하고 구현하는 역할	Python, Scala 등의 프로그래밍 언어, 빅데이터 프레임워크와 라이브러리
데이터 시각화 전문가 (Data Visualization Specialist)	데이터를 시각적으로 표현하여 효과적으로 전달하고 이해할 수 있도록 돕는 역할	시각화 도구(예: Tableau, Power BI)
빅데이터 프로젝트 매니저 (Big Data Project Manager)	빅데이터 프로젝트를 계획, 관리하고 팀 간 협력을 조직	프로젝트 관리 도구, 비즈니스 이해
빅데이터 보안 전문가 (Big Data Security Expert)	빅데이터 시스템 및 데이터의 보안을 유지하고 관리	보안 프로토콜, 암호화 기술, 접근 제어 시스템

한국표준직업분류[3]에 의하면 4차 산업혁명 등 ICTs[4] 기반의 기술 융·복합 및 신성장 직종을 분류체계에 반영하여 데이터 분석가, 모바일 애플리케이션 프로그래머, 산업 특화 소프트웨어프로그래머 등을 신설하였고 데이터 전문가의 직업 분류와 세세분류는 다음과 같습니다.

대분류	중분류	소분류	세분류
전문가 및 관련 종사자	정보통신 전문가 및 기술직	컴퓨터 하드웨어 및 통신공학 전문가	
		컴퓨터 시스템 및 소프트웨어 전문가	컴퓨터 시스템 전문가
			시스템 소프트웨어 개발자
			응용 소프트웨어 개발자
			웹 개발자
			기타 컴퓨터 시스템 및 소프트웨어 전문가

---

3) 통계청(2017), 7차 한국표준직업분류

4) ICT : Information and Communication Technology

전문가 및 관련 종사자	정보통신 전문가 및 기술직	데이터 및 네트워크 관련 전문가	데이터 전문가(Data Specialists)
			네트워크 시스템 개발자
			정보 보안 전문가
			기타 데이터 및 네트워크 관련 전문가
		정보 시스템 및 웹 운영자	정보 시스템 운영자
			웹 운영자
		통신 및 방송 송출 장비 기사	

세분류	세세분류
데이터 전문가 (Data Specialists)	데이터 설계 및 프로그래머 (Data Designers and Programmers)
	데이터 분석가(Data Analysts)
	데이터 관리 및 운영자 (Data Managers and Operators)
네트워크 시스템 개발자	네트워크 시스템 개발자 (Network System Developers)
정보 보안 전문가	정보 보안 전문가 (Information and Computer Security Professionals)
기타 데이터 및 네트워크 관련 전문가	그 외 데이터 및 네트워크 관련 전문가 (Data and Network System Professionals n.e.c.)

1.3.2 관련 자격증

국내 자격증과 국외 자격증으로 나누어서 설명합니다. 빅데이터와 데이터 분석 관련 국내 자격증 시험은 한국데이터산업진흥원과 사단법인 한국정보과학진흥협회 그리고 한국산업 인력관리공단을 통해 이루어집니다. 우선 한국데이터산업진흥원에서 주관하는 데이터 자격 검정시험과 요약 내용[5]은 다음과 같습니다.

---

5) https://www.kdata.or.kr

국가기술자격 빅데이터분석기사	국가공인 및 민간 데이터 아키텍처	국가공인 SQL(Structured Query Language)	국가공인 데이터분석
빅데이터분석기사 (BigData Analysis Engineer)	• 국가공인 DA 전문가 (Data Architecture Professional) • 민간자격 DA 준전문가(Data Architecture semi-Professional)	• 국가공인 SQL 전문가 (SQL Professional) • 국가공인 SQL 개발자 (SQL Developer)	• 국가공인 데이터분석 전문가(Advanced Data Analytics Professional) • 국가공인 데이터분석 준전문가(Advanced Data Analytics semi-Professional)
유의미한 결과를 도출하기 위해 대용량 데이터 집합에서 유용한 정보의 수집 및 분석, 시각화 등을 검증하는 능력 평가	효과적인 데이터 아키텍처 구축을 위한 데이터 표준화, 모델링 등에 대한 능력 평가	DB 프로그래밍, 성능 최적화 등을 위한 SQL 작성, 설계 및 구현 능력 평가	데이터 이해, 처리기술 지식을 바탕으로 데이터 분석, 기획, 시각화 등에 대한 능력 평가
① 빅데이터 분석 기획 ② 빅데이터 탐색 ③ 빅데이터 모델링 ④ 빅데이터 결과 해석 등	① 전사아키텍처 이해 ② 데이터 요건 분석 ③ 데이터 표준화 ④ 데이터 모델링 ⑤ 데이터베이스 설계와 이용 ⑥ 데이터 품질 관리 이해 등	① 데이터 모델링의 이해 ② SQL 기본 및 활용 ③ SQL 고급 활용 및 튜닝 등	① 데이터 이해 ② 데이터 처리 기술 이해 ③ 데이터 분석 기획 ④ 데이터 분석 ⑤ 데이터 시각화 등

각 자격 종목마다 응시자격 기준이 다르지만, 데이터 자격검정 홈페이지[6]에서 제공하는 응시자격 자가진단(종목선택 → 학력 및 경력정보입력 → 진단결과 확인)을 통해 응시자격을 확인할 수 있습니다.

사단법인 한국정보과학진흥협회[7]에서 주관하는 자격시험으로는 빅데이터 큐레이터(비공인 민간자격)가 있습니다.

■ 빅데이터 큐레이터(BigData Curator)

자격소개: Bigdata Curator는 빅데이터를 분석하여 '미래 예측', '숨은 기회 발견', '위험요소 회피', '맞춤형 서비스', '실시간 대응' 등 기업이나 조직의 의사결정에 중요한 역할을 담당하는 전문가를 말합니다.

---

6) https://www.dataq.or.kr/www/main.do
7) http://cad.or.kr/index/

구분	검정과목	검정방법 및 문항수		시험 시간
		객관식	주관식 (단답형)	
필기	빅데이터의 이해	18	2	70분
	빅데이터의 기획과 분석	18	2	
	빅데이터 기술	18	2	
실기	빅데이터 분석	작업형		80분

한국산업인력관리공단에서 시행하는 자격증은 다음과 같습니다.

■ 사회조사분석사(Survey Analyst)

사회조사분석사(1급, 2급)란 다양한 사회정보의 수집·분석·활용을 담당하는 새로운 직종으로 기업, 정당, 지방자치단체, 중앙정부 등 각종 단체의 시장조사 및 여론조사 등에 대한 계획을 수립하고 조사를 수행하며 그 결과를 분석, 보고서를 작성하는 전문가입니다. 지식 사회조사를 완벽하게 끝내기 위해서는 '사회조사방법론'은 물론이고 자료분석을 위한 '통계지식', 통계분석을 위한 '통계패키지프로그램' 이용법 등을 알아야 합니다. 또, 부가적으로 알아야 할 분야는 마케팅관리론이나 소비자행동론, 기획론 등의 주변 관련분야로 이는 사회조사의 많은 부분이 기업과 소비자를 중심으로 발생하기 때문입니다. 사회조사분석사는 보다 정밀한 조사업무를 수행하기 위해 관련분야를 보다 폭넓게 경험하는 것이 중요합니다.

다음은 사회조사분석사 2급의 출제기준입니다.

구분	검정과목	문제	시험시간
필기	조사방법과 설계	객관식 30	2시간 30분
	조사관리와 자료처리	객관식 30	
	통계분석과 활용	객관식 40	
실기	사회조사분석 실무	복합형	필답형 2시간 작업형 2시간

■ 정보관리기술사(Professional Engineer Information Management)

정보관리에 관한 고도의 전문지식과 실무경험에 입각하여 정보시스템을 계획, 연구, 설계,

분석, 시험, 운영, 시공, 감리, 평가, 진단, 사업관리, 기술판단, 기술중재 또는 이에 관한 기술자문과 기술지도 업무를 수행하는 직무입니다. 정보처리 업무의 효율성을 높이고, 각 조직에 가장 적합한 시스템을 설치 운영하기 위해서는 컴퓨터에 관한 전문적인 지식과 기술을 갖춘 인력양성이 필요하게 됩니다. 정보관리에 관한 고도의 전문지식과 실무경험에 근거하여 정보시스템을 계획, 연구, 설계, 분석, 시험, 운영, 시공, 감리, 평가, 진단, 사업관리, 기술판단, 기술중재 또는 이에 관한 기술자문과 기술지도 업무를 수행합니다.

구분	검정과목	검정방법	시험시간
필기	정보 전략 및 관리	단답형/주관식 논문형	400분
	소프트웨어 공학		
	자료처리		
	컴퓨터 시스템 및 정보통신		
	정보보안		
	최신기술, 법규 및 정책		
면접	정보 전략 및 관리	구술형 면접시험	15~30분 내외
	소프트웨어 공학		
	자료처리		
	컴퓨터 시스템 및 정보통신		
	정보보안		
	최신기술, 법규 및 정책		

■ 정보처리기사(Engineer Information Processing)

컴퓨터를 효과적으로 활용하기 위해서 하드웨어뿐만 아니라 정교한 소프트웨어가 필요합니다. 이에 따라 우수한 프로그램을 개발하여 업무의 효율성을 높이고, 궁극적으로 국가발전에 이바지하기 위해서 컴퓨터에 관한 전문적인 지식과 기술을 갖춘 사람을 양성할 목적으로 제정되었습니다.

구분	검정과목	검정방법	시험시간
필기	소프트웨어설계	객관식 과목당 20문항	과목당 30분
	소프트웨어개발		
	데이터베이스구축		
	프로그래밍언어활용		
	정보시스템구축관리		
실기	정보처리실무	필답형	2시간 30분

■ 정보처리산업기사(Industrial Engineer Information Processing)

컴퓨터를 효과적으로 활용하기 위해서 하드웨어뿐만 아니라 정교한 소프트웨어가 필요합니다. 이에 따라 우수한 프로그램을 개발하여 업무의 효율성을 높이고, 궁극적으로 국가 발전에 이바지하기 위해서 컴퓨터에 관한 전문적인 지식과 기술을 갖춘 사람을 양성할 목적으로 제정되었습니다.

구분	검정과목	검정방법	시험시간
필기	정보시스템 기반 기술	객관식 과목당 20문항	과목당 30분
	프로그래밍언어 활용		
	데이터베이스 활용		
실기	정보처리실무	필답형	2시간 30분

다음은 국외 자격증에 대한 소개입니다.

■ AWS Certified Data Analytics

AWS Data Analytics은 아마존 웹 서비스(Amazon Web Services)를 이용한 분석 솔루션을 설계, 구축, 유지 관리할 수 있는 능력을 인증합니다. 이 인증은 5년의 업무 경험을 가진 업계 전문가를 위해 설계되었고, 초기 경력 전문가에게 가장 적합합니다. 이 자격증을 얻기 위해서는 65개의 문항으로 구성된 아마존의 DAS-01 인증 시험을 통과해야 합니다. 아마존은 수험생들에게 공통 데이터 분석 기술에 대한 5년의 경험과 아마존 웹 서비스에 대한 2년의 실제 경험을 가질 것을 권장합니다.

■ Certification of Professional Achievement in Data Sciences

데이터 과학을 위한 알고리즘, 데이터 과학을 위한 확률 및 통계, 데이터 과학을 위한 기계 학습, 탐색적 데이터 분석 및 시각화의 4가지 필수 과정을 포함하여 최소 12학점을 이수해야 하는 학위 없는 시간제 프로그램입니다.

■ Certified Analytics Professional(CAP)

뛰어난 데이터 과학 전문인을 인증하며, 분석 지향 조직에서 평가하는 중요한 기술 전문 지식 및 관련 기술 여부에 대해 신뢰할 수 있는 검증입니다. 오늘날 데이터 중심의 세계에서 자신의 기술을 검증하려는 초기 및 중기 경력 전문가를 위한 최고의 인증 과정입니다.

■ CDP Data Analyst

Cloudera[8]의 CDP Data Analyst 테스트는 데이터 분석가가 성공적인 역할을 수행하기 위해 필요한 Cloudera 기술과 지식을 테스트합니다. 이 테스트는 Cloudera Data Visualization, Cloudera Machine Learning, Cloudera Data Science Workbench, Cloudera Data Warehouse와 같은 Cloudera 제품과 SQL, Apache Nifi, Apache Hive 및 기타 오픈 소스 기술의 사용을 테스트합니다. 이 인증을 통해 더 나은 경력 기회를 노릴 수 있으며 데이터 분석 및 관리를 위해 Cloudera 제품에 대한 능숙한 사용능력을 입증할 수 있습니다.

■ CompTIA Data Plus

CompTIA Data+ 인증은 1년 반에서 2년 정도의 업무 경험이 있는 초기 경력 전문가에 대해 데이터 마이닝, 조작, 시각화에 대한 이해를 강조합니다. 이 자격증을 따기 위해서는 100~900점 만점에 최소 675점 이상의 90문항의 시험을 통과해야 합니다. CompTIA는 이 시험에 응시하는 사람들이 데이터베이스, 분석 도구, 통계 및 데이터 시각화의 기초가 있는 분석가 또는 보고직에서 18~24개월의 경험을 가질 것을 권장합니다.

■ Google Data Analytics Professional Certificate

이 자격증은 온라인 인증서 프로그램으로 6개월 동안 데이터 분석에 대한 8개 과정의 포

---

8) 클라우드 컴퓨팅이라는 용어를 처음 만든 Christophe Bisciglia를 중심으로 Oracle, Google, Yahoo, Facebook 등에서 일했던 전문가 집단들이 모여 설립한 컨설팅 회사

괄적인 소개를 제공합니다. 사전 경험 또는 지식이 없는 초보자를 위해 특별히 설계되었으며 스프레드시트, SQL 및 R 프로그래밍을 사용하는 방법과 함께 데이터 크리닝, 시각화 및 분석하는 방법을 교육[9]합니다.

■ IBM Data Analyst Professional Certificate

사전 경험과 지식이 없는 사람들로 하여금 초보 데이터 분석가 자리에 오르도록 하는 온라인 과정[10]입니다. 학습자들은 수료하는데 약 11개월이 걸리는 8개의 과정을 통해 Python, SQL, Excel, IBM Cognos 분석학 등에 대한 실무 지식과 데이터 과학 기술과 데이터를 분석하고 시각화하고 머신러닝 모델을 구축하는 방법들을 교육합니다.

■ Microsoft Certified: Power BI Data Analyst Associate

이 인증은 비즈니스 분석을 위해 데이터 시각화를 사용하는 대화형 소프트웨어인 Power BI를 이용하여 작업할 수 있는 능력을 나타냅니다. 데이터 프로세스 및 데이터 저장소에 대한 충분한 있는 전문가를 위해 설계되었으며, 비즈니스 분석에 추가로 고급 분석 능력의 가치를 보여주고자 원하는 사람들에게 적합합니다.

■ Open Certified Data Scientist

Open Certified Data Scientist 자격증은 데이터 과학자가 비즈니스의 전반적인 개선을 위해 데이터를 효과적으로 분석하는 데 필요한 지식과 능력을 갖추고 있는지 확인하며 관련 업계와 단체에서 이용할 수 있는 가상 포괄적인 인증입니다. 이 프로그램에는 세 가지 인증 수준(레벨 1: 인증된 데이터 과학자, 레벨 2: 마스터 인증 데이터 과학자, 레벨 3: 저명한 공인 데이터 과학자)이 있습니다.

■ SAS Statistical Business Analyst Professional Certificate

이 자격증은 전문 분야에서 예측 및 통계 모델링 능력을 향상시키려는 데이터 분석가들을 위해 고안되었습니다. SAS 프로그래밍에 대한 사전 지식이 있는 사람들을 위해 고안된 온라인 자격증으로 완성하는 데 약 3개월이 걸리며 비즈니스 목적을 위한 모델링 및 프로그래밍에 대한 보유자의 숙련도를 인증합니다. 이 자격증은 SAS 프로그래밍 언어에 대한 사전 지식과 경험이 이미 있는 사람들을 위한 것이므로 SAS에 대한 이해가 부족할 경우 먼

---

9) https://grow.google/certificates/data-analytics/
10) https://www.ibm.com/training/badge/data-analyst-professional-certificate

저 SAS 프로그래머 전문 자격증을 받아야 합니다.

■ SAS Certified Data Scientist

SAS Certified Data Scientist 자격증은 다양한 SAS 프로그램과 오픈 소스 도구를 통해 빅데이터를 조작하고 통찰력이 있음을 인증합니다. 이 자격증을 취득하기 위해서는 데이터 큐레이션, 고급 분석, 인공지능과 머신러닝에 대한 지식을 평가하는 세 가지 자격증에 걸쳐 7개의 시험을 통과해야 합니다.

1.4 빅데이터와 인공지능

빅데이터와 인공지능은 현대 기술 분야에서 밀접하게 관련이 있으며, 서로 상호보완적인 관계에 있습니다. 빅데이터는 인공지능의 학습과 발전을 위한 연료 역할을 하고 있고, 인공지능은 이러한 데이터를 분석하고 활용하여 지능적인 결정을 내리는 기술입니다. 따라서 데이터가 부족하다면 인공지능 모델은 충분한 학습 데이터를 확보하지 못하므로 정확한 결과를 도출하기 어려워지기 때문에 이러한 상호보완적인 관계는 두 기술이 서로 발전하고 혁신을 이루는 데 중요한 역할을 합니다.

예를 들어 온라인 쇼핑몰을 운영하는 전자상거래 기업이 매출 실적을 높이기 위해 빅데이터와 인공지능을 활용할 때 다음과 같은 과정으로 이루어집니다.

1. 데이터 수집 : 온라인 쇼핑몰을 통해 수많은 고객 행동 데이터가 생성되는데 이 데이터에는 고객의 구매 이력, 검색 기록, 제품 평가 등이 포함됩니다.
2. 데이터 전처리 : 수집된 데이터는 전처리 과정을 거쳐야 합니다. 빅데이터 전문가들은 데이터를 정제하고 필요한 형태로 가공하여 데이터베이스에 저장합니다. 예를 들어, 결측값 처리, 이상값 제거, 데이터 형식 표준화 등의 작업이 이루어집니다.
3. 데이터 분석과 학습 : 수집된 데이터를 바탕으로 인공지능 기술을 사용하여 고객의 구매 패턴을 분석합니다. 머신러닝 알고리즘은 고객의 이전 구매 이력, 검색 기록, 관심사 등을 분석하여 고객의 취향을 학습하고, 이를 활용하여 고객이 선호하는 제품, 구매 빈도, 특정 시간대의 구매 성향 등을 예측합니다.
4. 결과 해석과 의사결정 : 분석된 결과를 기반으로 마케팅 전략을 구상하는데 특정한 개인에게 할인 쿠폰을 제공하거나, 특정 상품을 추천하는 등의 개인화된 마케팅 전략을

수립할 수 있습니다. 학습된 모델은 고객 개인에게 제품 추천을 제공하고, 고객이 추천된 제품을 구매하면, 해당 정보는 다시 데이터베이스에 기록되어 모델의 성능을 개선하는데 활용됩니다.

이처럼, 전자상거래 기업은 빅데이터를 수집하고 인공지능 기술을 활용하여 고객들의 행동을 분석하고 이를 기반으로 개인화된 비즈니스 전략을 수립하고 서비스를 제공할 수 있습니다. 이러한 방식으로 빅데이터와 인공지능은 서로 유기적으로 연결되어 기업의 성과 향상을 도모합니다.

1.5 개인정보보호와 정보 활용

개인정보보호와 정보 활용에 대한 내용의 데이터 3법은 「개인정보보호법」, 「신용정보의 이용 및 보호에 관한 법률(약칭 : 신용정보법)」, 「정보통신망 이용촉진 및 정보보호 등에 관한 법률(약칭 : 정보통신망법)」 등 세 가지 법률을 합쳐서 이르는 용어입니다.

데이터 3법의 개정안은 2020년 1월 국회 본회의를 통과하였는데 주요 내용은 개인정보호보법과 정보통신망법의 적용 대상과 신용정보법의 적용 대상이 명확히 구분되도록 정비하는 한편, 개인정보보호법과 정보통신망법을 통합하고 신용정보법에 마이데이터 사업 관련 내용을 새로 도입하는 것이었습니다. 여기서 개인정보보호법의 주요 개정 내용[11]은 다음과 같습니다.

- 가명정보 개념 도입 및 동의 없이 사용 가능한 범위의 구체화
- 데이터 활용에 따른 개인정보처리자의 책임 강화
- 개인정보의 관리·감독체계를 일원화(개인정보보호위원회)

1.5.1 개인정보보호법

개인정보보호법은 개인의 자유와 권리를 보호하고, 나아가 개인의 존엄과 가치를 구현함을 목적으로 2011년 3월 공포되어 시행되고 있습니다. 여기서 개인정보보호법에서 정의하는 개인정보란 다음을 말합니다.

---

11) 대한민국 정책브리핑(https://www.korea.kr/)

■ 개인정보란?

[개인정보란?]

① 성명, 주민등록번호 및 영상 등을 통하여 개인을 알아볼 수 있는 정보
② 해당 정보만으로는 특정 개인을 알아볼 수 없더라도 다른 정보와 쉽게 결합하여 알아볼 수 있는 정보
③ ① 또는 ②를 가명 처리함으로써 원래의 상태로 복원하기 위한 추가 정보의 사용, 결합 없이는 특정 개인을 알아볼 수 없는 정보(가명정보)

따라서 법인의 상호, 영업 소재지, 임원정보, 영업실적 등의 정보는 「개인정보보호법」에서 보호하는 개인정보의 범위에 해당되지 않습니다.

개인정보는 현대 사회에서 인터넷 상의 정보조회 및 정보교환, 마케팅과 상거래를 포함한 금전적 금융적 거래에 있어서 중요한 요소로서 기능을 하고 있으나, 의도적으로 악용되거나 유출될 경우에 개인의 사생활은 물론 안전과 재산에 피해를 줄 수 있으므로 그 중요성이 날로 강조되고 있습니다. 개인정보보호에 있어서 관련 용어를 정리[12]하면 다음과 같습니다.

구분	용어 설명
가명 처리	개인정보의 일부를 삭제하거나 일부 또는 전부를 대체하는 등의 방법으로 추가 정보(이하 '추가 정보'라 함)가 없이는 특정 개인을 알아볼 수 없도록 처리하는 것
가명정보	개인정보의 일부를 삭제하거나 일부 또는 전부를 대체하는 등의 방법으로 추가 정보가 없이는 특정 개인을 알아볼 수 없도록 처리(가명 처리)함으로써 원래의 상태로 복원하기 위한 추가 정보의 사용 · 결합 없이는 특정 개인을 알아볼 수 없는 정보를 말함
개인정보 파일	개인정보를 쉽게 검색할 수 있도록 일정한 규칙에 따라 체계적으로 배열하거나 구성한 개인정보의 집합물
개인정보처리자	업무를 목적으로 개인정보 파일을 운용하기 위하여 스스로 또는 다른 사람을 통하여 개인정보를 처리하는 공공기관, 법인, 단체 및 개인 등
개인영상정보	영상정보처리기기에 의하여 촬영 · 처리되는 영상정보 중 개인의 초상, 행동 등과 관련된 영상으로서 해당 개인을 식별할 수 있는 정보
익명정보	시간 · 비용 · 기술 등을 합리적으로 고려할 때 다른 정보를 사용하여도 더 이상 개인을 알아볼 수 없는 정보
결합정보	합법적으로 접근하여 그 지배력을 확보할 수 있는 두 개 이상의 정보를 쉽게 결합하여 특정 개인을 알아볼 수 있는 정보를 말함
추가 정보	개인정보의 전부 또는 일부를 대체하는 가명 처리 과정에서 생성 또는 사용된 정보로서 특정 개인을 알아보기 위하여 사용 · 결합될 수 있는 정보(알고리즘, 매핑테이블 정보, 가명 처리에 사용된 개인정보 등) ※ 가명 처리 과정에서 생성 · 사용된 정보에 한정된다는 점에서 다른 정보와 구분됨

---

12) 개인정보보호위원회(https://www.pipc.go.kr/np/)

개인정보는 물론 가명정보는 추가 정보의 사용·결합을 통해 개인 식별이 가능하므로 개인 정보보호법의 적용 대상이 되지만 익명정보는 정보 주체를 식별할 수 없도록 개인정보를 처리한 것이고, 다른 정보의 사용으로도 개인의 식별이 불가능하므로 적용에서 제외됩니다. 개인정보, 가명정보, 익명정보의 내용을 정리하면 그림과 표[13]와 같습니다.

적용	구분	개념	특징
개인정보 보호법 적용	개인정보	특정 개인에 관한 정보로서 개인을 알아볼 수 있게 하는 정보	• 개인별로 차별화, 맞춤형 서비스 제공 가능 • 사전 동의 받은 경우에 한해 활용 가능
	가명정보	추가 정보의 사용 없이는 특정 개인을 알아볼 수 없게 조치한 정보	• 통계작성, 과학적 연구, 공익적 기록 보전 목적인 경우 동의 없이 활용 가능(상업적 통계, 산업 목적의 연구 가능) • 익명정보 대비 활용 범위 넓음
비적용	익명정보	더 이상 개인을 알아볼 수 없게(복원 불가능할 정도로) 조치한 정보	개인정보보호법의 적용 대상이 아니므로 언제든지 동의 없이 활용 가능

1.5.2 개인정보의 유형

개인정보는 종류가 다양한데, 예를 들어 어떤 서비스를 이용하고자 회원가입을 할 때 해당 사업자에게 제공하는 정보와 서비스 이용 과정에서 발생하는 통화정보나 구매정보 등도 개인정보에 포함됩니다. 개인정보의 유형은 다음 표[14]와 같습니다.

---

13) 가명정보처리 가이드라인(개인정보위원회, 2024.2.)
14) 개인정보포털(https://www.privacy.go.kr/front/main/main.do)

구분		내용
인적사항	일반 정보, 가족정보	성명 및 주민등록상의 정보들, 가족관계 정보
신체적 정보	신체정보, 의료 · 건강정보	얼굴 및 신체정보, 진료기록 및 건강정보
정신적 정보	기호 · 성향정보, 내면의 비밀정보	도서 대여기록, 웹사이트 검색정보, 종교 및 정당 활동 정보 등
사회적 정보	교육정보, 병역정보, 근로정보, 법적 정보	학력 및 성적, 병역 관련 자료, 직장 내에서의 소속 정보, 재판 기록 등
재산적 정보	소득정보, 신용정보, 기타 수익정보	소득 관련 정보, 대출정보, 신용카드 및 신용정보 등
기타 정보	통신정보, 위치정보, 취미정보	E-mail 주소, 통화 내역, 활동하는 스포츠 정보 등

앞에서도 언급했듯이 개인정보의 해당 여부는 구체적 상황에 따라 평가되므로 다른 정보와 결합하여 개인을 식별하거나 식별할 수 있다고 인정되면 개인정보로 인정됩니다. 그러나 다른 정보와 결합 가능성이 전혀 없어서 개인을 식별하지 않거나 식별할 수 없는 정보의 경우에는 개인정보로 인정할 수 없습니다.

1.5.3 개인정보의 사례와 판례

개인에 관한 정보에 대해 좀 더 구체적인 사례로 구분하여 설명하면 다음과 같습니다. 아래의 내용은 개인정보보호법령 해석[15]에서 발췌하였습니다.

- 사람이 아닌 사물에 관한 정보는 원칙적으로 개인정보에 해당하지 않지만, 해당 사물 등의 제조자 또는 소유자 등을 나타내는 정보는 개인정보에 해당. (※ 특정 건물이나 아파트의 소유자가 자연인인 경우, 그 건물이나 아파트의 주소가 특정 소유자를 알아보는데 이용된다면 개인정보에 해당함)
- '개인에 관한 정보'는 반드시 특정 1인에 관한 정보를 말하는 것은 아니고, 직·간접적으로 2인 이상에 관한 정보는 각자의 정보에 해당함. (※ SNS에 단체 사진을 올린다면 사진의 영상정보는 사진에 있는 인물 모두의 개인정보에 해당함. 의사가 특정 아동의 심리치료를 위해 진료 기록을 작성하면서 아동의 부모 행태 등을 포함하였다면 그 진료기록은 아동과 부모 모두의 개인정보에 해당함. 그렇지만, 특정 개인에 관한 정보임을 알아볼 수 없도록 통계적으로 변환된 '○○기업 평균연봉', '○○대학 졸업생 취업률' 등은 개인정보에 해당하지 않음)

---

15) 개인정보보호 법령해석 실무교재(개인정보보호위원회, 2021.11.)

- 영상정보처리기기에 의하여 촬영·처리되는 영상정보 가운데 개인의 초상, 행동 등과 관련된 영상으로서 해당 개인을 식별할 수 있는 "개인영상정보"는 개인정보에 해당함. 따라서 CCTV 및 네트워크 카메라 이외의 카메라, 휴대전화, 블랙박스 등 영상정보처리기기에 의하여 촬영·처리되는 개인의 초상, 행동 등과 관련된 영상으로 해당 개인을 식별할 수 있는 영상정보는 "개인영상정보"에 해당하지는 않지만, 개인정보로서 보호됨

[판례] 휴대전화번호 뒤 4자리는 개인정보인가?

휴대전화번호 뒷자리 4자만으로도 그 전화번호 사용자가 누구인지를 식별할 수 있는 경우가 있고, 특히 그 전화번호 사용자와 일정한 인적 관계를 맺어온 사람이라면 더더욱 그러할 가능성이 높으며, 설령 휴대전화번호 뒷자리 4자만으로는 그 전화번호 사용자를 식별하지 못한다 하더라도 그 뒷자리 번호 4자와 관련성이 있는 다른 정보(생일, 기념일, 집 전화번호, 가족 전화번호, 기존 통화내역 등)와 쉽게 결합하여 그 전화번호 사용자가 누구인지를 알아볼 수도 있다(대전지법 논산지원 2013.8.9. 2013고단17 판결).

[판례] 이메일 주소는 개인정보인가?

이메일 주소는 당해 정보만으로는 특정 개인을 알아볼 수 없을지라도 다른 정보와 용이하게 결합할 경우 당해 개인을 알아볼 수 있는 정보라 할 것이므로 「정보통신망 이용촉진 및 정보보호 등에 관한 법률」 제2조 제1항 제6호에서 정한 '개인정보'에 해당한다(서울중앙지방법원 2007.2.8. 선고 2006가합33062,53332 판결).

[판례] 아이디와 비밀번호는 개인정보인가?

아이디와 비밀번호 등 식별부호는 실제 공간과는 달리 익명성이 통용되어 행위자가 누구인지 명확하게 확인하기 어려운 가상공간에서 그 행위자의 인격을 표상한다고 할 것이므로, 개인에 관한 정보로서 당해 개인을 알아볼 수 있는 정보, 즉 정보통신망법 제2조 제1항 제6호에서 정한 개인정보에 해당한다(서울중앙지법 2007.1.26. 선고 2006나12182 판결).

[의결례] 블랙박스로 촬영된 영상정보는 개인정보 파일에 해당하는가?

'개인정보 파일'이란 개인정보를 쉽게 검색할 수 있도록 규칙에 따라 체계적으로 배열하거나 구성한 개인정보의 집합물을 말하는데(「개인정보보호법」 제2조 제3호 참조), 블랙박스로 촬영된 영상정보는 촬영일시 등에 따라 체계적으로 배열하여 저장되므로 개인정보 파일에 해당한다 할 것이다(의결례 제2017-13-100호).

1.5.4 개인정보의 수집과 이용

표준 개인정보보호지침(시행 2024.1.4.)은 개인정보보호법에 따른 개인정보 처리의 세부적인 사항을 규정하고 있습니다. 개인정보의 수집·이용(제6조) 중에서 인터넷 상의 정보에 관한 내용은 다음과 같습니다.

- 개인정보의 "수집"이란 정보주체로부터 직접 이름, 주소, 전화번호 등의 개인정보를 제공받는 것뿐만 아니라 제3자로부터 정보주체에 관한 모든 형태의 개인정보를 취득하는 것을 말함. 다만, 인터넷 등에 공개된 자료의 경우 이에 해당하지 않음
- 인터넷 홈페이지 등 공개된 매체, 장소 등에 정보주체가 자신의 개인정보를 수집·이용해도 된다는 명시적인 동의의사를 표시하거나, 홈페이지의 성격, 게시물 내용 등에 비추어 사회 통념상 동의의사가 있었다고 인정되면, 해당 정보주체의 개인정보는 동의 없이 수집·이용 가능

통계처리를 위한 데이터의 수집과 이용에 대한 다음의 내용은 개인정보보호 가이드라인(통계작성 편)[16]에서 발췌한 것입니다.

- 통계업무 시 개인정보보호법(이하 '보호법') 적용을 포괄적으로 배제하던 보호법 제58조 제1항 제1호가 삭제됨에 따라 보호법 규정이 통계업무에 전면 적용(2023.9.15. 시행)
  - 공공기관이 처리하는 개인정보 중 통계법에 따라 수집되는 개인정보는 보호법 제3장부터 제7장까지를 적용하지 아니하도록 규정
- 통계법에 개인정보의 처리 및 보호에 관하여 특별한 규정이 있는 경우에는 통계법을 적용하고, 특별한 규정이 없는 경우에는 보호법을 적용
- 개인정보의 처리 목적을 명확히 하고, 필요 최소한의 개인정보만을 적법하고 정당하게 수집·이용해야 함(보호법 제3조)
  - 개인정보 처리에 관한 동의를 받을 시, 수집목적, 보유 및 이용기간 등을 알리고 동의를 받아야 함(보호법 제15조, 제17조, 제18조 등)
  - 필요 최소한의 개인정보를 수집해야 하고, 필요 최소한의 개인정보 수집이라는 입증 책임은 개인정보처리자가 부담(보호법 제16조)
- 처리 목적에 필요한 범위에서 적합하게 처리하고 안전하게 관리
  - 불필요하게 된 개인정보는 지체 없이 파기해야 함(보호법 제21조)

---

16) 개인정보보호 가이드라인 통계작성편(개인정보보호위원회, 2023.11.)

- 고유식별정보[17]·민감정보[18]는 법령 근거나 정보주체의 동의에 따라 처리(보호법 제 23조, 제24조)
※ 주민등록번호는 법률·대통령령에 근거가 있는 경우 등에만 처리 가능(보호법 제24 조의2)
- 개인정보가 분실·도난·유출·위조 또는 훼손되지 아니하도록 안전성 확보에 필요한 기술적·관리적 및 물리적 조치를 해야 함(보호법 제29조)

1.5.5 마이데이터

마이데이터에 대한 금융위원회의 정의는 "정보주체인 개인이 본인의 정보를 적극적으로 관리, 통제하고, 이를 신용관리, 자산관리, 나아가 건강관리까지 개인 생활에 능동적으로 활용하는 일련의 과정"을 말합니다. 즉, 정보주체를 중심으로 산재된 개인 데이터를 한 곳에 모아 개인이 직접 열람하고 저장하는 등 통합 관리하고, 이를 활용하는 일련의 과정입니다.

2020년 8월 개정된 데이터 3법으로 인해 법적으로 마이데이터 산업이 가능해졌는데 그 내용[19]은 다음과 같습니다. 이 중에서 마이데이터와 직접적으로 연관이 있는 법안은 '신용 정보법'인데 이 개정안에 '개인신용정보 전송요구권'이 포함되었기 때문입니다.

법령	소관부처	주요 내용
개인정보보호법	행정안전부	• 개인정보 관련 개념 명확화(개인정보, 가명정보, 익명정보) • 가명정보는 통계작성, 과학적 연구, 공익적 기록 보전 목적인 경우 동의 없이 활용 가능 • 개인정보 관리는 개인정보보호위원회로 일원화
정보통신망법	방송통신위원회	온라인 상 개인정보 감독 기능을 개인정보보호위원회로 이관
신용정보법	금융위원회	• 가명정보를 금융 분야 빅데이터 분석에 이용 가능 • 가명 정보 주체의 동의 없이 활용 가능 • 정보 주체 권리행사에 따른 마이데이터 산업 도입

마이데이터는 자신에 관한 정보가 언제 누구에게 어느 범위까지 알려지고 또 이용되도록 할 것인지를 개인이 스스로 결정할 수 있는 권리인 '개인정보 자기결정권'과 제3자에게 이

---

17) 고유식별정보 : 주민등록번호, 여권번호, 운전면허번호, 외국인등록번호
18) 민감정보 : 사상·신념, 노동조합·정당의 가입·탈퇴, 정치적 견해, 건강, 성생활 등에 관한 정보, 유전정보, 범죄경력정보, 신체적·생리적·행동적 특징에 관한 정보로서 특정 개인을 알아볼 목적으로 일정한 기술적 수단을 통해 생성한 정보, 인종이나 민족에 관한 정보
19) 데이터 3법 개정사항, 대한민국 정책브리핑(https://www.korea.kr/)

를 관리할 수 있도록 허용하는 '개인정보 이동권'을 기반으로 합니다. 개인에게 '개인정보 자기결정권'을 보장하는 기본 원칙[20]은 다음과 같습니다.

- 개인은 언제든지 본인의 개인 데이터에 접근할 수 있고, 그 데이터를 제3자에게 보내거나 활용하게 할 수 있다.
- 개인이 개인 데이터를 요청하면 개인 데이터 보유자는 해당 데이터를 안전하고 쉽게 이용할 수 있는 형식으로 개인에게 제공해야 한다.
- 개인 데이터를 사용하고자 하는 제3자는 필요할 때마다 개인에게 동의를 받아야 한다.
- 개인은 자신의 데이터가 어떻게 수집 및 사용되었는지 투명하게 확인할 수 있어야 한다.
- 개인이 원한다면 개인 데이터 보유자는 데이터를 바로 삭제해야 한다.

마이데이터를 적극적으로 추진 중인 공공, 금융, 의료 및 데이터 산업에서는 마이데이터 개념을 아래와 같이 정의[21]합니다.

분야	마이데이터 정의
공공	정보주체인 국민의 요구에 따라 행정·공공기관이 보유한 본인 행정정보를 본인 또는 제3자에게 제공하는 서비스
금융	• 고객이 본인에 관한 개인 신용정보를 금융회사로부터 마이데이터 사업자에게 전송하도록 요구할 수 있는 권리 • 마이데이터 서비스는 금융소비자 개인의 금융정보(신용정보)를 통합 및 관리하여 주는 서비스
의료	개인이 자신의 건강정보를 한 곳에 모아서 원하는 대상에게 정보를 제공하여 의료, 보험 등 다양한 분야에 활용할 수 있게 하는 것
데이터 산업	개인 데이터의 관리와 활용 권한이 정보주체인 개인에게 있음을 강조하는, 개인데이터 활용 체계의 새로운 패러다임

예를 들어 금융 분야의 마이데이터는 은행정보(계좌, 이체, 대출 등)와 신용카드 정보(사용 내역 및 금액)의 금융 데이터 주인이 금융회사가 아닌 개인이므로 개인의 동의(요청) 하에 여러 금융회사에 분산되어 있는 금융정보를 통합적으로 관리할 수 있는 방안을 토대로 진행되는 사업을 의미합니다.

마이데이터를 통해 각 금융사에 흩어진 자신의 자산정보를 한 곳에서 확인하고 관리할 수 있게 됨에 따라 이를 바탕으로 개인 맞춤형 자산관리와 컨설팅 등의 서비스를 제공받을 수 있습니다.

---

20) 정보통신 용어사전(https://terms.tta.or.kr/main.do)
21) 마이데이터 가이드북(https://kdata.or.kr/mydata/www/main.do)

[그림 1-1] 마이데이터(출처 : 한국신용정보원)

[그림 1-2] 마이데이터를 통한 신용정보관리(출처 : 한국신용정보원)

마이데이터는 개인 데이터의 활용처와 활용 범위 등에 대한 정보주체의 능동적인 의사결정을 지원함으로써 개인정보 자기결정권을 보장합니다. 이를 통해 개인은 마이데이터 서비스의 개인 데이터 활용방식과 수익분배 등의 과정에 더욱 적극적으로 참여할 수 있습니다.

또한, 제휴를 맺은 기관 또는 기업 간에만 개인 데이터 공유가 가능했던 기존의 환경에서 동의 기반 데이터 제공을 통해 맞춤 서비스가 성장할 수 있는 토대를 마련하여 데이터 산업 발전에 기여합니다.[22]

---

22) 마이데이터 소개, 마이데이터(https://www.kdata.or.kr/mydata/www/main.do)

단원 정리

■ 빅데이터란?

빅데이터는 기존에 데이터를 처리하는 응용 소프트웨어로는 수집하거나 저장 및 분석하기 어려운 방대한 양의 데이터를 의미하며 이러한 데이터로부터 가치를 추출하고, 결과를 분석하는 기술을 말한다.

빅데이터는 정치, 경제, 사회, 문화, 과학, 의학 등의 전체 영역의 모든 분야에서 우리에게 가치가 있고 의미 있는 정보를 제공하고 있으며, 날로 그 중요성이 높아지고 있다.

그러나 빅데이터는 수많은 사람의 정보로 구성되므로 인터넷을 사용하면서 남긴 데이터를 무분별하게 수집하거나, 보안상의 문제로 개인정보가 유출될 때 사생활이 침해될 수 있으므로 빅데이터의 사용 전에 전제가 되어야 하는 것은 무분별한 개인의 정보를 보호하고, 윤리적인 문제점을 고려해야 한다.

빅데이터는 규모(Volume), 속도(Velocity), 다양성(Variety), 정확성(Veracity), 가치(Value)의 5V의 특성을 갖는다.

■ 빅데이터 처리와 분석

빅데이터 처리 프로세스에는 일반적으로 다음과 같은 단계가 포함되지만 빅데이터 처리 프로세스가 항상 선형적인 것은 아니며, 구체적인 사용 사례와 요구 사항에 따라 서로 다른 단계를 반복하거나 동시에 수행할 수 있다.

처리	내용
수집	데이터베이스, 소셜 미디어, 센서 및 기타 소스와 같은 다양한 유형의 원천으로부터 데이터를 수집
저장소	수집된 데이터는 하둡 분산 파일 시스템(HDFS) 또는 아마존 S3와 같은 분산 파일 시스템에 저장
처리	배치 처리 또는 실시간 처리와 같은 다양한 기술을 사용하여 저장된 데이터를 처리하는 것을 포함. 일괄 처리는 대량의 데이터를 한 번에 처리하는 것을 포함하는 반면, 실시간 처리는 데이터가 도착하는 대로 처리하는 것을 포함
분석	데이터를 처리한 후에는 데이터를 분석하여 통찰력을 얻고 정보에 입각한 결정을 내리는 것
시각화	데이터 분석에서 얻은 통찰력을 그래프, 차트 또는 대시보드와 같은 시각적 형식으로 제시하여 이해도를 높이고 의사 결정을 용이하게 함
해석	마지막 단계는 데이터 분석 결과를 해석하고 향후 의사 결정을 안내하는 결론을 도출하는 것

■ 빅데이터 관련 직업분류

빅데이터 분야에서는 다양한 직업이 있으며, 이 분야의 업무는 데이터 수집, 저장, 처리, 분석, 시각화, 모델링 등 다양한 영역을 포함한다.

직업	역할	기술 및 도구
데이터 엔지니어 (Data Engineer)	대량의 데이터를 수집, 저장, 처리, 전송하고 데이터 웨어하우스를 설계 및 구축	Hadoop, Spark, SQL
데이터 사이언티스트 (Data Scientist)	데이터를 분석하여 비즈니스 문제를 해결하고 예측 모델을 개발	통계, 머신러닝, 프로그래밍 언어(예: Python, R), 데이터 시각화 도구, 데이터 마이닝 등
빅데이터 분석가 (Big Data Analyst)	대규모 데이터 셋을 분석하여 기업에 가치 있는 정보를 제공하며, 비즈니스 의사 결정을 지원	SQL, 데이터 시각화 도구, 통계 및 분석 도구
데이터 아키텍트 (Big Data Architect)	빅데이터 시스템의 아키텍처를 설계하고 구축하며, 데이터 관리 전략을 개발	클라우드 플랫폼, 빅데이터 프레임워크(예: Apache Hadoop, Spark), 데이터 모델링
빅데이터 프로그래머 (Big Data Programmer)	빅데이터 솔루션을 개발하고 구현하는 역할	Python, Scala 등의 프로그래밍 언어, 빅데이터 프레임워크와 라이브러리
데이터 시각화 전문가 (Data Visualization Specialist)	데이터를 시각적으로 표현하여 효과적으로 전달하고 이해할 수 있도록 돕는 역할	시각화 도구(예: Tableau, Power BI)
빅데이터 프로젝트 매니저 (Big Data Project Manager)	빅데이터 프로젝트를 계획, 관리하고 팀 간 협력을 조직	프로젝트 관리 도구, 비즈니스 이해
빅데이터 보안 전문가 (Big Data Security Expert)	빅데이터 시스템 및 데이터의 보안을 유지하고 관리	보안 프로토콜, 암호화 기술, 접근 제어 시스템

■ 빅데이터와 인공지능

빅데이터는 인공지능의 학습과 발전을 위한 연료 역할을 하고 있고, 인공지능은 이러한 데이터를 분석하고 활용하여 지능적인 결정을 내리는 기술이므로 빅데이터와 인공지능은 상호 보완적인 관계에 있다.

온라인 쇼핑몰을 운영하는 전자상거래 기업이 매출 실적을 높이기 위해 빅데이터와 인공지능을 활용할 때 다음과 같은 과정으로 이루어진다.

처리	내용
데이터 수집	수많은 고객 행동 데이터를 수집(고객의 구매 이력, 검색 기록, 제품 평가 등)
데이터 전처리	필요한 형태로 가공(결측값 처리, 이상값 제거, 데이터 형식 표준화 등의 작업)하여 데이터베이스에 저장
데이터 분석과 학습	인공지능 기술과 머신러닝 알고리즘을 통해 고객의 구매 패턴을 분석하고, 고객의 취향을 학습하여 구매 성향 등을 예측
결과 해석과 의사결정	분석된 결과를 기반으로 개인화된 마케팅 전략을 수립하고 학습 모델의 성능을 개선하는데 활용

■ 개인정보보호와 정보 활용

개인정보는 현대 사회에서 인터넷 상의 정보조회 및 정보교환, 마케팅과 상거래를 포함한 금전적 금융적 거래에 있어서 중요한 요소로서 기능을 하고 있으나, 의도적으로 악용되거나 유출될 경우에 개인의 사생활은 물론 안전과 재산에 피해를 줄 수 있기 때문에 그 중요성이 날로 강조되고 있다.
개인정보와 관련하여 개인정보, 가명정보, 익명정보의 내용을 정리하면 다음 표와 같다.

적용	구분	개념	특징
개인정보 보호법 적용	개인정보	특정 개인에 관한 정보로서 개인을 알아볼 수 있게 하는 정보	• 개인별로 차별화, 맞춤형 서비스 제공 가능 • 사전 동의 받은 경우에 한해 활용 가능
	가명정보	추가 정보의 사용 없이는 특정 개인을 알아볼 수 없게 조치한 정보	• 통계작성, 과학적 연구, 공익적 기록보전 목적인 경우 동의 없이 활용 가능(상업적 통계, 산업 목적의 연구 가능) • 익명정보 대비 활용 범위 넓음
비적용	익명정보	더 이상 개인을 알아볼 수 없게(복원 불가능할 정도로) 조치한 정보	개인정보보호법의 적용 대상이 아니므로 언제든지 동의 없이 활용 가능

마이데이터는 개인 데이터의 활용처와 활용 범위 등에 대한 정보주체의 능동적인 의사결정을 지원함으로써 개인정보 자기결정권을 보장하고, 이를 통해 개인은 마이데이터 서비스의 개인 데이터 활용방식과 수익분배 등의 과정에 더욱 적극적으로 참여할 수 있다.

연습문제

1. 빅데이터의 정의는 기관과 학자에 따라 다양하게 정의되고 있다. 최소한 3개 이상의 정의를 찾아 기술하시오.

2. 빅데이터의 특징과 다양한 분야의 활용 사례에 대해 간략히 기술하시오.

3. 빅데이터와 관련하여 분류된 직업의 향후 전망에 대해서 조사하시오.

4. 빅데이터 관련 자격증 중에서 하나를 정하여 라이선스를 취득하기 위한 전략을 세워보시오.

5. 다음 중 빅데이터의 구성요소에 해당하지 않는 것은?
   ① 저장능력   ② 가치   ③ 규모   ④ 속도

6. 다음 중 비정형 데이터에 속하지 않는 것은?
   ① 가수가 부른 노래 파일
   ② 3차원으로 표현된 데이터 시각화 이미지
   ③ SNS를 통해 서로가 교환한 문자 메시지
   ④ 엑셀 파일에 저장된 성적 데이터

7. 다음의 설명이 의미하는 빅데이터의 구성요소는?

   > 인터넷과 SNS 등을 통해 만들어지는 방대한 양의 데이터들은 뉴스나 커뮤니티의 게시물, 유튜브 영상, 음악 및 사진 등은 형식에 맞춰진 것이 아닌 다양한 형태이다.

   ① 속도   ② 가치   ③ 규모   ④ 다양성

8. 다음 중 반정형(semi-structured) 데이터에 대한 설명으로 적절한 것은?

① 정해진 규칙에 따라 정리된 데이터로 값의 의미를 쉽게 파악할 수 있고, 연산이 가능하며, 특정한 구조로 되어 있다.

② 정해진 규칙이 없고 연산이 불가능하며, 값의 의미를 쉽게 파악할 수 없다.

③ 완전히 구조화된 데이터로 구성되지 않았지만 어느 정도 구조와 규칙을 가지고 있고, 연산이 불가능하다.

④ 일반적으로 데이터베이스에 테이블 형식으로 저장된 데이터이다.

9. 다음에서 비정형 데이터로 볼 수 없는 것은?

① 문자 메시지에 첨부된 이미지 ② 엑셀에 저장된 A반 성적
③ 뉴스 기사에 대한 댓글 ④ 이메일에 첨부된 한글문서

10. 다음 중 4차 산업혁명의 핵심 기술과 거리가 먼 것은?

① 사물인터넷(Internet of Things, IoT) ② 로봇공학(Robotics)
③ 빅데이터(Big Data) ④ 인공지능(Artificial Intelligence, AI)
⑤ 무선 모바일 유틸리티(Wireless Mobile Utility)

11. 다음 중 개인정보보호법에서 정의하는 개인정보에 해당하지 않는 것은?

① 성명, 주민등록번호 ② 출생지, 본적지
③ 법인의 임원정보 ④ 가족구성원의 이름

12. 개인정보보호법에 대한 설명 중 적절하지 않은 것은?

① 사람이 아닌 사물에 관한 정보는 원칙적으로 개인정보에 해당하지 않지만, 해당 사물 등의 제조자 또는 소유자 등을 나타내는 정보는 개인정보에 해당한다.

② 이메일 주소는 당해 정보만으로는 특정 개인을 알아볼 수 없을지라도 다른 정보와 용이하게 결합할 경우 당해 개인을 알아볼 수 있는 정보이다.

③ 블랙박스로 촬영된 영상정보는 촬영일시 등에 따라 체계적으로 배열하여 저장되므로 개인정보 파일에 해당한다.

④ 개인정보의 "수집"이란 정보주체로부터 직접 이름, 주소, 전화번호 등의 개인정보를 제공받는 것뿐만 아니라 제3자로부터 정보주체에 관한 모든 형태의 개인정보를 취득하는 것을 말하나, 다만 인터넷 등에 공개된 자료의 경우에도 이에 해당한다.

13. 다음 중 개인정보보호법에서 정의하는 개인정보에 해당하지 않는 것은?

　① 개인사업자의 상호명, 사업장 주소

　② 사망자에 대한 정보라 하더라도 유족과의 관계를 알 수 있는 정보

　③ 개인의 지문

　④ 노조가입이나 탈퇴에 대한 정보

14. 다음이 설명하는 용어는?

> 추가 정보의 사용 없이는 특정 개인을 알아볼 수 없게 조치한 정보로서 통계작성, 과학적 연구, 공익적 기록 보전 목적인 경우 동의 없이 활용이 가능

　① 개인정보　　　　② 가명정보　　　　③ 익명정보　　　　④ 결합정보

15. 다음이 설명하는 용어는?

> 더 이상 개인을 알아볼 수 없게(복원 불가능할 정도로) 조치한 정보로서 개인정보보호법의 적용 대상이 아니므로 언제든지 동의 없이 활용 가능

　① 개인정보　　　　② 가명정보　　　　③ 익명정보　　　　④ 결합정보

16. 다음 중 고유식별정보에 해당하는 것은?

　① 주민등록번호　　② 여권번호　　　　③ 범죄경력정보　　④ 운전면허번호

02

파이썬 언어

빅데이터의 탐험 도구로 활용하려는 파이썬의 특징과 설치, 파이썬에서 빅데이터 분석과 처리와 분석을 위해 필요한 라이브러리들과 설치방법, 언어 사용법과 시각화 기술에 대해서 알아봅니다.

contents

2.1 설치와 프로그램의 실행 | 2.2 기초 문법
2.3 데이터 시각화와 요약

파이썬 언어

| 이 장에서 학습할 내용 |

1. 파이썬의 설치와 프로그램 실행
2. 라이브러리의 설치와 활용
3. 파이썬 프로그램의 기본 문법
4. 그래프를 통하여 데이터의 특성을 나타내는 방법들
5. 데이터의 특성을 숫자로 요약하는 방법들

2.1 설치와 프로그램의 실행

2.1.1 파이썬 언어

빅데이터 분석을 위한 전문 소프트웨어들도 있고 SAS, SPSS와 같은 통계처리 패키지 또는 R과 같은 프로그램을 이용할 수도 있지만 최근 많이 사용하고 있고 비교적 다루기 쉬운 파이썬 언어를 이용하여 처리하고자 합니다.

분석용 소프트웨어나 통계처리 프로그램들은 장단점을 가지고 있지만, 처리 방법이나 프로그램을 배우기가 쉽지 않습니다. 물론 이 책에서 도구로 사용하고자 하는 파이썬도 단점이 있지만 가장 큰 장점은 사용하기가 쉽다는 것입니다.

파이썬은 다른 프로그래밍 언어보다 문법이 비교적 쉽고 간결하여 배우기 쉬우며, 전문 프로그래머와 개발자가 만들어 놓은 다양한 프로그램과 라이브러리를 무료로 활용할 수 있는 장점이 있습니다. 또한 C/C++ 언어와 결합하여 응용 프로그램을 개발할 수도 있습니다. 파이썬 언어의 특징과 장점을 요약하면 다음과 같습니다.

- 문법이 간결하고 쉬우므로 프로그램의 작성이 다른 언어에 비해 쉽다.
- 전문 프로그래머와 개발자가 작성한 프로그램과 라이브러리를 무료로 활용할 수 있다.
- 딥러닝, 인공지능 등 4차 산업의 발전에 부응하여 활용도가 점차 높아지고 있다.

이 책에서 데이터 탐험을 위한 도구로써 파이썬을 선택한 이유 역시, 통계분석용 전문 프로그램들이 제공하는 기능들을 갖추고 있으며, 프로그램 언어로서의 특징과 장점을 통해 초보자나 비전문가도 어렵지 않게 파이썬을 활용할 수 있기 때문입니다.

이 책은 빅데이터 분석을 위한 개론서로서 데이터를 탐험하거나 분석하기 위해 파이썬을 도구로 활용하려는 목적으로 작성되었습니다. 따라서 프로그램 언어를 경험해 보지 않았거나, 더욱이 파이썬 언어를 경험한 독자가 아니더라도 파이썬을 활용할 수 있도록 쉽게 작성하였습니다. 또한 데이터의 시각화나 빅데이터 분석을 위하여 파이썬이 가지고 있는 다양한 라이브러리를 활용하는 방법에 대해서 이해하기 쉽게 설명하고자 합니다.

2.1.2 설치와 실행

파이썬 언어로 작성한 프로그램 또는 파이썬 소스 코드(source code)라 부르는 파일을 실행하기 위해서는 파이썬을 설치해야 하는데 두 가지 방법이 있습니다.

첫 번째 방법은 초보자를 위한 방법으로 비교적 간단하게 작성한 프로그램을 실행하고, 그 결과를 확인하기 위한 목적으로 활용하는 것입니다. 이 경우에는 공식 설치 파일을 제공하는 파이썬 공식 사이트[1]에서 다운로드 받아서 설치합니다.

두 번째 방법은 프로그래밍 언어를 경험한 사용자를 위한 방법으로 빅데이터 분석과 머신러닝 등을 활용하고자 한다면 아나콘다(Anaconda)[2]를 설치하여 사용하는 것이 편리합니다.

파이썬은 여러 전문 개발자들이 참여하여 프로젝트를 진행하면서 기존의 라이브러리들을 빈번하게 업데이트하고 있습니다. 라이브러리들은 대부분 의존성(dependency)을 가지고 있으므로 과거 버전에서 정상적으로 실행되던 프로그램들이 파이썬의 버전이 바뀐 후에 오류가 발생하기도 합니다. 이러한 이유로 모든 패키지를 포함한 배포판인 아나콘다를 설

---

1) https://www.python.org/
2) https://www.anaconda.com/products/distribution

치하여 사용하지만, 설치 시에 4GB의 잔여 용량(Window 10)을 요구합니다.

그러나 이 책에서는 파이썬을 통해 해당 단원의 문제해결에 필요한 부분만을 사용할 것이기에 아나콘다 대신, 파이썬 공식 사이트에서 다운받아 설치하여 활용하기로 합니다. 설치 과정은 다음과 같습니다.

파이썬 공식 사이트에 접속한 다음 Download 메뉴를 선택하고, [그림 2-1]과 같이 Download for Windows 부분의 [Python 3.12.0] 버튼(2024년 4월 현재 3.12.3 version)을 누르면 설치 프로그램(예를 들어 64bit 프로그램이라면 python-3.12.0-amd64.exe)의 다운로드가 이루어지고, 다운로드가 끝나면 해당 프로그램을 클릭하여 설치를 시작합니다. 설치하는 과정에서 명령 프롬프트 상의 어느 위치에서도 파이썬을 실행하거나 외부 라이브러리를 설치할 수 있도록 Add Python 3.□□ to PATH에 체크 표시를 하는 것이 좋습니다.

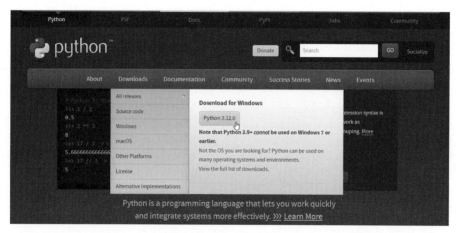

[그림 2-1] 파이썬 공식 홈페이지

파이썬의 설치가 끝난 다음에 윈도우에서 실행하기 위해서 시작 버튼을 누른 다음 Python으로 이동하면 [그림 2-2]와 같이 나타나고, 파이썬을 실행하려면 IDLE (Python)을 선택합니다.

[그림 2-2] 파이썬 설치 확인

위와 같은 과정으로 설치했다면 파이썬 언어로 작성한 프로그램은 두 가지 방법으로 실행할 수 있습니다. 일반적인 방법은 Window 안에서 프로그램 편집기를 사용하여 프로그램을 새로 작성하거나 이미 작성하여 저장한 프로그램을 불러온 다음 실행(Run)하는 방법이고, 두 번째 방법은 명령 프롬프트 상에서 Python 실행 프로그램을 이용하여 프로그램 파일을 실행할 수도 있습니다.

초보자를 위한 간단한 예제나 일시적인 계산 결과를 확인하는 경우, 파이썬 인터프리터 ([그림 2-3] 참고)를 사용할 수 있습니다. 그러나 대부분의 프로그램들은 여러 줄로 작성되고, 빈번한 수정과 편집이 이루어지므로 프로그램 편집기를 사용하여 저장한 다음 실행(Run)하는 것이 편리합니다. 파이썬의 프로그램 편집기인 IDLE(Integrated Development and Learning Environment)은 파이썬 프로그램을 설치할 때 기본적으로 포함되어 있습니다.

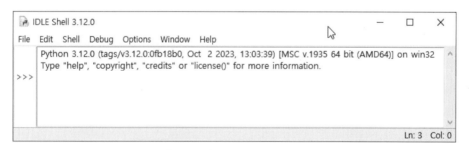

[그림 2-3] 파이썬 IDLE Shell

[그림 2-2]에서 IDLE를 선택하면 [그림 2-3]과 같이 IDLE Shell이 나타납니다. IDLE Shell은 파이썬 인터프리터이며, 이곳에 직접 커서를 클릭한 다음 간단한 프로그램을 작성하여 실행할 수도 있습니다.

이제 프로그램 편집기를 실행시키기 위해서 [그림 2-4]와 같이 [File] 메뉴에서 [New File]을 선택하면 [그림 2-5]의 오른쪽과 같이 프로그램 편집기가 나타납니다.

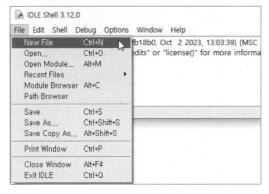

[그림 2-4] IDLE Shell의 파일 메뉴

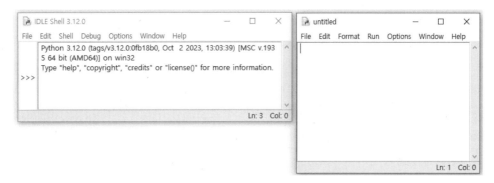

[그림 2-5] IDLE Shell과 프로그램 편집기(오른쪽)

화면에 나타난 오른쪽의 프로그램 편집기에서 [그림 2-6]과 같이 프로그램을 작성합니다. 프로그램에서 # 기호로 시작하는 부분은 프로그램에 대한 간단한 설명을 표시하기 위한 주석(comment)을 작성할 때 사용하고, 실제 프로그램은 그다음 줄에서 "Python Hello!"를 출력(print)하는 것입니다.

편집기에서 작성한 프로그램을 실행하기 위해서 [그림 2-7]과 같이 [Run] 메뉴에서 [Run Module]을 실행하면 [그림 2-8]과 같이 파일을 저장하라는 대화상자가 나타나고, 이어서 [그림 2-9]와 같이 저장하려는 폴더(이 예에서는 D:\Python Program)를 선택한 다음 파일 이름(이 예에서는 Hello)만 쓰고, [저장] 버튼을 누릅니다. 이때 프로그램 파일의 확장자는 기본적으로 py로 설정되어 있으며, [저장] 버튼을 누름과 동시에 실행 결과는 [그림 2–10]의 왼쪽과 같이 쉘(Shell)에 나타납니다.

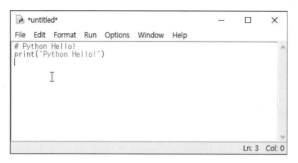

[그림 2–6] 프로그램 에디터

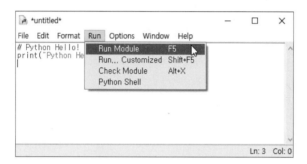

[그림 2–7] 프로그램 실행

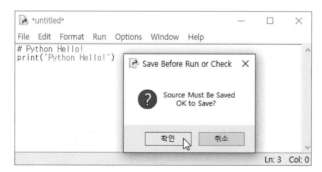

[그림 2–8] 프로그램 파일 저장

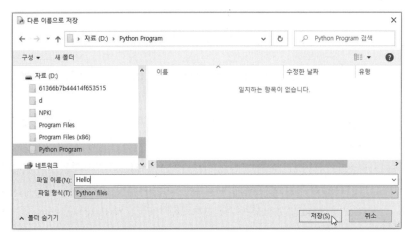

[그림 2-9] 프로그램 파일을 저장할 폴더 선택과 파일 이름 지정

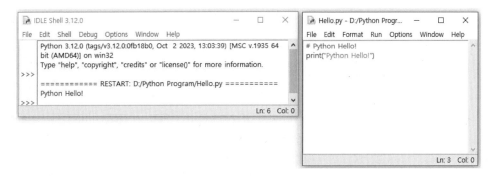

[그림 2-10] IDLE Shell에 나타난 프로그램의 실행 결과

이미 작성하여 저장된 파이썬 프로그램(확장자 py) 파일이 있다면 편집기의 IDLE 쉘 (Shell)의 [File] 메뉴에서 [Open] 메뉴를 선택하여 불러온 앞서 설명한 [그림 2-5]의 편집 기에서 실행(Run)할 수 있습니다.

[참고 1] 주피터 노트북(Jupyter Notebook)

주피터 노트북은 아나콘다를 설치하면 사용할 수 있으며 웹브라우저를 통해 파이썬 프로그램을 작성하고 실 행할 수 있는 환경을 제공합니다. [그림 2-11]과 같이 윈도우 화면 왼쪽 아래에서 [시작] 버튼을 누르고 이어서 [Anaconda3] → [Jupyter Notebook]을 선택하여 실행합니다.

[그림 2-11] 주피터 노트북

주피터 노트북이 실행된 화면은 [그림 2-12]와 같이 명령 프롬프트 창이 열리고 이어서 주피터 노트북이 브라우저에 나타납니다. [그림 2-12]의 주피터 노트북에 나타난 폴더는 C:\User\[사용자 계정]의 폴더를 나타낸 것이고, 이 폴더를 주로 사용하지 않는다면 다른 폴더로 변경이 가능합니다.

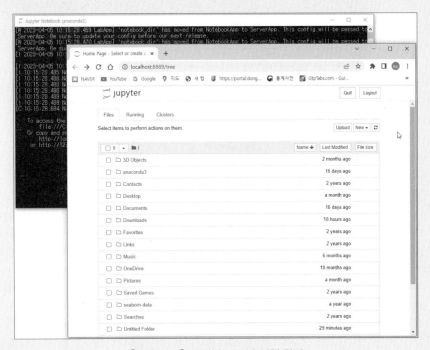

[그림 2-12] 주피터 노트북 실행 화면

만약 자신이 주로 사용하는 프로그램 폴더가 D:\빅데이터\프로그램이라면 [그림 2-13]과 같이 [시작] →
[Anaconda] → [Jupyter Notebook]에서 마우스 오른쪽 버튼을 눌러 [자세히] → [파일 위치 열기]를 선택합니다.
이어서 [그림 2-14]와 같이 폴더 안의 프로그램 Jupyter Notebook에서 마우스 오른쪽 버튼을 눌러 [속성]을 선택
하고 [속성]의 대화상자에서 대상(T)의 끝부분에 표시된 %USERPROFILE%/ 부분을 [그림 2-15]와 같이 사용하
려는 폴더(D:₩빅데이터₩프로그램)로 수정하고 [확인] 버튼을 누릅니다.

만약 주피터 노트북이 실행 중에 있다면 명령 프롬프트 창과 주피터 노트북이 실행된 브라우저를 종료하고 다시
주피터 노트북을 실행하면 [그림 2-16]과 같이 앞에서 변경한 폴더가 표시됩니다.

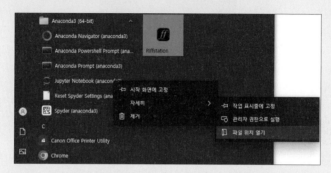

[그림 2-13] 프로그램 폴더(파일 위치)

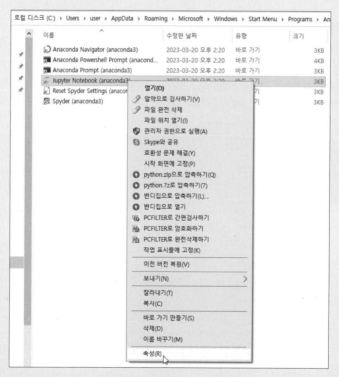

[그림 2-14] 폴더 속성 선택

[그림 2-15] 바로가기 속성 변경

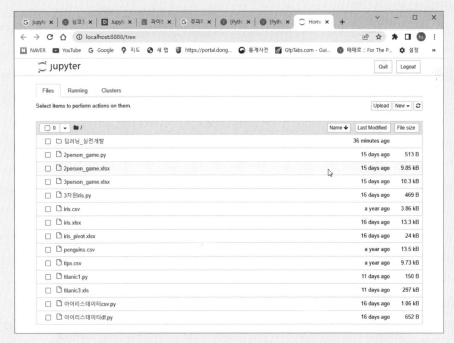

[그림 2-16] 프로그램 폴더 변경 이후의 화면

[참고 2] **주피터 랩(Jupyter Lab)**

주피터 랩(Jupyter Lab)은 주피터 노트북(Jupyter Notebook) 이후에 선을 보인 파이썬 프로그램 개발환경을 제공하며 공통적으로 웹브라우저를 기반으로 합니다. 주피터 랩은 주피터 노트북보다 편리한 기능들을 제공합니다. 주피터 랩의 기능에 대해서 차차 알아보기로 하고 우선 프로그램 작성과 실행 과정에 대해서 살펴봅니다.

■ 주피터 랩에서 작업 폴더 변경하기

주피터 랩은 아나콘다를 설치할 때 자동으로 설치됩니다. 주피터 랩의 기본 폴더는 특별히 수정하지 않는다면 C:\Users\user입니다. 만약 자신이 작업할 특별한 드라이브와 폴더를 지정하려면 우선 실행 중에 있는 주피터 랩을 종료하고, 명령 프롬프트 창에서 서버와의 연결을 끊어야하는데 이때 Ctrl+C를 사용하거나 명령 프롬프트 창을 닫습니다(close).

Ctrl+C를 사용하여 서버와의 연결을 끊었다면 프롬프트 창에서 다음의 명령을 입력합니다. 만약 명령 프롬프트 창을 닫았다면, 다시 명령 프롬프트 창을 열기 위하여 윈도우 [시작] 버튼 오른쪽의 검색 창에서 cmd라는 명령([그림 2-17] 참고)을 이용하고, 다음과 같이 입력합니다.

```
jupyter-notebook --generate-config  Enter↵
```

이 명령에 의해 [그림 2-18]과 같이 파이썬 파일(jupyter_notebook_config.py)이 생성(Writing default config to: ~)됩니다.

파일이 저장된 폴더(이 예에서는 C:\Users\user\.jupyter)로 이동하여 편집기(예로 메모장)를 통해 파일을 열고, 아래의 [원본] 문장이 있는 위치로 이동한 다음 [그림 2-18]과 같이 [원본] 부분을 [변경] 부분과 같이 수정합니다.

[그림 2-18]에서 작업할 폴더(이 예에서 D:\빅데이터\프로그램\)를 지정하되 슬래시(/)와 작은따옴표(', single quotes)를 사용하고, [원본] 부분의 # 기호를 지워야 합니다. 만약 폴더 이름에 공백이 있는 경우 경로의 앞뒤에 큰따옴표(", double quotes)와 백슬래시(\)를 사용합니다. 모두 수정하였다면 파일(jupyter_notebook_config.py)을 저장하고 주피터 랩을 실행합니다.

원본	#c.NotebookApp.notebook_dir = ''
변경	c.NotebookApp.notebook_dir = 'D:/빅데이터/프로그램/'

[그림 2-17] 명령 프롬프트

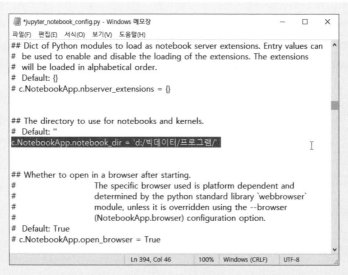

[그림 2-18] 파일(jupyter_notebook_config.py) 생성

■Jupyter Lab에서 파이썬 프로그램의 실행

Jupyter Lab에서는 Jupyter Notebook에서 사용하는 ipynb 형식의 파일과 py 형식(확장자 .py)의 파이썬 파일을 모두 실행할 수 있습니다.

py 형식(확장자 .py)의 파일은 파이썬 스크립트(script) 파일로서 텍스트 형식의 프로그램만 저장할 수 있는 반면에 ipynb 형식의 Jupyter Notebook 파일은 파이썬에서 하는 모든 작업(실행 결과 이미지 등)들을 포함하는 파일 형식입니다. 경우에 따라서 ipynb 형식을 py 형식으로 또는 py 형식을 ipynb 형식으로 변환할 필요가 있으며 이때 ipynb-py-convert를 사용합니다.

ipynb 형식의 파일을 실행할 경우는 [그림 2-19]와 같이 화면 왼쪽에서 해당 파일을 더블클릭하면 [그림 2-20]와 같이 화면 오른쪽에 편집기 창에 나타나며 이어서 [그림 2-20]에서와 같이 편집기 창의 위쪽 메뉴에서 ▶ 버튼을 눌러 실행합니다.

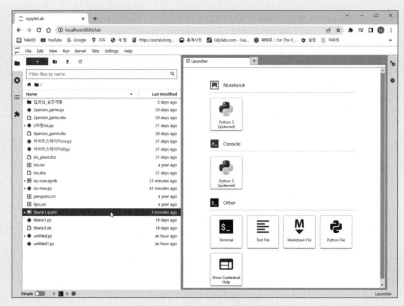

[그림 2-19] 파이랩 파일 선택

[그림 2-20] 파이랩 파일 실행

py 형식(확장자 .py)의 파이썬 스크립트 파일을 실행할 경우는 [그림 2-21]과 같이 화면 왼쪽에서 해당 파일을 더블클릭하여 오른쪽 편집기 창에 표시한 후에 [그림 2-22]에서와 같이 마우스 오른쪽 버튼을 눌러 [Create Console for Editor]를 선택하여 콘솔 창을 생성합니다. 이때 [그림 2-23]과 같이 커널을 선택하라는 대화상자가 나타나고 [Python 3(ipykernel)]을 선택합니다. 이어서 해당 파일이 있는 편집기 창에서 실행할 부분을 드래그하여 선택([그림 2-24] 참고)한 후에 Shift + Enter⏎하면 결과가 콘솔([그림 2-25] 참고)에 나타납니다.

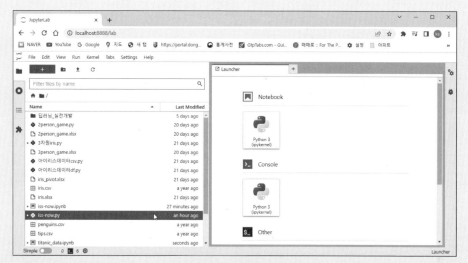

[그림 2-21] 해당 파일 선택

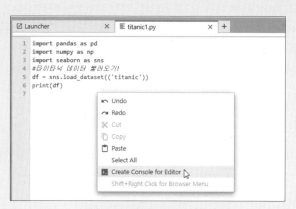

[그림 2-22] 콘솔 창 생성

[그림 2-23] 커널 선택

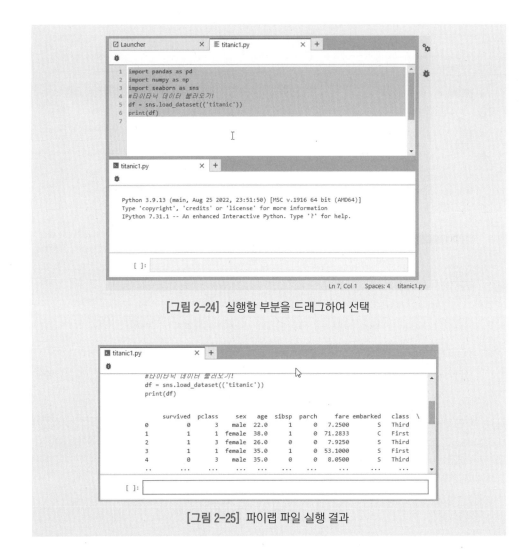

[그림 2-24] 실행할 부분을 드래그하여 선택

[그림 2-25] 파이랩 파일 실행 결과

2.1.3 라이브러리

라이브러리(library)는 프로그램을 작성할 때 활용할 수 있도록 만든 특수한 기능들을 묶어 놓은 것입니다. 파이썬 프로그램을 작성할 때 문제해결의 영역별로 다양한 라이브러리들을 무료로 활용할 수 있으며, 전문가들에 의해 지속해서 개발되고 있으므로 언제든지 업그레이드된 버전으로 다시 설치하여 사용할 수 있습니다.

파이썬에서 라이브러리는 패키지(package)라고도 하며 크게 표준 라이브러리와 외부 라이브러리로 구분합니다. 표준 라이브러리는 파이썬을 설치할 때 기본으로 포함되지만, 외부 라이브러리는 파이썬 설치 후에 필요에 따라 별도로 설치해야 합니다. 주요 외부 라이브러리를 소개하면 [표 2-1]과 같습니다.

[표 2-1] 파이썬 외부 라이브러리

외부 라이브러리	내용과 기능
NumPy	선형대수, 행렬, 통계처리를 위한 수치계산
Pandas	데이터 핸들링 도구와 NumPy에 기반을 둔 수치계산
SciPy	NumPy에 기반을 둔 수학, 과학, 공학계산
Matplotlib	NumPy, Pandas, SciPy 등과 결합하여 데이터의 시각적 표현
Seaborn	Matplotlib을 기반으로 다양한 색상 테마와 통계용 차트 등의 시각화 기능
statsmodels	R에서 사용했던 다양한 통계분석 기능을 제공
Plotly	시각화 구축을 위한 웹기반 도구
scikit-learn	다양한 머신 러닝 모형을 제공
TensorFlow	하이엔드 수치계산을 위한 머신 러닝 라이브러리
openpyxl	Excel(엑셀) 파일을 다루기 위한 함수 제공

파이썬의 내장 함수와 라이브러리 등에 통계 관련 함수들이 중복되어 있지만, 기본적인 데이터 처리를 위해서 NumPy와 Pandas를, 통계 계산과 분석 그리고 그래프 작성을 위해 SciPy와 Matplotlib 라이브러리를 사용합니다. 파이썬에서 라이브러리는 패키지(package)라고도 불리며 기본 프로그램은 확장자가 py로 끝나는 파일입니다. 함수, 모듈(module), 패키지, 라이브러리의 관계는 [그림 2-26]과 같이 표현할 수 있습니다.

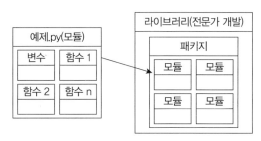

[그림 2-26] 함수, 모듈, 패키지, 라이브러리의 관계

앞에서 라이브러리를 표준 라이브러리와 외부 라이브러리로 구분하였는데 요약하면 [표 2-2]와 같습니다. 표준 라이브러리의 내장(built-in) 함수는 C 언어의 printf와 scanf 또

는 Excel에서 합계를 계산하는 SUM, 평균을 계산하는 AVERAGE와 같이 기본적으로 제공되어 자유롭게 사용할 수 있습니다. 그러나 표준 라이브러리의 외장(external) 함수는 기본적으로 설치는 되어 있지만 사용하려면 별도로 불러와야 합니다. 외장 함수는 C 언어에서 특정 함수를 사용하기 위해서 그 함수가 정의된 헤더 파일을 #include라는 문장을 통해 불러와야만 사용할 수 있는 것과 같습니다.

[표 2-2] 표준 라이브러리와 외부 라이브러리의 비교

구분	표준 라이브러리		외부 라이브러리
제공	프로그램 설치 시에 기본으로 제공		특별한 목적으로 제작되지만 무료로 사용 가능
구분	내장 함수	외장 함수(모듈)	외부 라이브러리(외부 패키지)
사용제한/ 사용법	없음	프로그램에서 별도로 불러와야 사용이 가능함(예로 import 사용)	별도의 설치과정이 필요하고(예로 pip 사용), 설치 후에 프로그램에서 별도로 불러와야 사용이 가능함 (예로 import 사용)
예	print, input	sys, time, random	Pandas, NumPy, Matplotlib

파이썬에는 통계처리와 관련된 많은 라이브러리가 있으나 이 책의 범위 안에서 사용하려는 라이브러리로는 앞의 [표 2-1] 중에서 NumPy, Pandas, SciPy, Matplotlib, Seaborn, statsmodels, scikit-learn 그리고 openpyxl을 사용하고자 합니다. 이 8개의 라이브러리들은 다음의 장의 내용을 실습하기 위해서 반드시 설치해야 하며, 이때 명령 프롬프트 상에서 pip 명령을 이용합니다.

라이브러리를 설치하는 방법은 다음과 같습니다. 우선 명령 프롬프트를 나타내기 위하여 [그림 2-27]과 같이 Window 화면 왼쪽 아랫부분의 검색창(또는 검색 버튼을 누르고)에 cmd라 쓰고 Enter↵ 합니다. 이어서 [그림 2-28]과 같이 명령 프롬프트가 나타납니다.

[그림 2-27] Window 검색창에서 cmd 입력

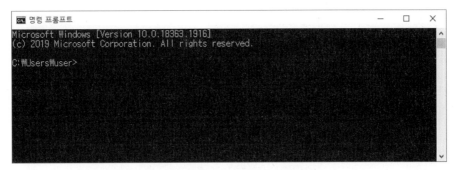

[그림 2-28] 명령 프롬프트가 실행된 창

라이브러리의 설치는 아래와 같이 프롬프트 상에서 pip install [라이브러리 이름]을 쓰고
Enter↵ 합니다. 만약 NumPy라는 라이브러리를 설치하려면 다음과 같이 작성하고 Enter↵
합니다.

```
pip install numpy Enter↵
```

[그림 2-29]와 [그림 2-30]은 각각 NumPy와 statsmodels를 설치하는 동안에 화면에
나타난 내용을 보여줍니다.

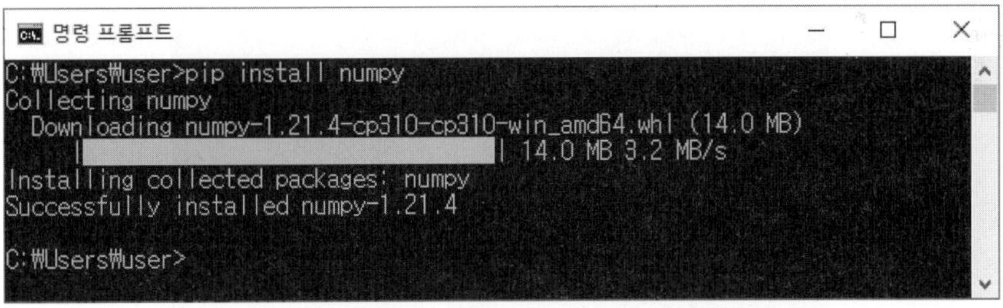

[그림 2-29] 라이브러리 NumPy 설치

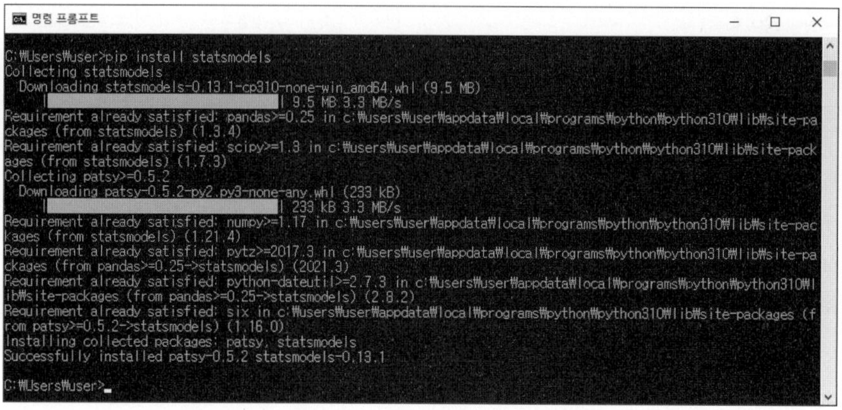

[그림 2-30] 라이브러리 statsmodels 설치

pip를 이용하여 라이브러리를 설치할 때 pip 명령 자체를 업그레이드하라는 메시지가 나타날 수 있습니다. 이 경우에는 아래와 같이 프롬프트 상에서 python 명령을 사용하여 [그림 2-31]과 같이 pip 명령을 업그레이드할 수 있습니다.

```
python -m pip install --upgrade pip Enter↵
```

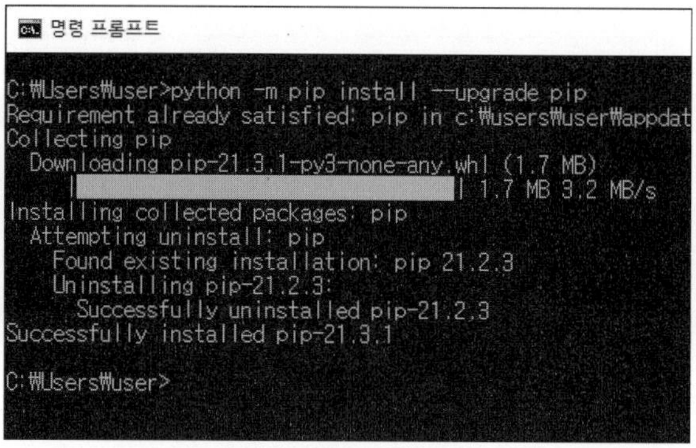

[그림 2-31] pip의 업그레이드

pip 명령의 버전을 확인할 때 다음과 같이 pip --version을 사용하며 이 예에서 pip 버전은 23.3.1로 확인([그림 2-32] 참고)됩니다.

```
pip --version Enter↵
```

[그림 2-32] pip 명령의 버전 확인

현재 파이썬에 설치된 라이브러리(패키지)와 버전을 확인할 때는 pip list를 사용합니다.

```
pip list Enter↵
```

[그림 2-33]은 NumPy, Pandas, SciPy, Matplotlib, Seaborn, statsmodels, scikit-learn 그리고 openpyxl 등 8개의 외부 라이브러리를 설치하고 나서 pip list를 통해 설치한 라이브러리를 출력한 화면입니다.

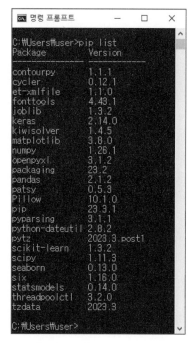

[그림 2-33] pip list의 결과

단원 정리 2.1

■ 파이썬 언어의 특징과 장점

프로그램 언어들은 나름대로 문법 체계를 갖고 있는데 파이썬은 비교적 쉽고 간결한 문법으로 인해 프로그램 개발 시간을 단축할 수 있으며, 전문 프로그래머와 개발자에 의해 만들어진 다양한 프로그램들을 무료로 활용할 수 있다. 또한 C/C++ 언어와 결합하여 응용 프로그램을 개발할 수도 있다.

- •문법이 간결하고 쉬우므로 프로그램의 작성이 다른 언어에 비해 쉽다.
- •전문 프로그래머와 개발자가 작성한 프로그램과 라이브러리를 무료로 활용할 수 있다.
- •딥러닝, 인공지능 등 4차 산업의 발전에 부응하여 활용도가 점차 높아지고 있다.

■ 파이썬 프로그램 실행

이 책에서 파이썬 언어로 작성한 프로그램을 실행하는 방법은 두 가지로 설명한다. 첫 번째 방법은 프로그램 편집기를 사용하여 프로그램을 작성하거나 이미 작성하여 저장한 프로그램을 불러온 다음 실행(Run)하는 방법이고, 두 번째 방법은 명령 프롬프트 상에서 프로그램 파일이 저장된 곳에서 Python 실행 프로그램을 이용하는 방법이 있다.

초보자를 위한 간단한 예제나 일시적인 계산 결과를 확인할 때 파이썬 인터프리터를 사용할 수 있지만 여러 줄로 작성된 파이썬 프로그램을 작성한다면 프로그램 편집기를 사용하여 저장한 다음 사용하는 것이 편리하다.

파이썬의 프로그램 편집기인 IDLE(Integrated Development and Learning Environment)은 파이썬 프로그램을 설치할 때 기본적으로 포함되어 있으므로 별도의 설치가 필요가 없다.

명령 프롬프트 상에서 파이썬 프로그램을 실행하려면 작성한 프로그램 파일이 저장된 폴더로 이동한 후에 >python [프로그램 파일명(~.py)]과 같이 입력하여 실행한다.

■ 파이썬 라이브러리와 설치

파이썬에서 라이브러리는 패키지(package)라고도 하며 크게 표준 라이브러리와 외부 라이브러리로 구분된다. 표준 라이브러리는 파이썬을 설치할 때 기본으로 제공되지만, 외부 라이브러리는 파이썬 설치 후에 필요에 따라 별도로 설치해야 한다. 이 책의 범위 안에서 사용하려는 라이브러리들은 다음과 같다.

외부 라이브러리 (패키지)	내용과 기능
NumPy	선형대수, 행렬, 통계처리를 위한 수치계산
Pandas	데이터 핸들링 도구와 NumPy에 기반을 둔 수치계산
SciPy	NumPy에 기반을 둔 수학, 과학, 공학계산
Matplotlib	NumPy, Pandas, SciPy 등과 결합하여 데이터의 시각적 표현
Seaborn	Matplotlib을 기반으로 다양한 색상 테마와 통계용 차트 등의 시각화 기능
statsmodels	R에서 사용했던 다양한 통계분석 기능을 제공
scikit-learn	다양한 머신 러닝 모형을 제공
openpyxl	EXCEL(엑셀) 파일을 다루기 위한 함수 제공

위의 라이브러리들은 예제들을 실습하기 위해서 반드시 설치해야 하며 이때 명령 프롬프트 상에서 pip 명령을 이용하여 >pip install [라이브러리 이름]과 같이 사용한다.

연습문제 2.1

1. 파이썬 언어의 특징과 활용을 조사하시오.

2. 파이썬 언어가 통계처리와 분석에 어떻게 활용되고 있는지를 조사하시오.

3. 책에서 소개한 파이썬 라이브러리 외에 어떤 라이브러리를 제공하는지를 조사하시오.

4. 파이썬의 표준 라이브러리와 외부 라이브러리를 비교하여 설명하시오.

5. 파이썬 라이브러리를 설치할 때 어떤 방법을 이용하는지 설명하시오.

6. 파이썬의 라이브러리 중에서 인공지능과 관련된 라이브러리와 내용을 조사하시오.

2.2 기초 문법

파이썬 언어의 문법과 기본적인 사용법에 대해서 설명합니다.

2.2.1 print 함수와 연산자의 사용법

기본적으로 프로그램들은 처리결과를 확인할 화면으로 출력하는데 이때 사용하는 함수가 print()입니다. 함수란 특별한 기능을 처리하도록 만들어진 단위를 말하며 이에 대한 자세한 사용법은 2.2.4에서 설명합니다. 〈예제 2-1〉은 상수와 간단한 연산 결과를 출력합니다.

예제 2-1 **print() 함수의 기본적인 사용법**

▌print() 함수 사용법(예제2-1.py)

```python
# 문자열과 상수 출력
print("Python Program")
# 줄바꿈 print('\n')
print('파이썬 프로그램', 2023,'년\n')

# 사칙 연산 결과
print('123+123=', 123+123)
print(100-25.3)
print('25/4=', 25/4)
print(25*4,'\n')

# 문자열 연산 결과
print('My name'+' is '+'Python')
print('Python ' * 2, '\n')

# 그 외의 연산 결과
print(13//4)
print(13%4)
print(2**3,'\n')
```

▏실행 결과 ▏

```
Python Program
파이썬 프로그램 2023 년

123+123= 246
74.7
25/4= 6.25
100

My name is Python
Python Python

3
1
8
```

문자열 상수를 출력할 때 문자열의 앞뒤에 큰따옴표(") 또는 작은따옴표(')를 사용할 수 있으며 계산식(5+3)과 계산결과(8)를 동시에 출력할 때 print('5+2=', 5+2)와 같이 문자열 상수와 상수 연산([표 2-3] 참고)을 같이 사용할 수 있습니다. 문자열에 대해서도 덧셈과 곱셈 연산이 가능합니다.

#은 프로그램의 추가적인 설명, 즉 주석(comment)을 위해 사용하며, '\n'은 출력 후에 줄을 바꾸기 위해 사용합니다.

[표 2-3] 파이썬 연산자

연산자	연산	의미	사용법	결과
+	덧셈	5 + 2	print(5+2)	7
−	뺄셈	5 − 2	print(5-2)	3
*	곱셈	5 * 2	print(5*2)	10
/	나눗셈	5 / 2	print(5/2)	2.5
//	나눗셈의 몫	5//2은 5를 2로 나눌 때 몫(2)	print(5//2)	2
%	나눗셈의 나머지	5%2는 5를 2로 나눈 나머지(1)	print(5%2)	1
**	거듭제곱	5**2는 5^2	print(5**2)	25

2.2.2 데이터의 입력과 변수

print(100−25.3)와 같은 단순한 연산을 처리할 때 상수와 연산자만을 이용하지만 계산해야 할 부분이 복잡하여 몇 단계의 수식과 절차로 이루어진다면 상수와 연산자만으로는 프로그램의 작성이 어려워집니다.

예를 들어 이차 방정식 $ax^2+bx+c=0$ 의 해를 근의 공식을 이용하여 계산하고, 계산기를 이용한다고 가정하면 중간 과정의 계산결과를 적어 두어야 할 것입니다. 이때 종이에 적어둔다는 것은 그 값을 기억하기 위한 것인데 프로그램에서는 값을 기억하기 위해 변수를 사용합니다. 앞의 이차 방정식에 대해서 근의 공식을 이용하여 두 개의 근이 있다는 가정 하에 x_1 과 x_2 을 구하는 공식은 다음과 같습니다.

$$x_1 = \frac{-b+\sqrt{4b^2-2ac}}{2a}, \quad x_2 = \frac{-b-\sqrt{4b^2-2ac}}{2a}$$

이차 방정식의 a, b, c를 입력받은 후에 위의 공식을 이용하여 근을 구하는 프로그램은 다음과 같습니다.

이차 방정식의 근을 출력

이차 방정식 $ax^2+bx+c=0$ 의 a값, b값, c값은 근을 구하려는 방정식에 따라 달라질 수 있으므로 프로그램의 실행마다 새로운 값을 입력받기 위해서 input() 함수를 이용합니다. 프로그램을 실행하고 "a값을 입력하고 Enter :"라는 메시지가 출력되고, 키보드로 값을 입력(이 예에서는 1을 입력)하고 Enter↵ 키를 누르면 입력한 값이 변수 a에 저장됩니다. 함수 input()은 정수 외에 소수점이 붙은 실수나 문자열도 입력받을 수 있습니다.

프로그램에서 제곱근(square root)을 계산하기 위해서 함수 math.sqrt()를 사용하였으며, 함수 math.sqrt()를 사용하기 위해서 라이브러리 math를 불러옵니다. 라이브러리를 불러올 경우에 import를 사용합니다.

▌이차 방정식의 근을 출력(예제2-2.py)

```python
import math

# 근의 공식 구하기
# a가 0이 아니고 2개의 해가 있다고 가정
a = int(input('a값을 입력하고 Enter: '))
b = int(input('b값을 입력하고 Enter: '))
c = int(input('c값을 입력하고 Enter: '))

x1 = ( (-b + (math.sqrt(b**2 - 4 * a * c)))/2 * a)
x2 = ( (-b - (math.sqrt(b**2 - 4 * a * c)))/2 * a)

print('x1 = ' , x1)
print('x2 = ' , x2)
```

▌ 실행 결과 ▌

```
a값을 입력하고 Enter: 1
b값을 입력하고 Enter: 2
c값을 입력하고 Enter: -15
x1 =  3.0
x2 =  -5.0
```

이 프로그램에서 입력한 값은 이차 방정식 $x^2+2x-15=0$ 의 근을 구하기 위한 변수 a값, b값, c값을 정수(integer)로 입력한 것이고, 소수점이 없는 정수값으로 입력받기 위하여 함수 int()를 사용하였습니다. 모든 값을 입력받으면 두 개의 근 x1과 x2는 앞의 근의 공식을 이용하여 계산하고 그 값을 각각 출력합니다.

[참고 3] 변수의 이름

변수의 이름은 프로그래머가 정하며, 프로그램의 가독성을 위하여 변수에 어떤 값이 저장될지를 나타내는 이름으로 정합니다. 만약 나이를 입력받는다면 변수의 이름으로 age를, 사용자의 이름을 저장하는 변수라면 name으로 하는 것이 좋습니다.

변수 이름에 사용할 수 있는 문자는 영문 소문자, 영문 대문자, 한글, 숫자(0~9), 언더바(_)이며 변수 이름의 첫 글자는 문자를 사용해야 합니다. 또한 프로그램에서 특정한 용도로 사용되는 단어를 예약어(reserved word 또는 keyword)라 하는데 이 단어들은 변수 이름으로 사용하지 않습니다. 파이썬의 예약어들은 다음과 같습니다.

```
>>>import keyword
>>>print(keyword.kwlist)
['False', 'None', 'True', 'and', 'as', 'assert', 'async', 'await', 'break', 'class',
'continue', 'def', 'del', 'elif', 'else', 'except', 'finally', 'for', 'from', 'global',
'if', 'import', 'in', 'is', 'lambda', 'nonlocal', 'not', 'or', 'pass', 'raise', 'return',
'try', 'while', 'with', 'yield']
```

C나 JAVA와 같은 대부분의 프로그램 언어들은 변수를 사용하기 전에 변수에 어떤 값을 저장할 것인지를 미리 정하여 변수를 생성하고 나서 이용해야 하지만 파이썬에서는 변수에 어떤 값이던 데이터를 할당을 하는 순간에 변수의 타입(type)이 결정되므로 사용하기가 편리합니다.

따라서 파이썬 변수의 타입은 그 변수에 저장할 데이터의 타입(이를 데이터 형이라 함)에 따라 결정됩니다.

파이썬에서 사용하는 데이터 형에는 이미 앞에서 사용한 정수형(int)과 〈예제 2-2〉에서의 x1과 x2와 같은 실수형(float) 외에 문자열 형(str), 리스트(list), 튜플(tuple), 딕셔너리(dictionary) 등이 있으며 더 자세한 것은 Programiz 사이트[3]를 참고하기 바랍니다.

2.2.3 프로그램의 제어

오늘 점심에는 무엇을 먹을까? 주말에 날씨가 좋으면 등산을 가고 그렇지 않으면 무엇을 할까? 우리가 깨어있는 동안에 주어진 상황(조건)에 대해서 의식적이던 무의식적이던 판단을 통해 선택을 해야만 합니다. 컵에 물을 받는 경우에는 원하는 만큼의 물을 받을 때까지 물을 받는 동작을 반복하게 되는데 이러한 문제를 프로그램을 통해 해결할 때 제어문(control statement)을 사용합니다.

---

3) https://www.programiz.com/python-programming/variables-datatypes

■ 조건에 의한 판단과 선택

프로그램을 통해 해결해야 할 문제들 중에는 주어진 상황(조건)에 대해 판단과 선택이 요구되는 경우가 있습니다. 예를 들어 나이를 입력받아 버스 요금을 출력하는 프로그램을 작성할 때 나이 범위에 따른 버스 요금에 대한 다음과 같은 기준을 이용한다고 가정합니다.

[버스요금 기준]

나이(age)	버스 요금(교통카드)
age < 19	1,000원
19 ≤ age	1,500원

이러한 문제를 해결할 때 프로그램에서는 비교 연산자(또는 관계 연산자)를 사용하며 다음과 같습니다. 이러한 비교 연산의 결과는 참(True) 또는 거짓(False) 둘 중의 하나이며 참인 경우와 거짓인 경우를 구분하여 어떤 판단을 내릴지를 결정합니다.

[표 2-4] 비교 연산자

연산자	연산	의미
==	x == y	x와 y값이 같은가?
!=	x != y	x와 y값이 같지 않은가?
>	x > y	x가 y값보다 큰가?
<	x < y	x가 y값보다 작은가?
>=	x >= y	x가 y값 이상인가?
<=	x <= y	x가 y값 이하인가?

예제 2-3 **나이에 따른 버스 요금의 출력**

버스요금의 기준과 [표 2-4]의 연산자를 이용하여 버스 요금을 출력하는 프로그램을 작성하면 다음과 같습니다. 버스요금의 기준에서 나이의 기준은 2개로 구분되어 있지만 프로그램 상에서 조건을 따지는 부분은 하나임에 주의해야 합니다. 입력한 나이의 값이 19세 미만이 참이면 요금 1,000원을 출력하고, 입력한 나이의 값이 19세 미만이 거짓이면 요금 1,500원을 출력합니다. 여기서 19세 미만이 거짓이라는 것은 입력한 값이 19세 이상을 의미합니다. 조건의 결과가 거짓일 경우에 처리하는 부분은 else:로 나타냅니다.

▌ 나이와 버스 요금(예제 2-3.py)

```
# 나이와 버스 요금
age = int(input('나이를 입력하고 Enter: '))
if age < 19:
    print('요금 : 1,000원')
else:
    print('요금 : 1,500원')
```

| 실행 결과 |

```
나이를 입력하고 Enter: 15
요금 : 1,000원

나이를 입력하고 Enter: 20
요금 : 1,500원
```

따라서 성별을 구분하는 조건에서도 남자인지 또는 여자인지 두 개의 조건을 따지는 것이 아니라 남자가 참이냐 거짓이냐(else)만 구분해 주면 되므로 다음과 같이 나타낼 수 있습니다.

성별	판단
성별 == '남자'	왼쪽으로 이동
성별 == '여자'	오른쪽으로 이동

```
if 성별 == '남자':
    print('왼쪽으로 이동')
else:
    print('오른쪽으로 이동')
```

마찬가지로 입력된 값이 음수, 0, 그리고 양수를 판단하는 경우에도 다음과 같이 두 가지의 조건에 대해서만 판단하고 나머지 경우(양수)는 else에 의해 처리합니다.

value	판단
value < 0	음수입니다.
value == 0	0입니다.
0 < value	양수입니다.

```
if value < 0 :
    print("음수입니다.")
elif value == 0 :
    print("0입니다.")
else :
    print("양수입니다.")
```

■ 순환과 반복

시내버스가 정해진 노선을 따라 계속 운행하는 것을 순환이라 하고, 딱따구리가 영역을 표시하기 위해 부리로 나무를 두드리는 것을 드러밍(drumming)이라 하는데 이것은 반복입니다. 프로그램에서도 이러한 순환과 반복이 필요한 경우가 있으며 순환과 반복을 멈추기 위해서 적절한 조건의 판단이 필요합니다. 먼저 지정한 횟수에 따라 반복을 하는 for문에 대해서 살펴봅니다.

일정한 횟수를 반복하는 for 문의 사용법

예를 들어 어떤 내용을 5번을 반복하면서 출력하는 프로그램을 for 문을 이용하여 작성하면 다음과 같습니다.

▌ 5번 반복 출력(예제 2-4.py)

```
# 0부터 4까지 5번 반복

for i in range(5):
    print('iteration')
```

| 실행 결과 |
```
iteration
iteration
iteration
iteration
iteration
```

프로그램에서 range(5)는 0부터 5 미만의 정수를 만드는데 for i in range(5):는 i값이 0부터 4까지 변하는 동안에 print('iteration')를 5번 반복합니다. 여기서 반복할 때마다 변하는 i값을 동시에 출력한다면 다음과 같이 수정합니다.

▌ 5번 반복 출력(예제 2-4-1.py)

```
# 0부터 4까지 5번 반복하며 i값 출력

for i in range(5):
    print('iteration', i)
```

| 실행 결과 |
```
iteration 0
iteration 1
iteration 2
iteration 3
iteration 4
```

만약 1부터 9까지 홀수의 경우만 반복한다면 다음과 같이 수정할 수 있습니다.

▌ 5번 반복 출력(예제 2-4-2.py)

```
# 1부터 9까지 5번 반복 (홀수번)

for i in range(1, 10, 2):
    print('iteration', i)
```

| 실행 결과 |
```
iteration 1
iteration 3
iteration 5
iteration 7
iteration 9
```

함수 range()에 대해서 정리하면 다음과 같습니다.

함수 range()	의미	표현
range(5)	range(마지막 숫자)	0부터 4까지(5-1까지) 0, 1, 2, 3, 4
range(1, 5)	range(시작 숫자, 마지막 숫자)	1부터 4까지(5-1까지) 1, 2, 3, 4
range(1, 10, 2)	range(시작 숫자, 마지막 숫자, 증가값)	1부터 10까지 홀수만 1, 3, 5, 7, 9

for 문은 일정한 횟수를 반복하는데 비해 while 문은 주어진 조건이 참인 경우에 반복을 유지합니다. 비교를 하자면 화살을 쏘는 게임에서 for 문은 주어진 횟수만큼 화살쏘기를 반복하며, while 문은 화살이 과녁에 맞을 때까지 화살쏘기를 반복하는 프로그램에 사용합니다.

예제 2-5 조건이 참인 경우에 반복하는 while 문

다음은 1부터 10까지의 합을 출력하는 프로그램을 for 문과 while 문으로 작성(예제2-5.py)한 것이며 실행 결과는 동일합니다.

for 문	while 문	실행 결과

# for 문 	
sum = 0
for i in range(1, 11):
  sum = sum + i
print('합계=', sum)
	# while 문
	i = 1
	sum = 0
	while i < 11:
	  sum = sum + i
	  i = i + 1
	print('합계=', sum)
		합계=55

for 문의 경우 변수 i의 값이 함수 range()에 의해 반복과정에서 1부터 10까지 자동으로 변하지만 while 문에서는 주어진 조건(i < 11) 즉 i의 값이 10이 될 때까지 1씩 증가하도록 누적 연산(i = i + 1)을 해 주어야 합니다. for 문을 사용한 왼쪽의 프로그램에서 변수 sum은 i의 값이 1부터 10까지 변하는 과정에서 i의 값을 다음과 같이 누적합니다.

반복횟수	sum = sum + i 의 처리 과정	반복 후 변수 sum에 저장된 값
	sum = 0	0
1	sum = 0 + 1	1
2	sum = 1 + 2	3
3	sum = 3 + 3	6
⋮	⋮	⋮
9	sum = 36 + 9	45
10	sum = 45 + 10	55

여기서 중요한 것은 반복을 시작하기 전에 변수 sum에 0을 저장한 다음에 반복을 시작한다는 것입니다. 만약 이 부분을 생략하고 프로그램을 작성하여 실행하면 다음과 같은 오류가 발생합니다.

---

sum = 0 부분을 삭제한 프로그램

```
# for 문
for i in range(1, 11):
    sum = sum + i
print('합계=', sum)
```

[오류 내용]

```
Traceback (most recent call last):
  File "program3.py", line 4, in <module>
    sum = sum + i
TypeError: unsupported operand type(s) for +: 'builtin_function_or_method' and 'int'
```

이러한 이유는 첫 번째 반복에서 마주치는 다음의 연산에서 ②번 위치의 sum 때문에 발생합니다.

```
 ①     ②
sum = sum + i
```

파이썬에서 변수의 데이터 형은 그 변수에 저장된 값의 유형에 따라 결정되는데 ②번 위치의 변수 sum이 어떤 값이 저장되지 않은 상태에서 연산에 사용되므로 오류가 발생합니다. 따라서 이러한 오류가 발생되지 않도록 〈예제 2-5〉와 같이 sum = 0라는 문장이 먼저 실행되어야 하고, 최초에 변수 sum에 0이라는 초기값을 사용합니다. 만약 이 프로그램을 이용하여 $n! = 1 \times 2 \times \cdots \times n$을 계산하는 n의 계승(factorial) 프로그램을 작성한다면 변수

sum의 초기값으로 1을 사용해야 합니다.

[참고 4] 파이썬에서의 들여쓰기와 블록

조건문에서 주어진 조건이 참일 경우 또는 거짓일 경우 처리해야 할 문장이 두 개 이상이라면 대부분의 프로그램 언어에서는 블록이라는 것을 이용하여 하나의 단위로 묶어서 처리합니다.

예를 들어 입력한 점수가 60점 이상일 경우 "점수 : □ "와 "합격을 축하!"라는 두 개의 문장을 출력하는 프로그램을 비교하면 다음과 같습니다. 왼쪽의 C 언어의 경우에는 조건이 참일 경우에 처리해야 할 두 개의 문장을 {와 }로 묶어서 블록으로 처리됨을 명시해 주어야 하지만 오른쪽의 파이썬 언어에서는 들여쓰기를 맞춘 모든 문장을 블록으로 처리합니다.

C 언어	Python 언어(블록처리.py)
<pre>#include <stdio.h>\nint main(void)\n{\n int jumsu;\n printf("점수입력>");\n scanf("%d", &jumsu);\n if (60<=jumsu)\n {\n printf("점수 : %d\n", jumsu);\n printf("합격을 축하!\n");\n }\n return 0;\n}</pre>	<pre>jumsu = int(input('점수입력>'))\nif 60 <= jumsu:\n print('점수 : ', jumsu)\n print('합격을 축하!')</pre>

따라서 앞의 while 문에서도 주어진 조건(i < 11)이 참일 경우에 처리해야 할 문장은 들여쓰기를 맞춘 다음 두 개의 문장을 블록으로 묶어서 처리합니다.

```
#while 문
i = 1
sum = 0
while i < 11:
   sum = sum + i
   i = i + 1
print('sum=', sum)
```

2.2.4 특별한 기능을 처리하는 단위, 함수

데이터에 대해 평균값을 계산한다고 가정합니다. 평균을 계산하기 위해서 데이터를 모두 더해야 하고 더한 데이터를 데이터의 개수로 나누어주어야 합니다. 데이터를 누적하여 합산할 때는 for 문을 이용할 것이고, 모두 더한 값을 나눗셈을 이용하여 계산합니다.

평균을 계산하는 일이 자주 있거나 프로그램 내에서 여러 번의 평균을 계산한다면 똑같은 내용을 여러 번 실행하거나 똑같은 부분을 여러 번 프로그램하여야 할 것입니다. 그런데 만약 MS Excel처럼 =AVERAGE(데이터의 범위)를 이용한다면 편리할 것입니다. MS Excel에서 이러한 일을 하는 프로그램 단위를 함수라 부르며 파이썬에서도 함수는 같은 용도로 활용하며 앞서 for 문에서 range()를 함수라 부릅니다.

함수는 이미 만들어져있는 라이브러리 함수를 이용할 수도 있고, 사용자의 필요에 의해 만들어서 사용하기도 합니다. 여기에서는 사용자의 필요에 의해 새로운 함수를 작성해 봅니다.

MS Excel에서 주어진 문자를 주어진 숫자만큼 반복하는 rept()라는 함수([그림 2-34] 참고)가 있는데 이를 파이썬 함수로 만들어봅니다.

[그림 2-34] MS Excel의 함수 rept()

예제 2-6 **주어진 숫자만큼 문자를 반복하는 함수 rept()를 작성**

앞의 〈예제 2-5〉는 반복과정에서 입력한 값을 누적하여 덧셈 처리를 하였는데 문자에 대해서도 덧셈 연산을 할 수 있으며, 문자에 대해 이러한 덧셈 연산을 계속 반복하면 똑같은 문자를 이어 붙여 만들 수 있습니다.

▌문자를 주어진 숫자만큼 반복하는 함수(예제2-6.py)

```
# 주어진 숫자만큼 문자를 반복
def rept(string, n):
  n_st=''
  for i in range(n):
    n_st = n_st + string
  print(n_st)

string = input('문자를 입력하고 Enter: ')
n = int(input('정수숫자를 입력하고 Enter: '))

rept(string, n)
```

| 실행 결과 |
```
문자를 입력하고 Enter: #
정수숫자를 입력하고 Enter: 6
######
```

〈예제 2-6〉의 프로그램은 입력한 문자 또는 문자열에 대해 n번 반복하는 동안 문자열의 뒷부분에 입력한 문자열을 다음과 같이 붙여 나갑니다. 변수 string에는 문자 '#'가 저장되었고, 숫자 5가 입력되었다면 다음과 같은 순서로 처리됩니다. 먼저 변수 n_st에 공백문자를 입력한 후에 반복을 시작합니다. 공백문자를 먼저 입력하는 이유는 다음과 같습니다.

파이썬에서 변수의 데이터 형은 입력된 값에 의해 결정되므로 문자를 누적하기 위한 변수로 문자형 변수를 사용한다는 것을 나타내야 하고, 반복이 일어나기 전 최초의 값으로 공백을 사용한 것입니다. 이것은 〈예제 2-5〉에서 변수 i의 값을 누적시키기 위한 변수 sum의 초기값으로 0을 저장하여 사용하는 것과 같은 이치입니다.

반복횟수	n_st = n_st + string의 처리 과정	반복 후, 변수 n_st에 저장된 값
	n_st=''	''
1	n_st = '' + '#'	'#'
2	n_st = '#' + '#'	'##'
3	n_st = '##' + '#'	'###'
4	n_st = '###' + '#'	'####'
5	n_st = '####' + '#'	'######'

〈예제 2-6〉의 함수 retp()를 결과값이 없는 함수라 합니다. 함수의 결과값이란 예를 들어 MS Excel에서 제곱근을 계산하는 함수는 sqrt()인데 [그림 2-35]와 같이 함수에 의해 계산된 결과가 함수의 값으로 나타나는 것을 말합니다.

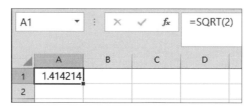

[그림 2-35] MS Excel에서 제곱근을 계산하는 함수 sqrt

이와 같이 결과값이 있는 함수로 만들기 위해서 함수의 마지막 부분에 return 문이 사용됩니다. 〈예제 2-6〉의 함수 retp()는 함수의 마지막에 return 문이 없으므로 결과값이 없는 함수입니다.

예제 2-7   결과값이 있는 함수의 예

함수 avr()은 두 개의 정수에 대한 평균을 반환하므로 print 문을 이용하여 print(avr(a,b))과 같이 결과를 출력할 수도 있고, result = avr(a, b)와 같이 결과값을 변수에 저장하여 사용할 수도 있습니다.

▌ 주어진 두 숫자의 평균을 반환(return)하는 함수(예제2-7.py)

```python
# 주어진 두 숫자의 평균을 반환하는 함수
def avr(a, b):
  sum = a + b
  return sum/2

a = int(input('정수 a를 입력하고 Enter: '))
b = int(input('정수 b를 입력하고 Enter: '))

result = avr(a, b)
print(result)
```

| 실행 결과 |

```
정수 a를 입력하고 Enter: 6
정수 b를 입력하고 Enter: 9
7.5
```

단원 정리 2.2

■ print 함수와 연산자의 사용법

```python
# 문자열과 상수 출력
print("Python Program")
# 줄바꿈 print('\n')
print('파이썬 프로그램', 2023,'년\n')

# 사칙 연산 결과
print('123+123=', 123+123)
print(100-25.3)
print('25/4=', 25/4)
print(25*4,'\n')

# 문자열 연산 결과
print('My name'+' is '+'Python')
print('Python ' * 2, '\n')

# 그 외의 연산 결과
print(13//4)
print(13%4)
print(2**3,'\n')
```

| 실행 결과 |

```
Python Program
파이썬 프로그램 2023 년

123+123= 246
74.7
25/4= 6.25
100

My name is Python
Python Python

3
1
8
```

연산자	연산	의미	사용법	결과
+	덧셈	5 + 2	print(5+2)	7
–	뺄셈	5 – 2	print(5-2)	3
*	곱셈	5 * 2	print(5*2)	10
/	나눗셈	5 / 2	print(5/2)	2.5
//	나눗셈의 몫	5//2은 5를 2로 나눌 때 몫(2)	print(5//2)	2
%	나눗셈의 나머지	5%2는 5를 2로 나눈 나머지(1)	print(5%2)	1
**	거듭제곱	5**2는 5^2	print(5**2)	25

■ 데이터 입력과 변수

• 변수 : 프로그램 안에서 특정 문자나 숫자를 저장하는 공간

• 변수 이름 : 프로그래머가 정하며, 프로그램의 가독성을 위하여 변수에 어떤 값이 저장될지를 나

타내는 이름으로 정하며 다음과 같은 규칙이 있다.

① 변수 이름에 사용할 수 있는 문자는 영문 소문자, 영문 대문자, 한글, 숫자(0~9), 언더바(_)이며 변수 이름의 첫 글자는 문자를 사용해야 한다.

② 프로그램에서 특정한 용도로 사용되는 단어를 예약어(reserved word 또는 keyword)라 하는데 이 단어들은 변수 이름으로 사용하지 않는다.

■ 조건에 의한 판단과 선택

비교 연산의 결과는 참(True) 또는 거짓(False) 둘 중의 하나이며 참인 경우와 거짓인 경우를 구분하여 어떤 판단을 내릴지를 결정한다.

비교 연산자	연산	의미
==	x == y	x와 y값이 같은가?
!=	x != y	x와 y값이 같지 않은가?
>	x > y	x가 y값보다 큰가?
<	x < y	x가 y값보다 작은가?
>=	x >= y	x가 y값 이상인가?
<=	x <= y	x가 y값 이하인가?

```
# 나이와 버스 요금
age = int(input('나이를 입력하고 Enter: '))
if age < 19:
    print('요금 : 1,000원')
else:
    print('요금 : 1,500원')
```

| 실행 결과 |

```
나이를 입력하고 Enter: 15
요금 : 1,000원

나이를 입력하고 Enter: 20
요금 : 1,500원
```

성별	판단
성별 == '남자'	왼쪽으로 이동
성별 == '여자'	오른쪽으로 이동

```
if 성별 == '남자':
    print('왼쪽으로 이동')
else:
    print('오른쪽으로 이동')
```

value	판단
value < 0	음수입니다.
value == 0	0입니다.
0 < value	양수입니다.

```
if value < 0 :
    print("음수입니다.")
elif value == 0 :
    print("0입니다.")
else :
    print("양수입니다.")
```

■ 순환과 반복

프로그램에서도 순환과 반복이 필요한 경우가 있으며 순환과 반복을 멈추기 위해서 적절한 조건의 판단이 필요하다.

함수 range()	의미	표현
range(5)	range(마지막 숫자)	0부터 4까지(5-1까지) 0, 1, 2, 3, 4
range(1, 5)	range(시작 숫자, 마지막 숫자)	1부터 4까지(5-1까지) 1, 2, 3, 4
range(1, 10, 2)	range(시작 숫자, 마지막 숫자, 증가값)	1부터 10까지 홀수만 1, 3, 5, 7, 9

```
# 0부터 4까지 5번 반복

for i in range(5):
    print('iteration')
```

| 실행 결과 |
```
iteration
iteration
iteration
iteration
iteration
```

```
# 0부터 4까지 5번 반복하여 i값 출력

for i in range(5):
    print('iteration', i)
```

| 실행 결과 |
```
iteration 0
iteration 1
iteration 2
iteration 3
iteration 4
```

```
# 1부터 9까지 5번 반복 (홀수번)

for i in range(1, 10, 2):
    print('iteration', i)
```

| 실행 결과 |
```
iteration 1
iteration 3
iteration 5
iteration 7
iteration 9
```

• 1부터 10까지 덧셈을 하는 for 문과 while 문의 비교

for 문	while 문	실행 결과

``# for 문
sum = 0
for i in range(1, 11):
    sum = sum + i
print('합계=', sum)```
	``#while 문
	i = 1
	sum = 0
	while i < 11:
	    sum = sum + i
	    i = i + 1
	print('합계=', sum)```
		합계=55

• 파이썬에서의 들여쓰기와 블록

조건문에서 주어진 조건이 참일 경우 또는 거짓일 경우 처리해야 할 문장이 두 개 이상이라면 대부분의 프로그램 언어에서는 블록이라는 것을 이용하여 하나의 단위로 묶어서 처리한다.

```
jumsu = int(input('점수입력>'))
if 60 <= jumsu:
    print('점수 : ', jumsu)
    print('합격을 축하!')
```

■ 특별한 기능을 처리하는 단위, 함수

함수란 특정한 기능을 처리하기 위한 프로그램 단위로서 이미 만들어져있는 라이브러리 함수(예로 print(), input() 등)를 이용할 수도 있고, 사용자의 필요에 의해 만들어서 사용하기도 한다. 엑셀에서 데이터의 평균을 계산하기 위한 =AVERAGE(셀 범위 또는 값)가 함수의 예이며 평균을 계산할 때 별도의 공식을 사용하지 않고 단지 함수 이름을 불러서 사용하지만 내부적으로는 입력된 데이터에 대해 평균값을 계산하는 과정이 포함(정의)되어 있다.

```
# 두 숫자의 합과 곱을 출력하는 함수 calc_print()
def calc_print(v1, v2):
  print(v1,'+',v2,'=', v1+v2)
  print(v1,'*',v2,'=', v1*v2)

a = int(input('정수 숫자1을 입력하고 Enter: '))
b = int(input('정수 숫자2을 입력하고 Enter: '))

calc_print(a, b)
```

| 실행 결과 |

```
정수 숫자1을 입력하고 Enter: 5
정수 숫자2을 입력하고 Enter: 9
5 + 9 = 14
5 * 9 = 45
```

다음의 함수 avr()은 두 개의 정수에 대한 평균을 반환하므로 print 문을 이용하여 print(avr(a,b))
과 같이 결과를 출력할 수도 있고, result = avr(a, b)와 같이 결과값을 변수에 저장하여 사용할
수도 있다.

```
# 주어진 두 숫자의 평균을 반환하는 함수
def avr(a, b):
  sum = a + b
  return sum/2

a = int(input('정수 a를 입력하고 Enter: '))
b = int(input('정수 b를 입력하고 Enter: '))

result = avr(a, b)
print(result)
```

| 실행 결과 |

```
정수 a를 입력하고 Enter: 6
정수 b를 입력하고 Enter: 9
7.5
```

연습문제 2.2

1. 다음의 함수 printf()의 사용 결과로 적절하지 않는 것은?

사용 예	결과		사용 예	결과
① print(5/2)	2		② print(5//2)	2
③ print(5%2)	1		④ print(5**2)	25

2. 다음의 함수 printf()의 사용 결과로 적절한 것은?

```
print('25/4=', 25/4)
```

① 25/4
② 6.25
③ 25/4=6.25
④ '25/4='6.25

3. 다음의 함수 printf()의 사용 결과로 적절한 것은?

```
print('Python ' * 2)
```

① Python * 2
② Python Python
③ PythonPython

4. 다음의 함수 printf()의 사용 결과로 적절한 것은?

```
print('Program'+' is '+'Python')
```

① Program+is+Python
② Program is Python
③ ProgramisPython

5. 값을 저장할 변수 이름으로 사용할 수 없는 내용은?

① 영문 소문자, 영문 대문자
② 숫자(0~9), 언더바(_)
③ 변수 이름의 첫 글자로 문자로 시작하는 변수
④ 특정한 용도로 사용되는 예약어

6. 다음은 나이에 따라 버스요금을 출력하는 프로그램으로 19세 미만은 1,000원, 19세 이상은 1,500원을 출력하는 프로그램이다. 프로그램 A와 프로그램 B의 빈칸 해당하는 조건에 맞는 것은?

프로그램 A	프로그램 B

# 나이와 버스 요금 	
age = int(input('나이를 입력하고 Enter: '))
if
 	
　print('요금 : 1,500원')
else:
　print('요금 : 1,000원')
	# 나이와 버스 요금
	age = int(input('나이를 입력하고 Enter: '))
	if
	
	　print('요금 : 1,000원')
	else:
	　print('요금 : 1,500원')

	프로그램 A	프로그램 B		프로그램 A	프로그램 B
①	age < 19	age >= 19	②	age < 19:	age >= 19:
③	age >= 19	age < 19	④	age >= 19:	age < 19:

7. 변수 value에 저장된 값이 0보다 크면 "양수입니다"를 0보다 작으면 "음수입니다"를, 0이면 "0입니다"를 출력하는 다음의 프로그램에서 A와 B에 들어갈 내용으로 적절한 것은?

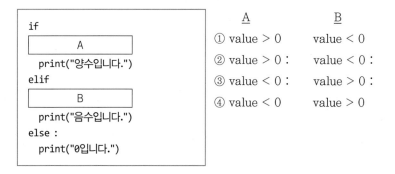

```
if
    A
    print("양수입니다.")
elif
    B
    print("음수입니다.")
else :
    print("0입니다.")
```

	A	B
①	value > 0	value < 0
②	value > 0 :	value < 0 :
③	value < 0 :	value > 0 :
④	value < 0	value > 0

8. 자신의 이름과 학번을 입력받아 다음의 형식대로 5번 연속 출력하는 프로그램을 작성하시오.

[출력 형식]

```
1 이름 : 홍길동    학번 : 20245438
2 이름 : 홍길동    학번 : 20245438
3 이름 : 홍길동    학번 : 20245438
4 이름 : 홍길동    학번 : 20245438
5 이름 : 홍길동    학번 : 20245438
```

9. 다음과 같이 출력하는 순환문으로 적절한 것은?

```
A=2
A=4
A=6
A=8
A=10
```

① for i in range(0, 10, 2):
    print('A=', i)
② for i in range(1, 10, 2):
    print('A=', i)
③ for i in range(2, 11, 2):
    print('A=', i)
④ for i in range(1, 11, 2):
    print('A=', i)

10. 다음 순환문의 결과로 적절한 것은?

```
sum = 0
for i in range(1, 5):
    sum = sum + i
print(i, sum)
```

①	②	③	④
1 1			2 2
2 3	4 10	5 15	3 5
3 6			4 9
4 10			5 14

11. 다음 순환문의 결과로 적절한 것은?

```
sum = 0
for i in range(1, 5):
    sum = sum + i
    print(i, sum)
```

①	②	③	④
1 1	1 1	1 0	2 2
2 3	2 3	2 0	3 5
3 6	3 6	3 0	4 9
4 10	4 10	4 0	5 14
	5 15		

12. 임의의 정수 n에 대해서 1부터 n까지의 합산 결과를 다음의 형식에 맞춰 변수 sum에 저장하여 출력하는 for 문과 while 문을 작성하시오.

[출력 형식]

```
임의의 정수 n을 입력하고 Enter: 10
합계= 55
```

13. 문제 8에 대해서 출력 처리 부분을 함수 print_name()으로 작성하시오.

14. 문제 12에 대해서 아래의 형식으로 합의 결과를 반환하는 for 문을 이용한 함수 for_sum()과 while 문을 이용하는 함수 while_sum()을 작성하시오.

[출력 형식]

```
임의의 정수 n을 입력하고 Enter: 10
1부터  10 까지 합계= 55
```

2.3 데이터 시각화와 요약

파이썬 라이브러리인 Matplotlib과 Seaborn을 사용하여 데이터의 특성을 잘 표현해 주는 그래프를 소개하고 작성하는 방법에 대해서 설명합니다.

2.3.1 그래프를 통하여 데이터의 특성을 나타내는 방법들

수집한 데이터를 보는 것만으로 데이터 전체의 모습이나 특징을 알아내기는 어렵습니다. 따라서 데이터가 가지고 있는 모습과 전체적인 윤곽을 나타내기 위해서 정리가 필요하며, 표(table)나 그래프(graph)를 통해 나타냅니다. [그림 2-36]은 Matplotlib의 시각화 기법[4]을 나타내고 [그림 2-37]은 Seaborn에서 제공하는 시각화 기법[5]입니다.

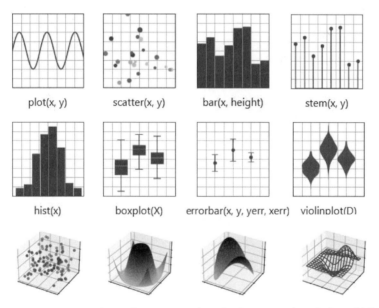

[그림 2-36] matplotlib에서 제공하는 시각화 기법들

---

4) https://matplotlib.org/stable/plot_types/index.html

5) https://seaborn.pydata.org/examples/index.html

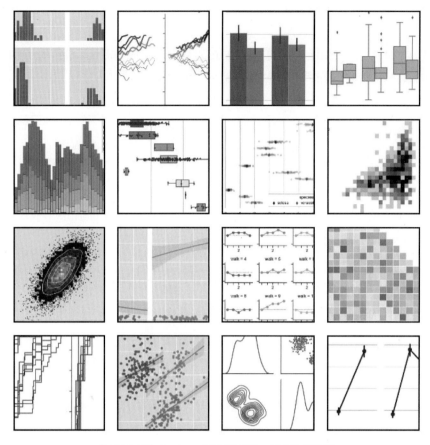

[그림 2-37] Seaborn에서 제공하는 시각화 기법들

수집한 데이터로부터 정보를 얻기 위한 시각화 방법은 목적과 의도, 데이터의 유형에 따라 다음과 같이 시간 시각화, 분포 시각화, 관계 시각화, 비교 시각화, 공간 시각화로 구분[6]할 수 있습니다. 플로잉데이터(FLOWINGDATA)[7]는 다양한 시각화 정보와 통계 그리고 디자인 등의 사례들을 찾아볼 수 있습니다.

---

6) 네이션 야우([2011] 2012). 비주얼라이즈 디스: 빅데이터 시대의 시각화+인포그래픽 기법
   (VISUALIZE THIS: The FlowingData Guide to Design, Visualization, and Statistics). 송용근(역). 에이콘.
7) https://flowingdata.com/

[시각화 방법]

시간 시각화	분포 시각화	관계 시각화	비교 시각화	공간 시각화
막대그래프 선 그래프	파이 차트 도넛 차트	산점도 산점도 행렬 버블 차트 히스토그램	막대그래프 히트맵 체르노프 페이스	지도 매핑 등고선도

시각화 방법	내용
시간 시각화	시간 정보가 포함된 데이터에 대한 시각화 기법을 말하며, 통계학에서는 이를 시계열 데이터(time series data)라 부른다. 예를 들어 분기별, 월별 물가의 변동이나 실업률, 취업률 등 시간의 흐름에 따라 주기적으로 측정된 데이터의 시각화 기법으로는 주로 선 그래프(line graph)를 많이 사용한다.
분포 시각화	데이터의 전체적인 구조 또는 분포를 나타내는 방법으로 범주별로 측정된 범주형 데이터에 대한 구조나 관계를 나타낸다. 원그래프로 불리는 파이 차트, 도넛 차트, 누적 영역 막대 차트 등이 속하며 개인적으로는 히스토그램도 포함될 수 있다.
관계 시각화	데이터에 포함된 두 개의 변수 또는 여러 개의 변수가 포함된 데이테 대해 연관성이나 패턴 등을 찾는 방법이다. 예로 키와 몸무게를 나타내는 산점도와 다변량 데이터를 표현하는 산점도 행렬 등이 있다.
비교 시각화	다변량 데이터에 대해 변수 간의 연관성 정도를 나타내거나 각 변수별로 특징적인 요소를 나타냄으로써 변수 간의 비교를 나타내는 방법으로 히트맵(heat map)과 체르노프 페이스(Chernoff Faces) 등이 있다.
공간 시각화	어떤 정보를 지도상에 나타내는 방법으로 어떤 한 지점의 정보와 다른 지점의 정보를 비교하거나 구분하기 위해 위치와 거리가 표시된 지도를 통해 나타내는 방법이다.

■ 히스토그램

히스토그램은 생활 주변에서 쉽게 볼 수 있는 그래프로서 막대그래프와 혼용하여 사용하지만 두 가지의 차이점이 있습니다. 히스토그램은 [그림 2-38]의 오른쪽과 같이 측정된 연속적인 값(나이, 성적 등)을 나타내기 위하여 사용합니다. 막대그래프는 [그림 2-38]의 왼쪽과 같이 범주(category)로 구분되는 데이터(성별, 종교 또는 직업 형태에 따른 사례 수)를 이용하므로 범주의 순서는 작성자의 의도에 따라 바뀔 수 있지만, 히스토그램의 경우는 막대의 순서를 임의로 바꿀 수 없으며 주로 막대의 간격 없이 표현합니다.

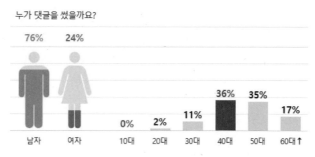

누가 댓글을 썼을까요?

76% 24%

36% 35%

0%   2%   11%   17%

남자 여자   10대 20대 30대 40대 50대 60대↑

[그림 2-38] 막대그래프와 히스토그램[8]

히스토그램을 작성하기 위하여 학생 건강검사 자료[9]중에서 고등학교 남학생 500명의 신장 표본 데이터를 사용합니다. 이 데이터의 원시자료는 엑셀 파일로 되어있으며, [표 2-5]는 일부만 표시한 것입니다. [그림 2-39]는 [표 2-5]의 데이터에 대해 〈예제 2-8〉을 이용하여 막대수 10개로 히스토그램을 작성한 것입니다.

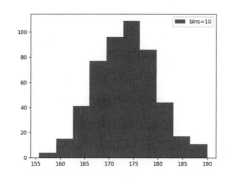

[그림 3-39] 고등학교 남학생 신장 히스토그램

[표 2-5] 고등학교 남학생 신장 표본

173.5	171.5	177.4	179.3	172	165.1
169.8	163.4	179.8	185	177.4	169.1
176.6	174	179.2	176.6	168	165.7
162	172.1	156.4	174.8	179.4	167.2
171.8	168.9	170.8	...		

예제 2-8 히스토그램 작성

엑셀 파일(고등학생_samples.xlsx)을 불러오기 위하여 함수 read_excel()를 사용합니다 (4.3.1 데이터 파일 불러오기). 파이썬에서 그래프를 작성할 때 라이브러리 matplotlib를 사용하기 위해서 불러(import) 오는데 matplotlib.pyplot은 라이브러리 matplotlib 안의 모듈 중에서 pyplot을 사용한다는 의미이고 이것을 plt라는 이름으로 사용합니다.

프로그램에서 import matplotlib.pyplot as plt와 from matplotlib import pyplot as plt는 동일한 역할을 합니다. 히스토그램의 작성은 모듈 plt에서 함수 hist()를 이용하고,

---

8) 네이버 뉴스 댓글 작성자 정보(https://news.naver.com)
9) 2019년도 학생 건강검사 표본통계, 교육부, 2020년

이 함수의 인자 중에서 중요한 것만 사용하고자 합니다.

함수 matplotlib.pyplot.hist()	함수 인자(사용법)
matplotlib.pyplot.hist(x, bins, label, …)	• x : 배열 데이터의 이름 • bins : 막대의 수를 결정(bins=5) • label : 레이블 작성(label='# of bins=5')

▍히스토그램 작성(예제 2-8.py)

```
import pandas as pd
import matplotlib.pyplot as plt
# 엑셀 파일 불러오기  참고
data = pd.DataFrame(pd.read_excel("..\데이터\고등학생_samples.xlsx"))

plt.hist(data.height, label='bins=10', bins=10) # 막대수 10개로 하고 레이블 작성
plt.legend()
plt.show()
```

■ 막대그래프

막대그래프(bar chart)는 히스토그램과 달리 범주형 데이터(categorical data)에 대해서 막대로 구분하여 표시합니다. 다음은 2022년도 아르바이트 채용공고에 나타난 상위 및 하위 시급 top 5[10]에 대한 막대그래프입니다. 이 당시 최저시급은 9,160원이었습니다. 막대 그래프를 나타낼 때는 [그림 2-40]과 [그림 2-41]과 같이 오름차순 또는 내림차순으로 정렬하여 나타내는 것이 보기에 좋으며 가독성이 높아집니다.

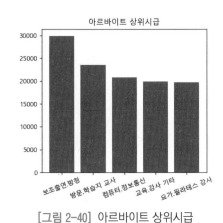

[그림 2-40] 아르바이트 상위시급

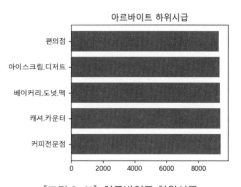

[그림 2-41] 아르바이트 하위시급

---
10) 알바천국(2022년 1월 1일~12월 14일 등록된 채용공고 내 시급 기준)

가로와 세로 막대그래프 작성

일반적인 막대그래프는 [그림 2-40]과 같이 세로형이며 이때는 함수 plt.bar()를, [그림 2-41]과 같이 가로형의 막대그래프는 함수 plt.barh()를 사용하며 함수 인자의 사용법은 동일합니다.

파이썬에서 그래프의 레이블로 한글을 사용하면 제대로 표시되지 않기 때문에 matplotlib 의 폰트를 지정하는 것으로 해결할 수 있으며, 여기에서는 한글 폰트인 '맑은 고딕'을 사용 하였습니다.

함수 matplotlib.pyplot	함수 인자(사용법)
matplotlib.pyplot.bar(x, height, …) matplotlib.pyplot.barh(x, height, …)	• x : x축에 나타낼 데이터(배열 또는 리스트) • height : y축에 나타낼 데이터(배열 또는 리스트)

▌ 가로와 세로 막대그래프 작성(예제 2-9.py)

```python
from matplotlib import pyplot as plt
plt.rcParams['font.family'] = 'Malgun Gothic'

x=[ '보조출연.방청', '방문.학습지 교사', '컴퓨터.정보통신', '교육.강사 기타', '요가.필라테스 강사']
y=[29874, 23551, 20812, 19930, 19766]

x1=[ '커피전문점', '캐셔.카운터', '베이커리.도넛.떡', '아이스크림.디저트', '편의점']
y1=[9411, 9371, 9354, 9317, 9268]

plt.bar(x, y)                   # x축과 y축의 데이터
plt.title('아르바이트 상위시급')    # 제목 표시
plt.xticks(rotation=20)          # x축 레이블 회전
plt.show()

plt.barh(x1, y1)
plt.title('아르바이트 하위시급')
plt.show()
```

막대그래프를 작성하는 함수 plt.bar()에서 첫 번째 인자 x는 x축에 표시할 데이터를 나타 내며 여기에서는 아르바이트 종류를 나타냅니다. 두 번째 인자인 y는 y축에 나타낼 y의 값 을 의미하며 여기에서는 시급(단위: 원)을 나타냅니다. 함수 plt.bar()에는 그래프의 제목 (title)을 출력하는 인자가 없으므로 함수 plt.title()를 추가로 사용하며 함수 plt.title()는 앞의 〈예제 2-8〉에도 적용하여 사용할 수 있습니다.

■ 파이 차트

파이 차트(pie chart)는 원그래프라고도 하며 막대그래프와 같이 범주형 데이터에 대한 시각화 표현 방법입니다. 파이 차트는 [그림 2-42]와 같이 사례 수보다는 구성 비율을 퍼센트로 나타내는 것이 일반적입니다. 다음의 데이터는 20~50대 이상 소비자 4,000명을 대상으로 조사한 2023년 추석연휴 계획에 대한 조사결과[11]입니다.

[추석연휴 계획 조사결과]

추석연휴 계획		구성비(%)
고향 및 부모 친척 방문		46.0
집에서 휴식		30.0
여행	국내	13.6
	국외	8.7
기타		1.7
계		100%

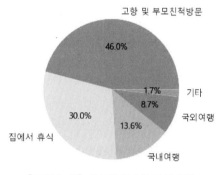

[그림 2-42] 추석연휴계획 파이 차트

예제 2-10 **파이 차트 작성**

프로그램에서는 파이 차트를 나타내기 위하여 matplotlib.pyplot 모듈의 함수 pie()를 사용하고 결과는 [그림 2-42]와 같습니다.

함수 matplotlib.pyplot.pie()	함수 인자(사용법)
matplotlib.pyplot.pie(x, labels, autopct, …)	• x : 퍼센트의 비율(리스트 또는 배열) • labels : 각 퍼센트의 레이블 표시 • autopct : 퍼센트의 표시방법

▎파이차트 작성(예제2-10.py)

```python
from matplotlib import pyplot as plt
plt.rcParams['font.family'] = 'Malgun Gothic'

ratio = [46.0, 30.0, 13.6, 8.7, 1.7]    # 퍼센트 비율 (전체 합은 100)
labels = ['고향 및 부모친척방문', '집에서 휴식', '국내여행', '국외여행', '기타'] # 레이블
plt.pie(ratio, labels=labels, autopct='%.1f%%')  # 퍼센트의 표시 방법
plt.show()
```

---

11) 롯데멤버스, 2023년

퍼센트의 표시 방법에서 autopct='%.1f%%'은 소수 이하 첫째 자리까지 표시하고 % 기호를 표시하라는 의미입니다.

■ 선 그래프

시간의 경과에 따라 연속적으로 관측된 데이터에 대해 동일한 시간 간격으로 측정한 데이터를 시계열 데이터(time series data)라 합니다. 시계열 데이터에는 물가, 실업률, 취업률 등이 포함되며 이러한 데이터를 그래프로 표현할 때 선 그래프(line chart)를 이용하여 변화의 추이를 파악합니다.

예제 2-11 **선 그래프 작성**

[그림 2-43]은 2010년부터 2022년까지 보통휘발유 1ℓ가격[12]과 서울우유 1ℓ가격[13]을 비교한 것입니다. [그림 2-43]에서 휘발유 가격은 세계 경제의 상황에 따라 변화가 있지만 우유가격은 꾸준히 상승하고 있는 것으로 나타났습니다.

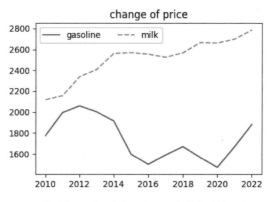

[그림 2-43] 휘발유와 우유가격의 변화

▌ 선 그래프 작성(예제2-11.py)

```
import pandas as pd
from matplotlib import pyplot as plt
data = pd.DataFrame(pd.read_excel("..\데이터\휘발유_우유가격변화.xlsx"))

x = data.year
```

---

12) Opinet(https://www.opinet.co.kr/)
13) 한국소비자원 참가격(https://www.price.go.kr/)

```
y1 = data.gasoline
y2 =data.milk

plt.plot(x, y1, linestyle='solid', label='gasoline')      # x와 y1 그래프 작성
plt.plot(x, y2, linestyle='dashed', label='milk')         # x와 y2 그래프 작성

plt.legend(loc='best', ncol=2)                            # 레이블 표시 방법
plt.title('change of price')
plt.show()
```

함수 matplotlib.pyplot.plot()	함수 인자(사용법)

matplotlib.pyplot.plot(x, y, label, linestyle, …)	• x : x축 데이터(리스트 또는 배열)
	• y : y축 데이터(리스트 또는 배열)
	• label : 레이블(범례)의 내용
	• linestyle : 실선(linestyle='solid')
	        점선(linestyle='dotted')
	        파선(linestyle='dashed')

함수 matplotlib.pyplot.legend()	함수 인자(사용법)

matplotlib.pyplot.legend(loc, ncol, …)	• loc : 레이블의 위치
	        최적의 위치(loc='best')
	        그래프 위 오른쪽(loc='upper right')
	        그래프 아래 왼쪽(loc='lower left')
	• ncol : 레이블 표시 방법

plt.legend(loc='best', ncol=2) 부분은 레이블(범례)의 위치를 자동으로 최적(best)의 위치에 표시하며, ncol은 레이블을 몇 개의 열로 표시할지를 지정합니다.

■ 상자 도형

상자 도형(box plot)은 데이터를 순서대로 나열한 다음, 사분위수(quartiles)를 이용하여 전체 데이터의 모양과 특이값(outlier)의 존재 여부를 나타낼 수 있는 그래프입니다.

사분위수란 [그림 2-44]에서 데이터를 순서대로 나열했을 때 4등분하는 위치에 해당하는 값으로 1 사분위수(25%, Q1), 2 사분위수(50%, Q2), 3 사분위수(75%, Q3)라 부릅니다. 상자의 테두리는 1 사분위수에서 3 사분위수로 나타내며, 상자 가운데 직선은 중앙값(2

사분위수, Q2)을 의미합니다.

[그림 2-44]에서 최솟값(min)과 최댓값(max)은 상자 도형의 끝부분을 직선으로 연결하여 나타내며, 3 사분위수보다 1.5×IQR 이상을 초과하는 값과 1 사분위수보다 1.5×IQR 이하 미달하는 값은 특이값으로 간주하여 별표나 원으로 나타냅니다.

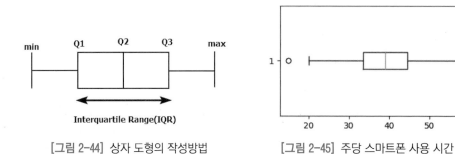

[그림 2-44] 상자 도형의 작성방법   [그림 2-45] 주당 스마트폰 사용 시간

[표 2-6] 주당 스마트폰 사용 시간

27 40 38 35 52 53 31 36 55 29
53 41 15 29 39 34 32 39 28 43
38 47 31 46 36 44 22 41 42 54
39 37 43 57 48 51 44 35 44 20

예제 2-12 **주당 스마트폰 사용 시간에 대한 상자 도형 작성**

이 예제에서 사용한 데이터는 [표 2-6]에 있는 학생들의 주당 스마트폰 사용 시간이며, 이를 이용하여 상자 그림으로 나타내면 [그림 2-45]와 같습니다. [그림 2-45]에서 왼쪽의 작은 동그라미 표시는 특이값을 나타내며 실제 값은 15입니다. 실제로 계산하면 Q1은 33.5, Q2는 39, Q3는 44.5, IQR은 11이고 min은 17, max는 61입니다.

프로그램에서 중앙값과 최솟값을 출력하기 위하여 numpy의 함수 median()과 min()을 사용하며, 이 데이터에 대해 각각 39와 15를 출력합니다. [그림 2-44]의 min은 min=Q1-1.5×IQR로 계산(17)한 것으로 최솟값(15)과는 다릅니다. [표 2-6]의 데이터는 CSV 형식으로 저장되어 있으며, 이를 불러오기 위하여 pandas의 함수 read_csv()를 사용(4.3.1 데이터 파일 불러오기)합니다.

▍상자 도형 작성(예제2-12.py)

```
import numpy as np
import pandas as pd
from matplotlib import pyplot as plt

data = pd.read_csv("..\데이터\스마트폰_이용시간.csv")

print('median = ', np.median(data))          # 중앙값
print('min = ', np.min(data),'\n')            # 최솟값

plt.boxplot(data, vert=False)                 # 수평의 상자도형 (False의 F는 대문자로)
plt.show()
```

함수 matplotlib.pyplot.boxplot()	함수 인자(사용법)
`matplotlib.pyplot.boxplot(x, vert, ...)`	• x : 데이터(배열 또는 리스트) • vert : 도형의 방향을 결정 　　수직(vert=True 또는 생략) 　　수평(vert=False)

■ 산점도

산점도(scatter plot)는 가로축(x축)과 세로축(y축)으로 나타낼 수 있는 2차원 평면상에서 관찰값을 점이나 문자 등으로 표현합니다. 가장 흔한 예로 몸무게와 키의 2차원 데이터를 나타낼 때 사용합니다. 산점도는 축으로 표현되는 두 개의 데이터, 즉 키와 몸무게 간의 연관성 정도나 추세를 파악하기 위해 사용하고, 뒤에서 설명할 회귀분석에서 유용하게 사용합니다.

예제 2-13 초등학생의 키와 몸무게에 대한 산점도 작성

[그림 2-47]은 학생 건강검사 자료[14] 중에서 초등학생 34명에 대한 키와 몸무게를 산점도로 나타낸 것이며, [그림 2-46]의 엑셀로 작성한 파일 데이터를 이용하였습니다.

이 예제에서 함수 DataFrame()는 pandas의 데이터프레임을 생성하기 위하여 사용하는데 엑셀 파일을 불러온 다음 data에 저장합니다. 데이터프레임을 사용하면 [그림 2-46]의 열 제목(height, weight)을 그대로 도형의 인자(data.height과 data.weight)로 사용할 수 있는 장점이 있습니다.

---
14) 2019년도 학생 건강검사 표본통계, 교육부, 2020년

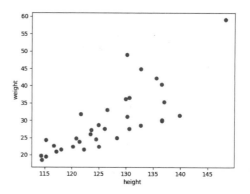

[그림 2-46] 초등학생의 키와 몸무게 [그림 2-47] 초등학생 데이터에 대한 산점도

▌산점도 작성(예제2-13.py)

```
import pandas as pd
import matplotlib.pyplot as plt

data = pd.DataFrame(pd.read_excel("..\데이터\초등학생_키몸무게.xlsx"))

plt.scatter(data.height, data.weight) # [그림 2-46]의 열 제목을 그대로 사용
plt.xlabel('height')
plt.ylabel('weight')
plt.show()
```

함수 matplotlib.pyplot.scatter()	함수 인자(사용법)
matplotlib.pyplot.scatter(x, y, ···)	• x : x축 데이터(배열 또는 리스트) • y : y축 데이터(배열 또는 리스트)

함수 scatter()에는 x축의 레이블과 y축의 레이블을 나타내거나 표시하는 인자가 없으므로 함수 plt.xlabel()과 plt.ylabel()을 추가로 사용합니다.

[그림 2-47]은 키와 몸무게 2차원의 데이터를 나타낸 것이지만 3차원 이상의 데이터에 대해 각 데이터 간의 산점도를 모두 교차하여 표현할 수 있는 산점도 행렬(scatter plot matrix)을 이용할 수도 있습니다.

예제 2-14 아이리스 데이터에 대한 산점도 행렬 작성

[그림 2-49]는 다차원 데이터로 많이 인용되는 아이리스(붓꽃) 데이터에 대한 산점도 행렬입니다. [그림 2-48]의 아이리스 데이터는 네 개의 변수, 즉 꽃받침 길이와 너비, 꽃잎의 길이와 너비에 대한 150개의 사례로 구성되어 있습니다. [그림 2-49]에서 산점도 행렬의 대각선 부분은 네 개의 각 변수에 대한 히스토그램을 나타냅니다.

```
   sepal_length  sepal_width  petal_length  petal_width  species
0           5.1          3.5           1.4          0.2   setosa
1           4.9          3.0           1.4          0.2   setosa
2           4.7          3.2           1.3          0.2   setosa
3           4.6          3.1           1.5          0.2   setosa
4           5.0          3.6           1.4          0.2   setosa
```

[그림 2-48] 아이리스 데이터의 일부분

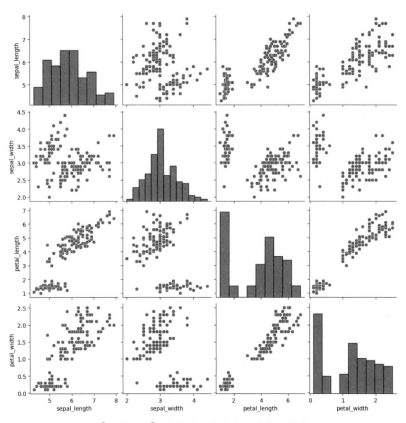

[그림 2-49] 아이리스 데이터의 산점도 행렬

아이리스 데이터는 외부 라이브러리 seaborn을 통해 불러올 수 있습니다. 이 예제에서 seaborn의 함수 pairplot()에 사용한 매개변수 diag_kind는 나타낼 대각 요소를 선택하며, 히스토그램의 경우는 'hist'를 사용합니다.

▌ 산점도 행렬 작성(예제2-14.py)

```
import matplotlib.pyplot as plt
import seaborn as sns

iris = sns.load_dataset('iris')          # 라이브러리 sns에서 iris 데이터 불러오기
iris.head()

sns.pairplot(iris, diag_kind='hist')     # 산점도 행렬
plt.show()
```

함수 seaborn.pairplot()	함수 인자(사용법)

seaborn.pairplot(data, hue, kind, diag_kind, …)	• data : pandas의 DataFrame
	• hue : 다른 색상으로 구분할 변수의 이름
	• kind : 산점도 행렬에 나타낼 도형의 종류. 생략하면 scatter(산점도)를 나타낸다.
	  {'scatter', 'kde', 'hist', 'reg'}
	• diag_kind : 산점도 행렬의 대각선 부분에 나타낼 도형을 선택. auto가 선택될 경우 hue의 사용여부를 기준으로 선택한다.
	  {'auto', 'hist', 'kde', None}

단원 정리 2.3.1

■ 데이터의 정리와 요약

조사한 데이터 자체만으로는 데이터가 가지고 있는 전체적인 윤곽과 특성을 쉽게 파악하기 어려우므로 정리와 요약이 필요하다. 표를 이용하여 나타내는 방법으로 도수분포표(frequency distribution table)를 사용하고, 그래프로 표현하는 방법으로는 히스토그램(histogram), 막대그래프(bar chart), 선 그래프 등이 있다. 데이터를 그래프로 표현할 때 데이터의 형태나 성격에 따라 적절한 방법을 선택한다.

■ 시각화 방법

시간 시각화	분포 시각화	관계 시각화	비교 시각화	공간 시각화
막대그래프 선 그래프	파이 차트 도넛 차트	산점도 산점도 행렬 버블 차트 히스토그램	막대그래프 히트맵 체르노프 페이스	지도 매핑 등고선도

■ 시각화 표현

• 히스토그램과 막대그래프

히스토그램은 측정된 연속적인 값(나이, 성적 등)을 나타내는 데이터를 이용하여 작성하고, 막대그래프는 오른쪽과 같이 범주(category)로 구분되는 데이터(성별, 종교 또는 직업 형태에 따른 사례수)를 이용하므로 범주의 순서는 의도에 따라 바뀔 수 있지만, 히스토그램의 경우는 막대의 순서를 임의로 바꿀 수 없으며 주로 막대의 간격 없이 표현한다.

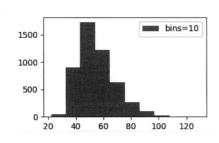

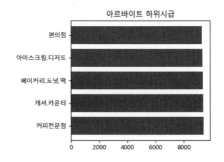

• 파이 차트

파이 차트(pie chart)는 원그래프라고도 하며 막대그래프와
같이 범주형 데이터에 대한 시각화 표현 방법이다. 파이 차트
에서는 사례 수보다 구성 비율을 퍼센트로 나타내는 것이 일
반적이다.

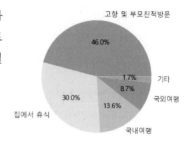

• 선 그래프

시간의 경과에 따라 연속적으로 관측된 데이터에 대해 동일
한 시간 간격으로 측정한 데이터를 시계열 데이터라 한다. 시
계열 데이터에는 물가, 실업률, 취업률 등이 포함되며 이러한
데이터를 그래프로 표현할 때 선 그래프(line chart)를 이용
하여 변화의 추이를 파악할 수 있다.

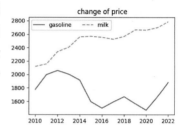

• 상자 도형

상자 도형(box plot)은 데이터를 순서대로 나열한 다음, 사
분위수(quartiles)를 이용하여 전체 데이터의 모양과 특이값
(outlier)의 존재 여부를 나타낼 수 있는 그래프이다.

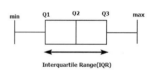

• 산점도

산점도(scatter plot)는 가로축(x축)과 세로축(y축)으로 나타
낼 수 있는 2차원 평면상에서 관찰값을 점이나 문자 등으로
표현한다.

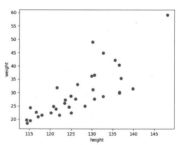

■ 도형 작성

도형	matplotlib.pyplot의 함수들
히스토그램	hist(data, label, bins)
막대그래프	matplotlib.pyplot.bar(data, case)
파이 차트(원그래프)	matplotlib.pyplot.pie(ratio, labels)
선 그래프	matplotlib.pyplot.plot(x, y, linestyle, label)
상자 도형	matplotlib.pyplot.boxplot(data, vert)
산점도	matplotlib.pyplot.scatter(x, y)

연습문제 2.3.1

1. 다음 문제에서 요구하는 그래프를 보기에서 고르시오.

> [보기]
> 가. 원 그래프(파이 차트)   나. 상자 도형   다. 히스토그램
> 라. 산점도   마. 선 그래프   바. 막대그래프

(1) 구성비율(또는 퍼센트)로 표시된 데이터에 대해 가장 적절한 그래프는?

(2) 범주형 데이터(성별, 종교 또는 직업 형태에 따른 사례 수)를 표현할 때 적절한 그래프는?

(3) 연속적으로 측정된 데이터(나이, 성적 등)를 표현할 때 적절한 그래프는?

(4) 시간의 경과에 따라 변화된 데이터를 표현할 때 적절한 그래프는?

(5) 가로축(x축)과 세로축(y축)으로 나타낼 수 있는 2차원 평면상에서 관찰값을 점이나 문자 등으로 표현하는 그래프는?

(6) 데이터를 순서대로 나열한 다음, 사분위수(quartiles)를 이용하여 전체 데이터의 모양과 특이값(outlier)의 존재 여부를 나타낼 수 있는 그래프는?

2. 키와 몸무게의 자료를 동시에 나타낼 때 적절한 그래프는?
   ① 원 그래프(파이 차트)   ② 상자 도형
   ③ 히스토그램   ④ 산점도

3. 다음의 상자 도형(box plot)에서 Q2의 값과 동일한 것은?

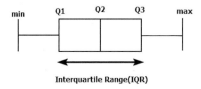

① 평균   ② 중앙값(중위수)   ③ 최빈값   ④ 절사평균

4. 문제 3의 상자 도형에서 상자 부분은 전체 데이터의 몇 퍼센트를 차지하는가?
   ① 25%   ② 50%   ③ 75%   ④ 100%

5. 히스토그램을 작성하기 위해서 아래의 도수분포표를 이용하는데 도수분포표를 통해 알 수 없는 것은?

계급	도수
150-159	5
160-169	10
170-179	10
180-189	5
계	30

① 데이터 개수 ② 최솟값 ③ 상대도수
④ 계급의 수 ⑤ 누적도수 ⑥ 범위

6. 히스토그램과 막대그래프에 대한 설명 중 적절하지 않은 것은?

① 특정 종교를 믿는 신자의 수 또는 학년별 재학생 수 등 범주형 데이터를 나타내기 위하여 사용한다.
② 막대그래프에서 막대의 순서는 바꿀 수 없지만 히스토그램에서는 막대의 순서를 바꿀 수 있다.
③ 히스토그램과 막대그래프를 작성하려면 도수분포표가 필요하다.
④ 히스토그램은 주로 연속적인 데이터(나이, 성적, 소득)의 분포를 나타내는데 사용한다.

7. 40명이 수강한 과목 A와 과목 B의 성적 점수에 대한 연관성을 나타낼 때 사용하는 시각화 기법은?

① 막대그래프 ② 히스토그램 ③ 선 그래프 ④ 산포도

8. 히스토그램과 막대그래프에 대한 설명이다. 적절치 않은 것은?

① 히스토그램은 막대의 순서를 임의로 바꿀 수 없다.
② 막대그래프는 작성자의 의도에 따라 막대의 순서를 임의로 바꿀 수 있다.
③ 히스토그램은 범주형 데이터를 위해서 만들어졌다.
④ 막대그래프는 범주형 데이터에 대해서 사용한다.

9. 원 그래프(또는 파이 차트)에 대한 설명이다. 적절치 않은 것은?

① 범주형 데이터에 대한 시각화 기법이다.
② 레이블을 표시할 때 구성비보다는 사례수를 표시하는 것이 일반적이다.
③ 가급적 파이 부분의 면적이 큰 순서(또는 작은 순서)로 표현하는 것이 좋다.
④ 파이 부분의 범주를 구분하기 위해서 색상을 사용하기도 한다.

10. 연도별로 청소년들의 인터넷 사용시간의 변화를 나타낼 때 적절한 시각화 기법은?

① 막대그래프　　　② 히스토그램　　　③ 선 그래프　　　④ 산포도

11.　상자 도형에서 나타나지 않는 내용은?

① 사분위수 범위(IQR)　　　② 최솟값

③ 특이값　　　④ 최빈수

12. 다음은 산점도 행렬에 대한 설명이다. 적절하지 않은 것은?

① 3개 이상의 변수를 포함하는 데이터에 대해 사용한다.

② 행렬의 대각선 위치에는 해당 변수의 분포를 나타내기도 한다.

③ 3차원 이상의 데이터에 대해 2차원으로 나타낸 것이다.

④ 변수가 많아져도 변수들의 구조를 쉽게 파악할 수 있다.

13. K 리그(https://www.kleague.com/)를 참고로 하여 구단별 국내 선수들의 연봉 평균에 대해 적절한 그래프로 나타내시오.

14. 기상청 날씨누리(https://www.weather.go.kr/)에서 다음의 자료를 조사하여 작성하시오.

(1) 최근 10년 동안 월별 황사관측일수를 조사하여 계절별로 황사의 누적일수를 나타내는 그래프를 작성하시오.

(2) 최근 10년 동안 연도별로 황사관측일수에 어떤 변화가 있는지를 나타내는 그래프를 작성하시오.

(3) 최근 10년 동안 규모 3 이상의 지진발생횟수를 조사하여 적절한 그래프로 나타내시오.

(4) 태풍발생현황 통계를 조사하여 월별 발생횟수에 대해 적절한 그래프로 나타내시오.

15. 한국소비자원 참가격(https://www.price.go.kr/)에서 다음의 자료를 조사하여 작성하시오. (단, 본인이 거주하고 있는 지역을 우선으로 하고, 해당 데이터가 없을 경우 서울지역에 대해서 조사하시오.)

(1) 외식비 중에서 두 가지를 택하여 2015년부터 현재까지 어떤 변화가 있는지를 나타내는 그래프를 작성하시오.

(2) 공공요금 중에서 전철(성인)과 시내버스(성인)에 대해 2015년부터 현재까지 어떤 변화가 있는지를 나타내는 그래프를 작성하시오.

16. 20대 대통령선거에 대해 다음의 자료를 조사하여 작성하시오.

(1) 지역별 투표율과 후보자 득표율을 그래프로 나타내시오.

(2) 연령별 투표율과 후보자 득표율을 그래프로 나타내시오.

(3) 성별 투표율과 후보자 득표율을 그래프로 나타내시오.

17. 한국야구위원회(https://www.koreabaseball.com/)를 참고로 하여 작성하고 계산하시오.

(1) KBO 보도자료 중 선수 연봉 자료를 참고로 하여 히스토그램 또는 상자도형을 작성하시오.

(2) 연봉 자료를 참고로 대푯값과 산포도를 계산하시오.

(3) 구단별로 연봉의 대푯값과 산포도를 계산하시오.

2.3.2 데이터의 특성을 숫자로 요약하는 방법들

직접 가보지 않았다 하더라도 프랑스 파리하면 에펠탑을 떠 올릴 것이고, 호주의 시드니하면 오페라 하우스가 떠 올려질 것입니다. 이처럼 어떤 지역을 상징적으로 대표하는 건축물이나 조형물을 랜드마크(landmark)라 하는데 원래 의미는 탐험가나 여행자가 특정한 장소로 돌아올 수 있도록 해놓은 표식을 가리키는 말이었다고 합니다.

[시드니에 위치한 오페라하우스]

우리가 수집한 데이터에 대해서도 그 데이터의 특징이나 성격을 잘 표현해 줄 수 있는 대표적인 것에 관심을 둡니다. 이러한 관심의 대상은 데이터의 중심위치와 데이터들이 흩어져 있는 정도를 나타내는 것으로 요약할 수 있습니다.

수집한 데이터를 대표하는 값을 대푯값(representative value)이라 하며, 데이터의 중심위치를 나타내는 값이 그 데이터를 대표한다고 보는 것입니다. 대푯값으로 평균을 가장 많이 사용하며, 그 외에 중앙값, 최빈값 등이 있습니다. 데이터들이 흩어진 정도를 산포도(measure of dispersion)라 하고 범위, 분산, 표준편차, 사분위편차 등을 산포도의 지표로 사용합니다. 따라서 데이터의 요약은 데이터의 중심위치와 산포도를 나타내는 것입니다.

1. 중심 위치를 나타내는 대푯값

■ 평균

평균(mean)은 가장 많이 사용하는 대푯값으로서 수식과 같이 모든 데이터의 합을 데이터의 개수로 나누어 계산합니다.

$$평균 = \frac{1}{n}(X_1 + X_2 + \cdots + X_n) = \frac{1}{n}\sum_{i=1}^{n} X_i$$

평균은 모든 데이터를 고려하여 계산된 값이므로 데이터에 극단적인 값(특이값)이 포함될 경우, 그 값으로 인해 평균이 왜곡되는 경향이 있으며, 이 경우에는 대푯값으로 중앙값을 사용하는 것이 좋습니다.

■ 중앙값

중앙값(median)은 데이터를 크기 순서대로 나열할 때 가운데 위치하는 값을 말합니다. 중앙값은 데이터의 개수가 홀수인 경우, 가운데 위치하는 유일한 값으로, 짝수일 경우에는 가운데 인접한 두 값의 평균으로 계산합니다.

n개의 자료를 순서대로 나열한 것을 $X_{(1)}, X_{(2)}, \cdots, X_{(n)}$ 이라 할 때

$$중앙값 = \begin{cases} X_{\left(\frac{n+1}{2}\right)} & n\text{이 홀수일 경우} \\ \dfrac{X_{\left(\frac{n}{2}\right)} + X_{\left(\frac{n}{2}+1\right)}}{2} & n\text{이 짝수일 경우} \end{cases}$$

중앙값은 평균과는 달리 극단적인 값에 영향을 받지 않는 장점이 있지만, 데이터를 순서대로 나열했을 때 가운데 위치하는 한 개 또는 두 개의 값으로만 계산된다는 단점이 있습니다.

■ 최빈값

최빈값(mode)은 데이터 중에 가장 많이 관찰된 값, 즉 가장 자주 나타난 숫자를 말합니다. 예를 들어 학생들에게 1부터 9까지의 숫자 중에서 가장 좋아하는 숫자를 조사했을 때 평균이나 중앙값으로 대푯값을 계산하는 것이 바람직할까요? 이 경우에는 가장 많이 선택한 숫자인 최빈값을 대푯값으로 정하는 것이 좋습니다. 평균과 중앙값은 유일하게 계산되지만, 최빈값은 경우에 따라 존재하지 않을 수도 있고, 두 개 이상이 될 수 있습니다.

중학교 남학생들의 몸무게에 대한 대푯값 출력

학생 건강검사 자료[15]중에서 중학교 남학생(4,933명)의 몸무게를 사용하여 대푯값을 계산합니다. 함수 read_excel()을 통해 읽어 들인 데이터는 Excel 형식과 같은 행과 열로 만들어진 데이터프레임 구조(4.3.1 데이터 파일 불러오기)를 가지므로 배열 데이터(np.array)에 대해 평균을 계산할 때 함수 np.average() 또는 np.mean()을 사용할 수 있습니다. 중앙값의 계산은 각각 함수 np.median()을 사용하였고, 최빈값의 경우에는 두 가지 방법, 즉 np.unique()와 stats.mode()를 사용할 수 있지만 np.unique()보다는 stats.mode()를 사용하는 것이 편리합니다.

▌ 중학교 남학생들의 몸무게에 대한 대푯값 출력(예제2-15.py)

```
import numpy as np
import pandas as pd
from scipy import stats

x = pd.read_excel("..\데이터\중학생_남자_몸무게.xlsx")

# 평균 계산
print('mean = ', np.average(x), '\n')

  mean =  55.070945

# 중앙값 계산
print('median =', np.median(x),'\n')

  median = 50

# 최빈값 계산
print('mode =', stats.mode(x))

  mode = ModeResult(mode=array([46.0]), count=array([40]))
```

위의 출력 결과 중에서 평균 5.070945, 중앙값 50, 그리고 제일 마지막 결과에서 배열 x에 대해 최빈값은 46.0이고 40회 나타났음을 의미합니다.

2. 흩어진 정도를 나타내는 산포도

대푯값과 더불어 데이터의 특성을 파악하기 위해서 데이터들이 대푯값을 중심으로 흩어져 있는 정도를 나타내는데 이를 산포도(measure of dispersion)라 합니다. 산포도는 그 값

---

15) 2019년도 학생 건강검사 표본통계, 교육부, 2020년

이 작을수록 데이터들이 중심위치에 몰려있으며, 클수록 데이터들이 중심위치로부터 멀리 흩어져 있습니다.

예를 들어 성적 점수를 이용하여 두 반의 특성을 파악하거나 비교하고자 할 때 점수의 평균이 같다고 해서 두 반의 특성이 동일하다고 판단할 수 없습니다. [그림 2-50]과 [그림 2-51]에서 A반과 B반의 평균은 모두 70으로 동일하지만 데이터의 전체적인 윤곽을 나타내는 히스토그램을 비교해보면 차이가 있음을 알 수 있습니다.

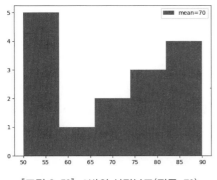
[그림 2-50] A반의 성적분포(평균=70)

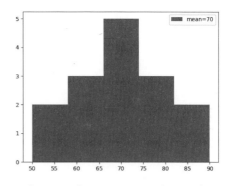
[그림 2-51] B반의 성적분포(평균=70)

■ 범위(range)

범위는 데이터의 최댓값과 최솟값의 차이로써 데이터가 퍼져 있는 정도를 나타내는 가장 간단한 방법입니다. 범위가 넓을수록 산포가 크다고 말할 수 있지만, 범위는 중앙값과 마찬가지로 극단적인 값에 영향을 받고, 데이터 중에서 오직 2개의 정보(최댓값, 최솟값)만을 이용하므로 적절한 척도로 사용하기가 어렵습니다.

$$\text{범위}(R) = \text{최댓값} - \text{최솟값}$$

■ 사분위수 편차(quartile deviation)

사분위수 편차는 범위의 문제점을 보완한 척도입니다. 사분위수 편차를 계산하기 위해서 먼저 사분위 범위(interquartile range)를 계산해야 합니다. 사분위 범위는 데이터를 크기 순서로 나열한 다음, 전체 개수를 4등분할 때 첫 번째 사분위수(Q_1 : 1 사분위수, 25% 지점)와 세 번째 사분위수(Q_3 : 3 사분위수, 75% 지점)의 차이를 말하며, 사분위수 편차는 이 값을 2로 나눈 사분위 범위의 평균값입니다.

$$\text{사분위수 편차}(Q) = \frac{\text{사분위 범위}}{2} = \frac{Q_3 - Q_1}{2}$$

사분위수 편차는 중앙값과 마찬가지로 데이터에 포함된 극단적인 값의 영향을 감소시키는 장점이 있습니다.

앞서 2.3.1절에서 상자 도형을 작성하는데 사분위수와 $Q_3 - Q_1$(IQR, InterQuartile Range)를 사용하였습니다.

■ 분산(variance)과 표준편차(standard deviation)

분산은 산포도의 척도로써 가장 널리 사용되는 방법입니다. 분산은 데이터가 퍼져 있는 정도의 기준으로 평균을 사용하며 계산 방법은 각 데이터와 평균($\overline{X}$)과의 차이를 제곱하여 합한 값의 평균입니다.

$$\text{분산}(S^2) = \frac{1}{n-1}\sum_{i=1}^{n}(X_i - \overline{X})^2$$

$$\text{표준편차}(S) = \sqrt{S^2}$$

분산을 계산할 때 데이터가 모집단 전체일 경우에는 데이터의 개수(n)로 나누어 주고, 표본일 경우에는 위의 식과 같이 (n–1)로 나누어 줍니다. 이렇게 계산하는 이유는 표본의 경우 n으로 나누어 주는 것보다 (n–1)로 나누어 주는 것이 더 좋은 척도가 되기 때문인데 표본의 크기가 큰 경우에는 별 차이가 없습니다.

표준편차는 위의 식과 같이 계산된 분산의 제곱근으로 계산합니다. 표준편차는 산포도를 나타내는 데 있어서 평균을 중심으로 일정한 거리에 포함된 데이터의 비율이 얼마인가를 계산할 때 사용되는 척도이며 단위를 사용할 수 있습니다.

분산과 표준편차는 모든 데이터를 고려한 척도이며, 모든 데이터가 같은 값을 갖는다면 분산과 표준편차는 0으로 계산됩니다. 분산과 표준편차는 모든 데이터에 동일한 값을 더해 주거나 빼주어도 변하지 않습니다. 단, 모든 데이터에 동일한 값(C)을 곱하면 다음과 같이 분산은 분산×C^2로 표준편차는 표준편차×C만큼 커집니다.

	A	B	C	D
1		data	data+10	data*10
2		10	20	100
3		20	30	200
4		30	40	300
5		40	50	400
6		50	60	500
7		60	70	600
8		70	80	700
9	분산	466.6667	466.6667	46666.67
10	표준편차	21.60247	21.60247	216.0247

[그림 2-52] 분산과 표준편차

예제 2-16 산포도 출력

산포도를 계산하기 위하여 사용할 엑셀 데이터는 학생 건강검사 자료[16] 중에서 고등학교 남학생 500명의 신장과 몸무게 표본 데이터([그림 2-53] 참고)를 사용합니다.

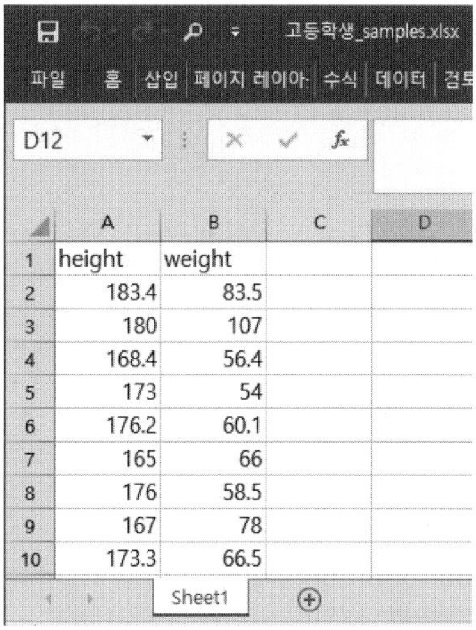

	A	B	C	D
1	height	weight		
2	183.4	83.5		
3	180	107		
4	168.4	56.4		
5	173	54		
6	176.2	60.1		
7	165	66		
8	176	58.5		
9	167	78		
10	173.3	66.5		

[그림 2-53] 고등학생 키와 몸무게 데이터

| 예제 2-16의 실행 결과 |

```
키의 범위 range :  34.30000000000001
몸무게의 범위 range :  87.80000000000001

키의 분산 variance :  38.83150064
몸무게의 분산 variance :  167.31795136

키의 표준편차standard deviation :  6.231492649438014
몸무게의 표준편차standard deviation :  12.935144040945195
```

16) 2019년도 학생 건강검사 표본통계, 교육부, 2020년

▌산포도 출력(예제2-16.py)

```
import numpy as np
import pandas as pd

data = pd.DataFrame(pd.read_excel("..\데이터\고등학생_samples.xlsx"))

print('키의 범위 range : ', np.max(data.height)-np.min(data.height))
print('몸무게의 범위 range : ', np.max(data.weight)-np.min(data.weight),'\n')

print('키의 분산 variance : ', np.var(data.height))
print('몸무게의 분산 variance : ', np.var(data.weight),'\n')

print('키의 표준편차standard deviation : ', np.std(data.height))
print('몸무게의 표준편차standard deviation : ', np.std(data.weight))
```

각 변수(키, 몸무게)에 대해 범위는 최댓값−최솟값(np.max(data)−np.min(data))으로 계산하고, 분산과 표준편차는 각각 np.var(data)와 np.std(data)로 계산하며 [출력 결과]를 참고합니다.

3. 대푯값과 산점도를 한 번에 모두 나타내기

대푯값과 산포도를 한 번에 나타내기 위하여 pandas의 메소드 describe와 stats 모듈의 함수 describe()를 사용합니다. 각각에서 계산하여 출력하는 내용을 ○ 또는 ×로 정리하면 다음과 같습니다.

구분	pandas의 메소드 describe	stats 모듈의 함수 describe()
count(사례수)	○	○
mean(평균)	○	○
std(표준편차)	○	×
min(최소값)	○	○
25%(1사분위수)	○	×
50%(2사분위수, 중앙값)	○	×
75%(3사분위수)	○	×
max(최댓값)	○	○
variance(분산)	×	○

	×	○
skewness(왜도)	×	○
kurtosis(첨도)	×	○

<table>
<tr><td>예제 2-17</td><td colspan="2">대푯값과 산포도 모두 출력</td></tr>
</table>

앞에서 사용한 고등학생의 키와 몸무게 데이터에 대해 대푯값과 산포도를 출력하는 예제입니다.

▌ 대푯값과 산포도를 한 번에 모두 출력(예제2-17.py)

```
import pandas as pd
from scipy import stats

data = pd.DataFrame(pd.read_excel("..\데이터\고등학생_samples.xlsx"))

print(data.describe())

  [예제 2-17의 출력 결과] 참고

print(stats.describe(data))

  [예제 2-17의 출력 결과] 참고
```

| 예제 2-17의 출력 결과 |

```
         height       weight
count  500.000000   500.000000
mean   173.304400    68.719200
std      6.237734    12.948099
min    155.700000    41.600000
25%    169.100000    59.000000
50%    173.500000    67.000000
75%    177.325000    75.525000
max    190.000000   129.400000


DescribeResult(nobs=500, minmax=(array([155.7,  41.6]), array([190. , 129.4])),
mean=array([173.3044,  68.7192]), variance=array([ 38.90931928, 167.65325788
]), skewness=array([0.03447494, 0.97903753]), kurtosis=array([-0.11000672,  1.6
5997625]))
```

■ 로또는 얼마나 팔리는가?

우리나라에서 판매된 온라인 복권(로또)의 연도별 그래프[17]는 다음과 같습니다. 2011년에는 총 판매액이 28,120억 원, 회차 평균액은 531억에 비해 2023년 총판매액은 56,500억원, 회차 평균액은 1,086억으로 두 배 정도 증가한 것으로 나타났습니다.

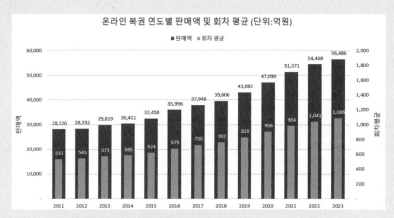

온라인 복권 연도별 판매액 및 회차 평균 (단위:억원)

2022년 3월에 있었던 제 20대 대통령선거에서 20대 이상의 유권자수[18]는 43,187,964명으로 모든 유권자가 온라인 복권을 구매했다고 가정한다면 2022년 회차평균 판매액을 기준으로 1인당 2,400원 이상을 구매한 것이며, 만약 1인당 10,000원의 온라인 복권을 구매했다고 가정한다면 10,410,600명이 복권을 구매한 것으로 예상할 수 있습니다.

[등위별 평균 당첨자 수 및 1인당 당첨금(1회~1100회)] (단위 : 억원, 명)

등위	등위별 총 당첨금	누적 당첨자 수	회차별 평균 당첨자 수	회차별 평균 당첨금
1등	174,254	8,508	7.7	158
2등	29,034	51,764	47.1	26
3등	29,038	1,954,655	1,777.00	26
4등	51,751	95,908,088	87,189.20	47
5등	81,920	1,571,658,521	1,428,780.50	742
합계	365,997	1,669,581,539	1,517,801.40	333

1회부터 1,100회에 이르기까지 1인당 당첨 정보를 살펴보면 회차별로 평균 7.7명이 1등으로 당첨되며 1등의 1인당 당첨금액은 평균 20억 정도로 나타납니다.

---

17) 복권위원회(http://www.bokgwon.go.kr/main.do)
18) 중앙선거관리위원회(http://info.nec.go.kr/main/main_load.xhtml)

■ 로또의 1등 당첨확률은?

로또(lotto)는 1부터 45까지 번호가 있는 45개의 공을 추첨기기에 넣고 돌려서 순서대로 추출한 6개의 공의 숫자를 당첨번호로 하는 복권입니다. 로또는 1부터 45까지 숫자 중에서 중복 없이 6개를 선택하는 것이므로 모든 경우의 수는 조합(combination)을 이용하여 계산하면 다음과 같습니다. $\binom{45}{6} = \frac{45!}{6!(45-6)!} = 8,145,060$

로또추첨에 있어서 등수 별 확률을 계산하면 다음과 같습니다. 각 등수별로 계산된 경우의 수를 전체 경우의 수인 8,145,060로 나눠주면 등수별 확률을 계산할 수 있습니다.

등수	설명	확률
1	45개의 숫자 중에서 6개를 중복 없이, 순서에 상관없이 6개를 선택하는 것이므로 모든 경우의 수는 다음과 같습니다. $\binom{45}{6} = \frac{45!}{6!(45-6)!} = 8,145,060$ 따라서 확률은 $\frac{1}{8,145,060}$	0.000000123
2	5개 숫자 + 2등 보너스 숫자 당첨된 숫자 6개 중에서 5개를 포함하는 경우의 수는 $\binom{6}{5} = \binom{6}{1} = 6$ 개이므로 확률은 $\frac{6}{8,145,060}$	0.000000737
3	당첨된 숫자 6개 중 5개를 포함하고($\binom{6}{5}$), 2등의 보너스 숫자를 제외한 나머지 경우는 (45-6-1)개이므로 확률은 $\frac{\binom{6}{5} \times 38}{8,145,060} = \frac{228}{8,145,060}$	0.000027978
4	당첨된 숫자 6개 중 4개를 포함하고(6C4), 당첨된 숫자 6개를 제외한 39개의 숫자 중에서 2개를 포함하는 경우의 수는 $\binom{6}{4} \times \binom{45-6}{2}$ 개이므로 확률은 $\frac{\binom{6}{4} \times \binom{45-6}{2}}{8,145,060} = \frac{11,115}{8,145,060}$	0.001364631
5	당첨된 숫자 6개 중 3개를 포함하고(6C3), 당첨된 숫자 6개를 제외한 39개의 숫자 중에서 3개를 포함하는 경우의 수는 $\binom{6}{3} \times \binom{45-6}{3}$ 개이므로 확률은 $\frac{\binom{6}{3} \times \binom{45-6}{3}}{8,145,060} = \frac{182,780}{8,145,060}$	0.022440596

파이썬으로 로또의 당첨 사례수와 확률을 계산하면 다음과 같습니다. 이항확률은 라이브러리 math의 메소드 comb()를 이용합니다.

함수 math.comb()	함수 인자(사용법)
`math.comb(n, k)`	서로 다른 n개 중에서 겹치지 않도록(중복 없이) k개를 선택하는 방법의 수(사례수)를 계산

```
import math

n=math.comb(45, 6)
print('1등 사례수 = ', 1)
print('1등 당첨확률 = 1 /',n,' = ', 1/n)
second = math.comb(6, 5)
print('2등 사례수 = ', second)
print('2등 당첨확률 = ', second, ' /', n,'=',second/n)
third = math.comb(6, 5)*38
print('3등 사례수 = ', third)
print('3등 당첨확률 = ', third, ' /', n,'=',third/n)
fourth = math.comb(6, 4)*math.comb(39, 2)
print('4등 사례수 = ', fourth)
print('4등 당첨확률 = ', fourth, ' /', n,'=',fourth/n)
fifth = math.comb(6, 3)*math.comb(39, 3)
print('5등 사례수 = ', fifth)
print('5등 당첨확률 = ', fifth, ' /', n,'=',fifth/n)
```

▌실행 결과▌

```
1등 사례수 =  1
1등 당첨확률 = 1  / 8145060  = 1.2277380399898834e-07
2등 사례수 =  6
2등 당첨확률 =  6  / 8145060 = 7.3664282399393e-07
3등 사례수 =  228
3등 당첨확률 =  228  / 8145060 = 2.7992427311769342e-05
4등 사례수 =  11115
4등 당첨확률 =  11115  / 8145060 = 0.0013646308314487555
5등 사례수 =  182780
5등 당첨확률 =  182780  / 8145060 = 0.02244059589493509
```

단원 정리 2.3.2

데이터의 요약은 데이터의 성질이나 특징을 대표적인 수치로 표현하는 방법으로서, 요약의 대상으로 데이터의 중심위치가 어디인가를 나타내는 수치를 대푯값(representative value)이라 하고, 데이터들이 대푯값을 기준으로 얼마나 흩어져 있는가를 나타내는 것을 산포도(measure of dispersion)라 한다.

■ 대푯값

• 평균(mean)

평균은 가장 많이 사용되는 대푯값으로서 모든 데이터의 합을 데이터의 개수로 나눈 값을 말하며 통계분석에서 가장 많이 사용된다. 평균은 모든 데이터를 고려하므로 데이터에 극단적인 값이 포함될 경우, 그 값으로 인해 평균이 왜곡되는 경향이 있다.

• 중앙값(median)

중앙값은 데이터를 크기 순서대로 나열할 때 가운데 위치하는 숫자를 말한다. 데이터의 개수가 홀수일 때는 가운데 위치하는 유일한 숫자를, 짝수일 경우에는 가운데 위치하는 2개의 평균값을 이용한다. 중앙값은 평균과는 달리 극단적인 값에 영향을 받지 않는 장점이 있지만 가운데 위치하는 한 개 또는 두 개의 데이터만으로 계산된다.

• 최빈값(mode)

최빈값은 데이터 중에 가장 많이 관찰된 값, 즉 가장 자주 나타난 숫자를 말한다. 평균과 중앙값은 유일하게 계산되지만, 최빈값은 경우에 따라 존재하지 않을 수도 있고, 두 개 이상이 될 수 있다.

■ 산포도

• 사분위수 편차(quartile deviation)

사분위수 편차는 범위(최댓값−최솟값)의 문제점을 보완한 척도이다. 사분위수 편차를 계산하기 위해서 먼저 사분위 범위(interquartile range)를 계산해야 한다. 사분위 범위는 데이터를 크기 순서로 나열한 다음, 개수로 4등분할 때 첫 번째 사분위수(Q_1 : 1 사분위수, 25% 지점)와 세 번째 사분위수(Q_3 : 3 사분위수, 75% 지점)의 차이를 말하며, 사분위수 편차는 이 값을 2로 나눈 값으로써 사분위 범위의 평균값이다.

• 분산(variance)과 표준편차(standard deviation)

분산과 표준편차는 산포도의 척도로써 가장 널리 사용되는 방법으로 통계학에서는 분산보다도 표준편차를 더 많이 사용한다. 분산은 각 데이터와 평균($\overline{X}$)과의 차이를 제곱하여 합한 값의 평균이며 표준편차는 분산의 양의 제곱근이다.

■ 대푯값과 산포도 출력

대푯값과 산포도를 한 번에 나타내기 위하여 pandas의 메소드 describe와 stats 모듈의 함수 describe()를 사용한다.

연습문제 2.3.2

1. 대푯값에 대한 다음 설명에 대해 맞으면 ○, 틀리면 ×로 표시하시오.

   (1) 평균은 모든 데이터의 합을 데이터의 개수로 나누어 계산한다. ( )

   (2) 평균은 모든 데이터를 고려하기 때문에 데이터에 극단적인 값(특이값)이 포함되더라도 영향을 받지 않는다. ( )

   (3) 중앙값은 데이터를 크기 순서대로 나열할 때 가운데 위치하는 값을 말한다. ( )

   (4) 중앙값은 데이터의 개수가 홀수일 경우에는 가운데 인접한 두 값의 평균으로 계산한다. ( )

   (5) 최빈값은 데이터 중에 가장 많이 관찰된 값, 즉 가장 자주 나타난 숫자를 말한다. ( )

   (6) 평균과 마찬가지로 최빈값도 유일하게 존재한다. ( )

2. 산포도에 대한 다음 설명에 대해 맞으면 ○, 틀리면 ×로 표시하시오.

   (1) 대푯값을 중심으로 흩어져 있는 정도를 나타내는데 이를 산포도라 한다. ( )

   (2) 산포도는 작을수록 대푯값으로부터 멀리 흩어져 있고, 산포도가 클수록 대푯값에 몰려있다. ( )

   (3) 분산과 표준편차는 모든 데이터를 고려한 척도이며, 모든 데이터가 동일한 값을 갖는다면 분산과 표준편차는 0으로 계산된다. ( )

   (4) 분산과 표준편차는 모든 데이터에 동일한 값을 더해 주거나 빼주어도 변하지 않는다. ( )

   (5) 분산과 표준편차는 모든 데이터에 동일한 값을 곱하더라도 변하지 않는다. ( )

3. 다음 중 수집한 데이터 전체를 고려하여 계산한 대푯값과 산포도를 나열한 것은?

   ① 중앙값, 분산   ② 평균, 사분위수 편차   ③ 중앙값, 표준편차   ④ 평균, 표준편차

4. A반 성적에 비해 B반 성적의 표준편차가 작다는 것은 무엇을 의미하는가?

   ① A반에 비해 B반의 성적이 나쁘다.   ② A반에 비해 B반의 성적이 고르다.

   ③ A반에 비해 B반의 성적이 우수하다.   ④ A반에 비해 B반의 성적이 고르지 않다.

5. 어느 데이터의 제1사분위수가 68.25, 제2사분위수가 79.06, 제3사분위수가 90.75일 때 다음의 통계적 해석이 틀린 것은?

   ① 전체도수의 75%가 90.75 이하   ② 전체도수의 50%가 79.06 이상

   ③ 전체도수의 50%가 79.06 이하   ④ 전체도수의 25%가 68.25 이상

6. 데이터에 대한 분포가 다음과 같다고 할 때 대푯값의 비교 관계가 바르게 나열된 것은?

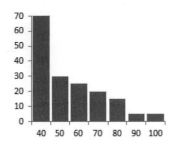

① 최빈값<중앙값<평균   ② 평균<중앙값<최빈값
③ 평균=중앙값=최빈값   ⑤ 최빈값<평균<중앙값

7. 데이터의 분포가 다음과 같다고 할 때 대푯값의 비교 관계가 바르게 나열된 것은?

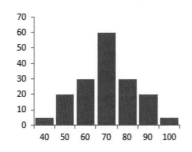

① 최빈값<중앙값<평균   ② 평균<중앙값<최빈값
③ 평균=중앙값=최빈값   ④ 최빈값<평균<중앙값

8. 다음의 설명 중 바르지 못한 것은?

① 표준편차는 분산의 제곱근이다.
② 산포도가 작을수록 자료들이 대표값 주위에 집중됨을 의미한다.
③ 산포도는 항상 양수로 나타난다.
④ 대표값을 중심으로 자료의 흩어짐의 정도를 나타내는 값을 산포도라 한다.

9. 다음 설명 중 틀린 것을 모두 고르시오.

① 평균이 $\overline{X}$ 인 데이터에 모두 10을 더하면 평균은 $\overline{X}+10$ 이 된다.
② 평균이 $\overline{X}$ 인 데이터에 모두 10을 곱하면 평균은 $10\overline{X}$ 이 된다.
③ 분산이 S^2 인 데이터에 모두 10을 더하면 분산은 S^2+10 이 된다.
④ 분산이 인 S^2 데이터에 모두 10을 곱하면 분산은 $10S^2$ 가 된다.
⑤ 표준편차가 S인 데이터에 모두 10을 더해도 표준편차는 변하지 않는다.
⑥ 표준편차가 S인 데이터에 모두 10을 곱하면 표준편차는 $10S$가 된다.

10. 대푯값에 대한 다음의 설명 중 알맞지 않은 것을 모두 고르시오.

① 평균은 극단적인 값에 영향을 받지 않는 대표값이다.

② 데이터와 평균 간의 편차 합인 $\sum_{i=1}^{n}(X_i - \overline{X})$은 항상 0이다.

③ 좌우대칭분포에서는 평균=중앙값=최빈값이 된다.

④ 데이터와 평균 간의 편차의 제곱합인 $\sum_{i=1}^{n}(X_i - \overline{X})^2$은 항상 0이다.

⑤ 편차의 제곱합 $\sum_{i=1}^{n}(X_i - \square)^2$에 대해 이 제곱합을 최소로 하는 $\square$는 평균이다.

11. 다음은 학점에 따른 시험 결과이다. 다음의 결과로 중앙값에 해당하는 학생의 학점은 무엇인가?

학점	인원
A	5
B	10
C	15
D	5
F	2
계	37

12. 학생들에게 1~9 사이의 숫자 중에서 제일 선호하는 숫자를 선택하라고 했을 때, 이 숫자들의 특성을 요약할 대푯값으로 적절한 것은?

① 평균   ② 최빈수   ③ 중앙값(중위수)   ④ 절사평균

13. K 리그(https://www.kleague.com/)를 참고로 하여 다음을 작성하시오.

(1) 선수 전체 연봉 자료를 참고로 대푯값을 계산하여 비교하시오.

(2) 구단별 연봉 자료를 참고로 대푯값을 계산하여 비교하시오.

(3) 국내와 국외 선수를 구분하여 연봉 자료의 대푯값을 계산하여 비교하시오.

14. 한국야구위원회(https://www.koreabaseball.com/)를 참고로 하여 다음을 작성하시오.

(1) 선수 전체 연봉 자료를 참고로 대푯값을 계산하여 비교하시오.

(2) 구단별 연봉 자료를 참고로 대푯값을 계산하여 비교하시오.

(3) 국내와 국외 선수를 구분하여 연봉 자료의 대푯값을 계산하여 비교하시오.

15. 기상청 날씨누리(https://www.weather.go.kr/)에서 다음의 자료를 조사하여 다음을 작성하시오.

(1) 최근 10년 동안 월별 황사관측일수를 조사하여 월별 평균 발생일수를 계산하시오.

(2) 최근 10년 동안 연도별로 황사관측일수를 조사하여 연간 평균 황사관측일수를 계산하고, 분산과 표준편차를 계산하시오.

(3) 최근 10년 동안 규모 3 이상의 지진발생횟수를 조사하여 연간 평균 지진발생횟수를 계산하고, 분산과 표준편차를 계산하시오.

03

데이터 수집

인터넷에서 공공데이터를 포함하여 빅데이터를 수집하는 방법에 대해서 설명합니다. 추가로 유용한 데이터를 수집할 수 있는 국내외 사이트와 파이썬 라이브러리에서 제공하는 데이터를 이용하는 방법에 대해서 설명합니다.

contents

3.1 데이터 수집 ┃ 3.2 공공데이터 가져오기
3.3 데이터 제공 사이트

데이터 수집

| 이 장에서 학습할 내용 |

1. 데이터 수집 방법
2. OPEN API를 이용한 데이터 수집 방법
3. 국내외 유용한 데이터 제공 사이트
4. 파이썬 라이브러리에서 제공하는 데이터를 활용하는 방법

3.1 데이터 수집

빅데이터를 수집하는 방법 중에서 주로 사용하는 방법은 [표 3–1]과 같습니다.

[표 3–1] 빅데이터 수집 방법

구분	특징
스크레이핑	특정한 웹사이트에서 정보를 자동으로 추출하는 기술
크롤링	크롤러(crawler)와 같은 컴퓨터 소프트웨어를 통해 웹사이트들을 지속적으로 순회하며 특정 데이터에 대한 위치를 저장하여 정보를 추출. 구글(Google) 검색에서 활용
RSS	뉴스나 블로그와 같이 컨텐츠의 업데이트가 자주 일어나는 웹사이트의 정보들을 사용자에게 제공
Open API	여러 사람들이 사용할 인터넷 상의 자원들을 개방하고, 이 자원들을 전문적인 지식없이 쉽게 이용할 수 있도록 표준화한 인터페이스

관심 있는 내용을 오래도록 보관하기 위해 신문기사나 잡지의 일부를 오려서 모아둔 것을 스크랩(scrap)이라 합니다. 이와 유사하게 스크레이핑(Scraping)은 특정한 웹사이트에서 정보를 자동으로 추출하는 기술을 말합니다. 웹사이트를 통해 얻을 수 있는 대부분의 정보들은 HTML(Hyper Text Markup Language)로 구성되어 있고, 여기서 얻은 정보에

는 불필요한 것(예를 들어 광고)이 포함되므로 분석과 가공이 필요합니다.

크롤링(crawling)은 자동화된 웹봇(web bot)을 이용하여 인터넷 상의 최근 정보를 지속적으로 수집·분류하는 방법입니다. 이 방법은 인터넷 상의 검색 키워드를 추적하거나 어떤 분야의 예측을 위해 만들어진 크롤러(crawler)와 같은 컴퓨터 소프트웨어를 통해 웹사이트들을 지속적으로 순회하며 특정 데이터에 대한 위치를 저장하여 정보를 추출하므로 특정 웹사이트에서 데이터를 추출하는 스크레이핑과는 차이가 있습니다.

RSS(Really Simple Syndication, Rich Site Summary)는 뉴스나 블로그와 같이 컨텐츠의 업데이트가 자주 일어나는 웹사이트의 정보들을 사용자에게 제공하기 위해 XML(eXtensible Markup Language) 형식을 이용합니다. RSS 서비스는 홈페이지의 방문없이 업데이트된 정보를 RSS 리더(reader)를 통해 실시간으로 제공합니다. 우리나라의 정책정보를 제공하는 RSS의 이용 방법[1]은 다음과 같습니다.

오픈 API는 API(Application Programming Interface)를 통해 오픈된 정보를 다루는 기술을 의미합니다. 오픈 API는 여러 사람들이 사용할 인터넷 상의 자원들을 개방하고, 이 자원들을 전문적인 지식없이 쉽게 이용할 수 있도록 표준화한 인터페이스입니다. API는 소프트웨어 기술로서 웹(web) 이전부터 사용되었으며, 웹 API는 웹 상에서 데이터를 요청하여 응답하는 과정으로 정부를 얻을 수 있습니다.

[그림 3-1]은 오픈 API의 처리 과정을 예를 들어 나타낸 것으로서 음식점에서 고객과 웨이터 그리고 요리사와의 관계를 통해 설명한 것입니다. 고객은 사용자로, 웨이터는 API로, 요리사는 정보를 제공하는 서버로 생각할 수 있습니다. 이 과정과 같이 인터넷과 브라우저(웹 클라이언트)는 웹 서버(web server)에 해당 정보를 요청(request)하면 API를 통해 웹 서버의 데이터로 응답(response)합니다.

---

1) 대한민국 정책브리핑 RSS 서비스(https://www.korea.kr/etc/rss.do)

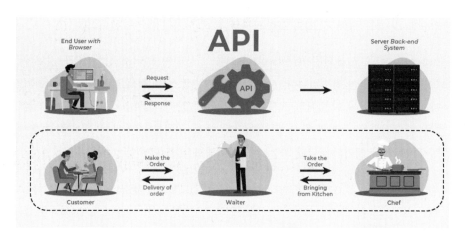

[그림 3-1] API의 처리 과정[2]

오픈 API를 앱에서 이용하려면 오픈 API를 제공하는 공공데이터를 찾는 것으로부터 시작하며 그 과정은 일반적으로 다음과 같습니다.

Step 1 활용할 오픈 API 찾기

Step 2 오픈 API를 사용하기 위한 명세서 받기
(요청제한정보, 기본인자(인증키, 호출문서유형(XML, JSON 등)), 데이터요청인자, 출력(반응)값

Step 3 인증키 받기(활용 목적, 활용 내용 입력, 인증키 발급 요청)

Step 4 URL 등록
URL 등록은 다음과 같은 내용으로 구성됩니다.

https:// | OpenAPI URL | / | OpenAPI name | / | 인증키 | & | 호출문서 | & | 요청인자

기상청의 단기예보 조회서비스를 파이썬을 통해 이용한다면 URL 등록과 결과 출력의 프로그램은 다음과 같이 작성[3]합니다.

---

2) https://www.geeksforgeeks.org/what-is-an-api/
3) 기상청 오픈API 상세(https://www.data.go.kr/data/15084084/openapi.do)

```
# Python3 샘플 코드 #

import requests

url = 'http://apis.data.go.kr/1360000/VilageFcstInfoService_2.0/getUltraSrtNcst'
params ={'serviceKey' : '서비스키', 'pageNo' : '1', 'numOfRows' : '1000', 'dataType' : 'XML', 'base_date' : '20210628', 'base_time' : '0600', 'nx' : '55', 'ny' : '127' }

response = requests.get(url, params=params)
print(response.content)
```

Step 5   웹에서 오픈 API 요청

대부분의 경우 웹에서 API를 통해 가져오는 경우에 API 키를 생성한 다음 인증절차를 진행하여 접근하지만, API 키가 필요없이 데이터를 요청할 수 있는 사례를 살펴본 후에 API 키를 이용하는 사례에 대해서 알아보기로 합니다.

예제 3-1   국제우주정거장의 현재 위치(API 키를 사용하지 않는 사례)

Open Notify([그림 3-2] 참고)는 간단한 프로그램 접근 방법(웹 API)을 통해 NASA의 데이터를 제공하는 오픈 소스 프로젝트입니다. 이 프로젝트에는 국제우주정거장(ISS : International Space Station)의 현재 위치, 국제우주정거장의 오버헤드 패스 예측, 우주정거장에 있는 사람 수와 이름 등의 정보를 JSON 형식으로 제공하는데, 이 중에서 국제우주정거장의 현재 위치에 대해서 알아보기로 합니다.

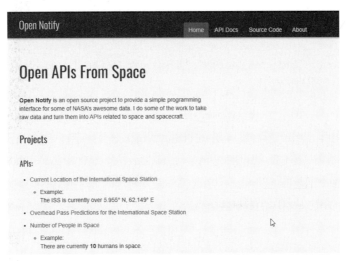

[그림 3-2] Open Notify(http://open-notify.org/)

국제우주정거장은 시속 28,000km로 이동하므로 위치가 매우 빠르게 변화합니다. 다음은
현재 위치에 대한 JSON 형식의 반환 결과이며 현재의 위도(latitude)와 경도(longitude),
그리고 UNIX 시간(1970년 1월 1일부터 경과시간을 초로 환산)을 나타냅니다.

| JSON 출력 형식 |

```
{
  "message": "success",
  "timestamp": UNIX_TIME_STAMP,
  "iss_position": {
    "latitude": CURRENT_LATITUDE,
    "longitude": CURRENT_LONGITUDE
  }
}
```

프로그램과 결과는 다음과 같습니다.

▌국제우주정거장의 현재 정보를 출력(예제3-1.py)

```
import requests
import json
url="http://api.open-notify.org/iss-now.json"
r=requests.get(url)
print(r.text)
```

```
{"iss_position": {"latitude": "43.6378", "longitude": "151.4821"}, "message": "success",
"timestamp": 1681190557}
```

위 결과의 데이터 형식을 확인해 보면 문자열(string) 형식입니다. 만약 위의 반환값(결과
값) 중에서 특정한 값(예로 위치정보인 iss_position)만을 선택하여 출력하려면 JSON 형
식의 문자열 데이터를 파이썬 딕셔너리 형식으로 변환해야 하는데 이때 다음과 같이 모듈
json()을 이용하여 작성할 수 있습니다.

▌국제우주정거장의 현재 정보를 출력(예제3-1-1.py)

```
import requests
import json
url="http://api.open-notify.org/iss-now.json"
r=requests.get(url)
print(r.json())

{'iss_position': {'latitude': '16.3256', 'longitude': '16.7182'}, 'message': 'success',
'timestamp': 1681194625}
```

r.json()의 데이터 형식을 확인하면 딕셔너리이며 딕셔너리는 키(key)를 이용(iss_position)하여 다음과 같이 원하는 값을 출력할 수 있습니다.

▌국제우주정거장의 현재 정보를 출력(예제3-1-2.py)

```
import requests
import json

url="http://api.open-notify.org/iss-now.json"
r=requests.get(url)
dt_dict =r.json()
print(dt_dict['iss_position'])

{'longitude': '-19.3009', 'latitude': '29.9898'}
```

이제 반복문을 이용하여 국제우주정거장의 위치정보를 5초마다 출력하는 프로그램을 작성하면 다음과 같고, 실행 결과는 아랫부분에 나와 있습니다.

▌국제우주정거장의 현재 정보를 출력(예제3-1-3.py)

```
import requests
import json
import time

url="http://api.open-notify.org/iss-now.json"
```

```
for i in range(10):
    r=requests.get(url)
    dt_dict =r.json()
    print(dt_dict['iss_position'])
    time.sleep(5)
```

```
{'longitude': '-13.5459', 'latitude': '24.2673'}
{'longitude': '-13.2819', 'latitude': '23.9827'}
{'longitude': '-13.0409', 'latitude': '23.7212'}
{'longitude': '-12.8228', 'latitude': '23.4832'}
{'longitude': '-12.5839', 'latitude': '23.2209'}
{'longitude': '-12.3461', 'latitude': '22.9582'}
{'longitude': '-12.1307', 'latitude': '22.7190'}
{'longitude': '-11.8948', 'latitude': '22.4556'}
{'longitude': '-11.6598', 'latitude': '22.1917'}
{'longitude': '-11.4471', 'latitude': '21.9514'}
```

[참고 1] JSON

JSON(JavaScript Object Nation)은 데이터를 쉽게 교환하기 위한 텍스트 형식의 표현 방법이며 유사한 형식으로 XML(eXtensible Markup Language)이 있습니다. JSON과 XML은 공통점도 있지만 JSON은 구문이 짧고 더 빠르게 데이터를 읽고 쓸 수 있습니다.

JSON 데이터는 데이터 이름과 값이 쌍으로 구성되어 있으며 숫자(number), 문자열(string), 불리언(boolean), 객체(object), 배열(array), 널(null)이라는 6종류의 데이터 타입을 사용합니다. JSON 객체는 파이썬 딕셔너리와 같고, JSON 배열은 파이썬 리스트와 같습니다. 다음은 JSON 객체와 JSON 배열의 예입니다.

	딕셔너리	배열

Python	`>a={1: "appple", "two":"pear"}`
	`>a`
	`{1: "appple", "two":"pear"}`
		`>a=np.array([(1, 2, 3), ('a', 'b', 'c')])`
		`>a`
		`[['1' '2' '3']`
		` ['a' 'b' 'c']]`

	객체	배열

JSON	`{`
	`   "name" : "apple"`
	`   "price" : 1300`
	`}`
		`"fruit":[`
		`   {"name":"apple", "price":1300},`
		`   {"name":"pear", "price":1500}`
		`]`

다음은 API 키를 사용하여 데이터를 요청하는 경우로서 별도의 인증절차 없이 데이터를 요청하는 사례입니다. ExchangeRate-API는 국제적인 통화에 대한 환전 비율을 제공하며, 특별한 가입절차 없이 이메일 주소만으로도 API 키를 얻을 수 있고([그림 3-3] 참고) 로그인 절차없이 무료로 이용할 수 있으며 JSON 형식의 데이터([표 3-2] 참고)를 제공합니다.

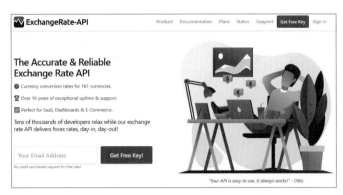

[그림 3-3] ExchangeRate-API(https://www.exchangerate-api.com/)

[표 3-2]는 미국 달러(USD)를 기준으로 한 세계 161개 화폐에 대한 환전 결과입니다. 이 내용은 API 요청에 의한 결과의 일부분으로 중간 부분 conversion_rates의 첫 줄에 USD:1로 되어 있으므로 미국 1달러를 기준으로 한 환전 비율의 결과를 나타냅니다.

[표 3-2] 미국 1달러를 기준으로 한 환전 비율(JSON) 출력

```
{
 "result":"success",
 "documentation":"https://www.exchangerate-api.com/docs",
 "terms_of_use":"https://www.exchangerate-api.com/terms",
 "time_last_update_unix":1681257602,
 "time_last_update_utc":"Wed, 12 Apr 2023 00:00:02 +0000",
 "time_next_update_unix":1681344002,
 "time_next_update_utc":"Thu, 13 Apr 2023 00:00:02 +0000",
 "base_code":"USD",
 "conversion_rates":{
  "USD":1,
  "AED":3.6725,
  "AFN":86.5371,
  "ALL":103.4561,
  "AMD":388.1050,
  "ANG":1.7900,
  … 이하 생략 …
```

[그림 3-3]에서 이메일 주소를 입력하고 [Get Free Key!] 부분을 클릭하면 [그림 3-4]와 같이 API 요청 예가 나타나며 주소 부분을 클릭하더라도 요청 결과를 브라우저에서 확인할 수 있습니다. [그림 3-4]에는 API 키와 기준 화폐(USD)가 나타나 있습니다. [그림 3-3]에서 키를 요청할 때마다 API 키가 달라짐에 유의해야 합니다.

[그림 3-4] API 사용 예

파이썬 프로그램과 결과는 한화(KRW) 1원을 기준으로 한 환전 결과의 일부입니다. 프로그램에서 JSON 형식을 딕셔너리로 변환하였고, 딕셔너리의 키는 [표 3-2]에서 conversion_rates를 키(key)로 이용하여 출력하였습니다.

▌ 한화(KRW) 1원을 기준으로한 환전(예제3-2.py)

```python
import requests
import json

url="https://v6.exchangerate-api.com/v6/36aaa07d139588001315c79f/latest/KRW"
r=requests.get(url)
dt_dict =r.json()
print(dt_dict['conversion_rates'])
```

▌ 출력 결과 ▌

```
{'KRW': 1, 'AED': 0.002779, 'AFN': 0.0655, 'ALL': 0.07831, 'AMD': 0.2937, 'ANG': 0.001355,
 'AOA': 0.388, 'ARS': 0.1616, 'AUD': 0.001137, 'AWG': 0.001355, 'AZN': 0.001287, 'BAM': 0.001357,
 'BBD': 0.001514, 'BDT': 0.08076, 'BGN': 0.001357, 'BHD': 0.00028457, 'BIF': 1.5782, 'BMD':
 0.00075683, 'BND': 0.001008, 'BOB': 0.005238, 'BRL': 0.003827, 'BSD': 0.00075683, 'BTN':
 0.06214, 'BWP': 0.009983, 'BYN': 0.0019, 'BZD': 0.001514, 'CAD': 0.001021, 'CDF': 1.5782,
 'CHF': 0.00068449, 'CLP': 0.6198, 'CNY': 0.005209, 'COP': 3.4568, 'CRC': 0.4079, 'CUP': 0.01816,
 … 이하 생략 …
```

디셔너리 형식을 데이터프레임으로 변환하기 위해서 DataFrame 함수를 사용하면 딕셔너리 값의 index 정보가 없으므로 에러가 발생하는데 이는 DataFrame.from_dict 함수로 해결할 수 있으며 다음과 같이 orient='index'라는 인자를 사용합니다. 프로그램과 결과는 다음과 같습니다.

┃ 한화(KRW) 1원을 기준으로 한 환전(예제3-2-1.py)

```
import requests
import json
import pandas as pd

url="https://v6.exchangerate-api.com/v6/36aaa07d139588001315c79f/latest/KRW"
r=requests.get(url)
dt_dict =r.json()
df = pd.DataFrame.from_dict(dt_dict['conversion_rates'], orient='index')
print(df)
```

┃ 출력 결과 ┃

```
            0
KRW  1.000000
AED  0.002779
AFN  0.065500
ALL  0.078310
AMD  0.293700
..        ...
XPF  0.082770
YER  0.189500
ZAR  0.013850
ZMW  0.015090
ZWL  0.718900

[162 rows x 1 columns]
```

데이터프레임을 엑셀로 저장하기 위해서 pandas의 to_excel 함수를 사용(4.3.2 데이터 파일 생성하기)하며, [그림 3-5]는 해당 파일을 엑셀에서 확인한 결과입니다.

┃ 한화(KRW) 1원을 기준으로 한 환전(예제3-2-2.py)

```
import requests
import json
import pandas as pd

url="https://v6.exchangerate-api.com/v6/36aaa07d139588001315c79f/latest/KRW"
r=requests.get(url)
dt_dict =r.json()
df = pd.DataFrame.from_dict(dt_dict['conversion_rates'], orient='index')
df.to_excel('KRW_exchange.xlsx')
```

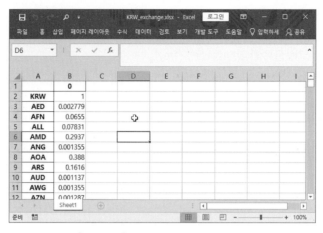

[그림 3-5] 엑셀 파일에 저장된 내용

3.2 공공데이터 가져오기

오픈 API를 제공하고 있는 대한민국 공공데이터 포털(https://data.go.kr)에서 웹 API를
이용하여 날씨 데이터를 가져오는 방법에 대해서 설명합니다. 공공데이터 포털의 데이터를
이용하려면 회원가입을 해야 합니다. [그림 3-6]의 [로그인]에서 회원가입과 인증절차를
진행한 후에 로그인을 하였다고 가정합니다.

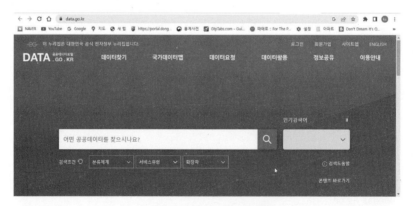

[그림 3-6] 공공데이터 포털

[그림 3-7]에서와 같이 홈페이지 아래 부분 [인기 데이터]의 [오픈API] 부분에서 데이터를
선택합니다. 이 예에서는 [2. 기상청 단기예보]를 선택하였습니다.

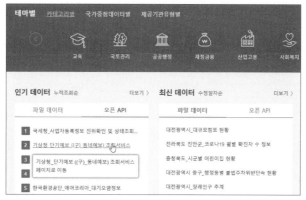

[그림 3-7] 인기 데이터 목록

그 다음으로는 [그림 3-8]과 같이 화면 아래 부분에 [오픈API 상세]가 나타나고 이곳에는 오픈 API 정보, 상세기능([그림 3-9] 참고), 요청변수, 출력결과의 예시가 나타나며 샘플 코드([그림 3-10] 참고)도 볼 수 있습니다. [그림 3-8]의 오른쪽 부분에 있는 [활용신청]을 클릭하면 [그림 3-11]과 같이 [마이페이지]로 이동하여 [OpenAPI 개발계정 신청]을 합니다.

[그림 3-8] 오픈API 상세

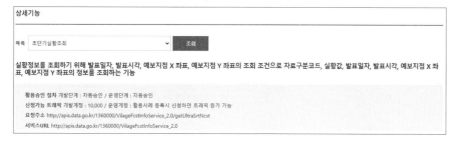

[그림 3-9] 상세기능

[그림 3-10] 샘플코드

다음의 과정([그림 3-11] 참고)은 인증키를 받기위한 계정 신청 과정입니다. 이곳에서 활용정보, 활용목적 등을 기술하고, 화면 아래 부분([그림 3-12] 참고)에서 활용할 데이터들을 선택한 다음, [활용신청]을 클릭합니다.

[그림 3-11] 마이페이지

☑	상세기능	설명	월일 트래픽
☑	초단기실황조회	실황정보를 조회하기 위해 발표일자, 발표시각, 예보지점 X 좌표, 예보지점 Y 좌표의 조회 조건으로 자료구분코드, 실황값, 발표일자, 발표시각, 예보지점 X 좌표, 예보지점 Y 좌표의 정보를 조회하는 기능	10000
☑	초단기예보조회	초단기예보정보를 조회하기 위해 발표일자, 발표시각, 예보지점 X 좌표, 예보지점 Y 좌표의 조회 조건으로 자료구분코드, 예보값, 발표일자, 발표시각, 예보지점 X 좌표, 예보지점 Y 좌표의 정보를 조회하는 기능	10000
☑	단기예보조회	단기예보 정보를 조회하기 위해 발표일자, 발표시각, 예보지점 X좌표, 예보지점 Y 좌표의 조회 조건으로 발표일자, 발표시각, 자료구분문자, 예보 값, 예보일자, 예보시각, 예보지점 X 좌표, 예보지점 Y 좌표의 정보를 조회하는 기능	10000
☑	예보버전조회	단기예보정보조회서비스 각각의 오퍼레이션(초단기실황, 초단기예보, 단기예보)들의 수정된 예보 버전을 파악하기 위해 예보버전을 조회하는 기능	10000

라이선스 표시

*이용허락범위	저작자표시
	☑ 동의합니다.

취소　활용신청

[그림 3-12] 상세기능 선택

다음으로 [그림 3-13]과 같이 [마이페이지]의 [활용신청 현황] 부분에 신청한 데이터가 나타나며 화면 아래 부분에 활용신청이 승인된 데이터를 클릭하면 [그림 3-14]가 나타납니다. [그림 3-14]에는 계발계정 상세보기로서 참고문서와 인증키가 표시됩니다. 특히 [그림 3-14]의 참고문서 부분의 파일(오픈API활용가이드_최종)에는 API를 활용하는 구체적인 내용과 참고할 내용 등이 포함되어 있으며 이 정보들을 활용하여 데이터를 수집할 수 있습니다. [그림 3-15]는 프로그램과 실행 결과를 나타내며 구체적인 내용은 [프로그램]과 [실행 결과]를 참고합니다.

[그림 3-13] 활용신청 현황

[그림 3-14] 개발계정 상세보기

[그림 3-15] 프로그램과 실행 결과

예제 3-3 **단기예보 데이터 불러오기**

다음 프로그램에서 '인증키' 부분에 실제 인증키를 입력해야 합니다. 결과는 다음의 [실행
결과] 부분을 참고합니다.

▌단기예보 데이터 불러오기(예제3-3.py)

```python
import requests
import json
url='http://apis.data.go.kr/1360000/VilageFcstInfoService_2.0/getVilageFcst'
queryParams = '?' + \
        'ServiceKey=' + '인증키' + \
        '&pageNo='+ '1' + \
        '&numOfRows='+ '1' + \
        '&dataType='+ 'JSON' + \
        '&base_date='+ '20230417' + \
        '&base_time='+ '1400' + \
        '&nx='+ '55' + \
        '&ny='+ '120'

result = requests.get(url + queryParams)
print(result.text)
```

프로그램(예제3-3.py)에서 사용한 요청 메시지 명세는 다음과 같습니다.

[요청 메시지 명세]

요청메시지 항목	항목명	항목 크기	항목 구분	샘플데이터	항목설명
serviceKey	인증키	100	1	인증키 (URL Encode)	공공데이터포털에서 발급받은 인증키
numOfRows	한 페이지 결과 수	4	1	50	한 페이지 결과 수 Default: 10
pageNo	페이지 번호	4	1	1	페이지 번호 Default: 1
dataType	응답자료형식	4	0	XML	요청자료형식(XML/JSON) Default: XML
base_date	발표일자	8	1	20230417	'23년 4월 17일 발표
base_time	발표시각	4	1	1400	14시 발표
nx	예보지점 X 좌표	2	1	55	예보지점의 X 좌표값
ny	예보지점 Y 좌표	2	1	127	예보지점의 Y 좌표값

| 실행 결과 |

pageNo=1의 결과

```
{"response":{"header":{"resultCode":"00","resultMsg":"NORMAL_SERVICE"},"body":{"dataType"
:"JSON","items":{"item":
[{"baseDate":"20230417","baseTime":"1400","category":"TMP","fcstDate":"20230417","fcstTime
":"1500","fcstValue":"16","nx":55,"ny":120},
{"baseDate":"20230417","baseTime":"1400","category":"UUU","fcstDate":"20230417","fcstTime
":"1500","fcstValue":"3.3","nx":55,"ny":120},
{"baseDate":"20230417","baseTime":"1400","category":"VVV","fcstDate":"20230417","fcstTime
":"1500","fcstValue":"-1.6","nx":55,"ny":120},
{"baseDate":"20230417","baseTime":"1400","category":"VEC","fcstDate":"20230417","fcstTime
":"1500","fcstValue":"296","nx":55,"ny":120},
{"baseDate":"20230417","baseTime":"1400","category":"WSD","fcstDate":"20230417","fcstTime
":"1500","fcstValue":"3.7","nx":55,"ny":120}]},
"pageNo":1,"numOfRows":5,"totalCount":700}}}
```

pageNo=3의 결과

```
{"response":{"header":{"resultCode":"00","resultMsg":"NORMAL_SERVICE"},"body":{"dataType"
:"JSON","items":{"item":
[{"baseDate":"20230417","baseTime":"1400","category":"REH","fcstDate":"20230417","fcstTime
":"1500","fcstValue":"55","nx":55,"ny":120},
{"baseDate":"20230417","baseTime":"1400","category":"SNO","fcstDate":"20230417","fcstTime
":"1500","fcstValue":"적설없음","nx":55,"ny":120},
{"baseDate":"20230417","baseTime":"1400","category":"TMP","fcstDate":"20230417","fcstTime
":"1600","fcstValue":"15","nx":55,"ny":120},
{"baseDate":"20230417","baseTime":"1400","category":"UUU","fcstDate":"20230417","fcstTime
":"1600","fcstValue":"3.3","nx":55,"ny":120},
{"baseDate":"20230417","baseTime":"1400","category":"VVV","fcstDate":"20230417","fcstTime
":"1600","fcstValue":"-2.5","nx":55,"ny":120}]],
"pageNo":3,"numOfRows":5,"totalCount":700}}}
```

pageNo=5의 결과

```
{"response":{"header":{"resultCode":"00","resultMsg":"NORMAL_SERVICE"},"body":{"dataType"
:"JSON","items":{"item":
[{"baseDate":"20230417","baseTime":"1400","category":"WAV","fcstDate":"20230417","fcstTim
e":"1600","fcstValue":"0.5","nx":55,"ny":120},
{"baseDate":"20230417","baseTime":"1400","category":"PCP","fcstDate":"20230417","fcstTime
":"1600","fcstValue":"강수없음","nx":55,"ny":120},
{"baseDate":"20230417","baseTime":"1400","category":"REH","fcstDate":"20230417","fcstTime
":"1600","fcstValue":"60","nx":55,"ny":120},
{"baseDate":"20230417","baseTime":"1400","category":"SNO","fcstDate":"20230417","fcstTime
":"1600","fcstValue":"적설없음","nx":55,"ny":120},
{"baseDate":"20230417","baseTime":"1400","category":"TMP","fcstDate":"20230417","fcstTime
":"1700","fcstValue":"15","nx":55,"ny":120}]],
"pageNo":5,"numOfRows":5,"totalCount":700}}}
```

앞의 [실행 결과]에서 응답 메시지 명세는 다음과 같습니다.

[응답 메시지 명세]

응답 메시지 (response element)	설명	category	설명
resultCode	응답메시지 코드	POP	강수확률
resultMsg	응답메시지 내용	PTY	강수형태

dataType	데이터 타입(JSON)	PCP	1시간 강수량
baseDate	발표일자	REH	습도
baseTime	발표시각	SNO	1시간 신적설
category	자료구분문자(오른쪽 참고)	SKY	하늘상태
fcstDate	예보일자	TMP	1시간 기온
fcstTime	예보시각	TMN	일 최저기온
fcstValue	예보 값(실수 또는 정수)	TMX	일 최고기온
nx	예보지점 X 좌표	UUU	풍속(동서성분)
ny	예보지점 Y 좌표	VVV	풍속(남북성분)
numOfRows	한 페이지 결과 수	WAV	파고
pageNo	페이지 번호	VEC	풍향
totalCount	데이터 총 개수	WSD	풍속

단기예보 항목	설명
resultCode	응답메시지 코드
resultMsg	응답메시지 내용
dataType	데이터 타입(JSON)
baseDate	발표일자
baseTime	발표시각
category	자료구분문자
fcstDate	예보일자
fcstTime	예보시각
fcstValue	예보 값(실수 또는 정수)
nx	예보지점 X 좌표
ny	예보지점 Y 좌표
numOfRows	한 페이지 결과 수
pageNo	페이지 번호
totalCount	데이터 총 개수

[실행 결과]에서 category:PCP는 1시간 강수량를 의미하며, fcstValue은 예보값을 나타냅니다.

3.3 데이터 제공 사이트

인터넷을 통해 데이터를 무료로 제공하는 사이트는 많지만, 원하는 데이터를 쉽게 찾기 위해서 주제별로 정리해 둘 필요가 있으며 검색조건을 적절하게 사용해야 합니다. 여기에서는 대표적인 국내 및 국외 사이트를 소개하고 파이썬 라이브러리에서 데이터를 이용하는 방법에 대해서 설명합니다. 데이터를 제공하는 사이트들은 수시로 데이터를 업데이트하거나 추가하고 있으며, 경우에 따라 회원 가입을 요구하는 경우도 있습니다.

■ 국내 사이트

1. 국가통계포털(https://kosis.kr/index/index.do)

국가통계포털(KOSIS, Korean Statistical Information Service)은 국내·국제·북한의 주요 통계를 한 곳에 모아 이용자가 원하는 통계를 한 번에 찾을 수 있도록 통계청이 제공하는 One-Stop 통계 서비스입니다. 현재 400여 개 기관이 작성하는 경제·사회·환경에 관한 모든 국가승인통계를 수록하고 있으며, 국제금융·경제에 관한 IMF, Worldbank, OECD 등의 최신 통계도 제공하고 있습니다.

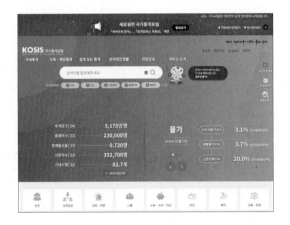

2. 통계청(https://kostat.go.kr/ansk/)

통계청은 분산형 국가통계 체계에서 국가통계 조정기능, 국가통계 생산기능, 통계서비스 기능을 수행하는 기관입니다. 통계청은 통계청 통계는 물론, 국가·공공기관에서 생산한 통계 및 행정자료, 민간에서 생산한 각종 자료 등을 융·복합하고 허브(Hub)를 구축하여 이용자들에게 열린 서비스를 제공합니다.

3. 한국소비자원 참가격(https://www.price.go.kr/tprice/portal/main/main.do)

참가격은 소비자에게 신뢰할만한 가격정보를 제공하고자 한국소비자원이 운영하는 가격정보 종합 포털사이트입니다. 참가격은 전국 단위 유통업체(대형마트, 기업형 슈퍼마켓, 백화점, 편의점)에서 판매하는 가공식품, 생활용품, 신선식품 등 생필품 158개 품목(540개 상품)의 판매가격을 격주 조사하여 제공합니다.

4. 서울 열린데이터 광장(https://data.seoul.go.kr/)

열린데이터 광장은 서울시 및 자치구, 그 산하기관에서 보유하고 있는 공공데이터를 지속적으로 발굴·개방하고 있습니다.

5. 서울특별시 빅데이터 캠퍼스(https://bigdata.seoul.go.kr/main.do)

수집된 데이터를 체계적으로 관리하고 제공하기 위해 빅데이터 캠퍼스에서 제공하고 있는 분석 환경과 데이터는 이용 신청 후 방문 시 이용이 가능합니다.

6. 공공데이터포털(https://www.data.go.kr/)

포털(공공데이터포털)이란 각 공공기관이 보유하고 있는 공공데이터를 하나로 통합 관리하는 창구 역할을 한다. 국민에게 개방할 공공데이터가 모두 모여 있는 공간으로 누구나 공공데이터포털을 이용할 수 있습니다.

7. 지표누리(https://www.index.go.kr/)

지표누리는 지표(방향이나 목적, 기준 따위를 나타내는 표지)와 누리(세상, 울타리)의 합성어로, 여러 지표를 주제별로 모아 이용자가 한곳에서 쉽게 활용할 수 있도록 제공하는 지표통합서비스입니다.

지표는 복합적이고 추상적인 사회현상을 쉽게 설명하기 위해 관련되는 지수나 척도로 개념화한 것이며, 특정 주제 또는 현상을 다차원적으로 측정하여 요약적으로 보여줄 수 있도록 각종 상황과 핵심지표를 분류·선정한 것이 지표체계입니다.

8. 통계지리정보서비스(https://sgis.kostat.go.kr/view/index)

SGIS플러스는 SGIS(Statistical Geographic Information Service)를 기반으로 개방, 공유, 소통, 참여가 가능한 개방형 플랫폼입니다. 사용자에게 통계정보와 지리정보를 융·복합하여 새로운 서비스를 만들 수 있는 기반을 지원합니다. 또한, 포털 서비스를 통해 사용자가 직접 플랫폼에서 제공하는 다양한 대화형 통계지도, 통계주제도 등의 다양한 서비스를 이용할 수 있습니다.

9. 교육통계서비스(https://kess.kedi.re.kr/index)

한국교육개발원 소속 국가 교육통계사업 수행을 전담하는 조직으로, 우리나라 교육 전반의 과학적·종합적 진단 및 정책 수립을 비롯한 제반 교육 기획·시행·평가·연구 등을 위한 핵심 인프라 정보를 제공합니다. 2017년 국가교육통계센터로 지정되었으며, 2018년부터 교육통계센터와 교육지표연구실로 나누어 운영되고 있습니다.

10. 문화셈터(https://stat.mcst.go.kr/portal/main)

문화셈터는 문화체육관광 분야의 대표 통계포털시스템으로 현재 생산하고 있는 통계는 총 22종으로 조사통계 17종, 보고통계 4종, 가공통계 1종입니다. 주제별로는 문화 8종, 예술 2종, 문화산업 3종, 관광 4종, 스포츠 4종, 종합 1종으로 분류되며 조사별 주기별로 보고서 및 데이터가 공표되어 문화셈터를 통해 제공하고 있습니다.

■ 국외 사이트

1. Google Dataset Search(https://datasetsearch.research.google.com/)

데이터 세트 검색은 데이터 세트에 대한 검색엔진입니다. 간단한 키워드 검색을 사용하여 웹 전체에 존재하는 수천 개의 저장소에 호스팅된 데이터 세트를 검색할 수 있습니다.

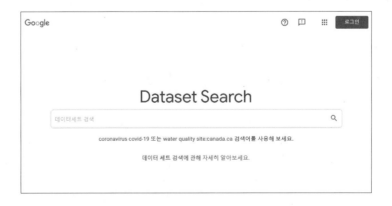

2. Kaggle Datasets(https://www.kaggle.com/datasets)

Kaggle은 데이터 과학 및 머신러닝 경진대회를 주최하는 온라인 커뮤니티로 주어진 과제에 대해서 여러 분석가들이 도전하여 보다 더 정확한 예측을 위해 경쟁합니다. 방대한 양의 데이터와 도전과제에 대한 소스 코드를 제공합니다.

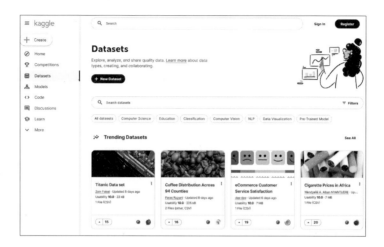

3. The Home of the U.S. Government's Open Data(https://data.gov/)

미국 행정부에서 제공하는 데이터 포털입니다. 이 사이트는 대중에게 공개되는 연방, 주, 지방 및 부족 정부 정보를 위한 저장소 기능을 합니다.

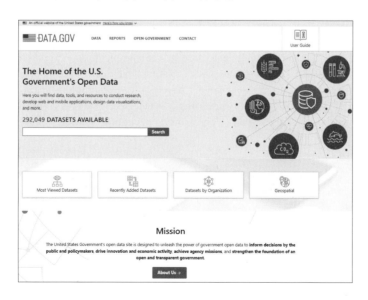

■ 파이썬 라이브러리에서 데이터를 활용하는 방법

1. seaborn 라이브러리

seaborn 라이브러리는 matplotlib을 기반으로 다양한 색상 테마와 통계용 차트 등의 시각화 기능을 제공하지만 예제로 사용하는 잘 알려진 몇가지 데이터를 제공합니다. seaborn에서 제공하는 데이터를 확인하려면 함수 get_dataset_names()를 사용하며 함수의 인자는 없으므로 다음과 같이 사용합니다.

예제 3-4 **seaborn 라이브러리에서 제공하는 데이터 확인**
다음의 프로그램은 seaborn 라이브러리에서 제공하는 데이터의 이름을 출력하는 프로그램과 결과입니다. 파이썬 버전 또는 라이브러리 버전에 따라 출력결과는 다르게 나타날 수 있습니다.

▌seaborn 라이브러리에서 제공하는 데이터(예제 3-4.py)

```python
import seaborn as sns
data_list = sns.get_dataset_names()
print(data_list)
```

```
['anagrams', 'anscombe', 'attention', 'brain_networks', 'car_crashes', 'diamonds',
'dots', 'dowjones', 'exercise', 'flights', 'fmri', 'geyser', 'glue', 'healthexp',
'iris', 'mpg', 'penguins', 'planets', 'seaice', 'taxis', 'tips', 'titanic', 'anagrams',
'anagrams', 'anscombe', 'anscombe', 'attention', 'attention', 'brain_networks',
'brain_networks', 'car_crashes', 'car_crashes', 'diamonds', 'diamonds', 'dots', 'dots',
'dowjones', 'dowjones', 'exercise', 'exercise', 'flights', 'flights', 'fmri', 'fmri',
'geyser', 'geyser', 'glue', 'glue', 'healthexp', 'healthexp', 'iris', 'iris', 'mpg', 'mpg',
'penguins', 'penguins', 'planets', 'planets', 'seaice', 'seaice', 'taxis', 'taxis', 'tips',
'tips', 'titanic', 'titanic', 'anagrams', 'anscombe', 'attention', 'brain_networks',
'car_crashes', 'diamonds', 'dots', 'dowjones', 'exercise', 'flights', 'fmri', 'geyser',
'glue', 'healthexp', 'iris', 'mpg', 'penguins', 'planets', 'seaice', 'taxis', 'tips',
'titanic']
```

앞의 결과로 출력된 데이터 이름 중 몇 개에 대해서 정리한 내용은 다음과 같습니다.

iris 데이터

iris(붓꽃) 데이터는 통계학자인 피셔(Fisher)가 소개한 데이터로, 붓꽃의 3가지 종 (setosa, versicolor, virginica)에 대해 꽃받침(sepal)과 꽃잎(petal)의 길이를 품종별 (setosa, versicolor, virginica)로 정리한 데이터입니다. 이 데이터는 통계학에서 다변량 분석 데이터로 많이 인용되며 머신러닝 학습에서 분류에 적합한 데이터로 자주 사용됩니다.

df.head()는 데이터 df의 변수의 이름과 데이터 앞부분의 5개 데이터를 나타내고, df.describe()는 df의 기술통계를 요약하여 나타냅니다.

▌ seaborn 라이브러리에서 제공하는 iris 데이터(예제 3-5.py)

```
import seaborn as sns
df = sns.load_dataset('iris')
print(df.head())

   sepal_length    sepal_width    petal_length    petal_width    species
0         5.1            3.5            1.4            0.2 setosa
1         4.9            3.0            1.4            0.2 setosa
2         4.7            3.2            1.3            0.2 setosa
3         4.6            3.1            1.5            0.2 setosa
4         5.0            3.6            1.4            0.2 setosa

print(df.describe())

        sepal_length    sepal_width    petal_length    petal_width
count   150.000000      150.000000     150.000000      150.000000
mean      5.843333        3.057333       3.758000        1.199333
std       0.828066        0.435866       1.765298        0.762238
min       4.300000        2.000000       1.000000        0.100000
25%       5.100000        2.800000       1.600000        0.300000
50%       5.800000        3.000000       4.350000        1.300000
75%       6.400000        3.300000       5.100000        1.800000
max       7.900000        4.400000       6.900000        2.500000
```

mpg 데이터

이 데이터는 1988년부터 2008년까지 출고된 자동차 모델에 대한 데이터입니다. 여기에는 연비, 실린더와 배기량 등의 정보가 포함되어 있습니다.

```
import seaborn as sns
df = sns.load_dataset('mpg')
print(df.head())
    mpg cylinders displacement ... model_year origin         name
0  18.0      8        307.0     ...     70      usa   chevrolet chevelle malibu
1  15.0      8        350.0     ...     70      usa   buick skylark 320
2  18.0      8        318.0     ...     70      usa   plymouth satellite
3  16.0      8        304.0     ...     70      usa   amc rebel sst
4  17.0      8        302.0     ...     70      usa   ford torino
[5 rows x 9 columns]

print(df.describe())
               mpg      cylinders   ... acceleration  model_year
count   398.000000   398.000000    ...  398.000000   398.000000
mean     23.514573     5.454774    ...   15.568090    76.010050
std       7.815984     1.701004    ...    2.757689     3.697627
min       9.000000     3.000000    ...    8.000000    70.000000
25%      17.500000     4.000000    ...   13.825000    73.000000
50%      23.000000     4.000000    ...   15.500000    76.000000
75%      29.000000     8.000000    ...   17.175000    79.000000
max      46.600000     8.000000    ...   24.800000    82.000000

[8 rows x 7 columns]
```

예제 3-7 **tips 데이터**

음식점에서 고객이 웨이터에게 준 팁에 대한 데이터로 음식 가격, 팁, 성별, 흡연 여부, 요일 등의 정보가 포함되어 있습니다.

seaborn 라이브러리에서 제공하는 tips 데이터(예제 3-7.py)

```
import seaborn as sns
df = sns.load_dataset('tips')
print(df.head())
```

```
      total_bill    tip      sex    smoker    da y    time    size
0        16.99      1.01    Female    No      Sun     Dinner    2
1        10.34      1.66     Male     No      Sun     Dinner    3
2        21.01      3.50     Male     No      Sun     Dinner    3
3        23.68      3.31     Male     No      Sun     Dinner    2
4        24.59      3.61    Female    No      Sun     Dinner    4
```

```
print(df.describe())
```

```
        total_bill           tip          size
count   244.000000     244.000000     244.000000
mean     19.785943       2.998279       2.569672
std       8.902412       1.383638       0.951100
min       3.070000       1.000000       1.000000
25%      13.347500       2.000000       2.000000
50%      17.795000       2.900000       2.000000
75%      24.127500       3.562500       3.000000
max      50.810000      10.000000       6.000000
```

예제 3-8 **titanic 데이터**

1912년 침몰한 타이타닉의 탑승인원은 총 2,224명이었으나 현재 1,309명의 데이터가 알려져 있으며, 총 1,309명의 데이터 중에서 891명의 데이터는 훈련(train) 목적으로, 나머지 418명의 데이터는 테스트 목적(생존여부 누락)으로 사용됩니다. 이 데이터에는 15개의 변수가 포함되어 있으며 5장(탐색적 데이터 분석과 시각화)에서 자세하게 다룹니다.

▌ seaborn 라이브러리에서 제공하는 titanic 데이터(예제 3-8.py)

```
import seaborn as sns
df = sns.load_dataset('titanic')
print(df.head())

   survived  pclass    sex     age  ...  deck  embark_town  alive  alone
0      0        3     male    22.0  ...  NaN   Southampton    no   False
1      1        1    female  38.0  ...   C    Cherbourg     yes   False
2      1        3    female  26.0  ...  NaN   Southampton   yes   True
3      1        1    female  35.0  ...   C    Southampton   yes   False
4      0        3     male   35.0  ...  NaN   Southampton    no   True
[5 rows x 15 columns]
```

```
print(df.describe())
```

```
          survived      pclass         age       sibsp      parch          fare
count   891.000000  891.000000  714.000000  891.000000  891.000000  891.000000
mean      0.383838    2.308642   29.699118    0.523008    0.381594   32.204208
std       0.486592    0.836071   14.526497    1.102743    0.806057   49.693429
min       0.000000    1.000000    0.420000    0.000000    0.000000    0.000000
25%       0.000000    2.000000   20.125000    0.000000    0.000000    7.910400
50%       0.000000    3.000000   28.000000    0.000000    0.000000   14.454200
75%       1.000000    3.000000   38.000000    1.000000    0.000000   31.000000
max       1.000000    3.000000   80.000000    8.000000    6.000000  512.329200
```

예제 3-9 펭귄 데이터

palmer penguins에 대한 데이터로 종류와 서식지 그리고 외형 속성에 대한 정보가 포함되어 있습니다.

┃ seaborn 라이브러리에서 제공하는 penguins 데이터(예제 3-9.py)

```
import seaborn as sns
df = sns.load_dataset('penguins')
print(df.head())
```

```
    species    island  bill_length_mm ... flipper_length_mm  body_mass_g     sex
0   Adelie  Torgersen            39.1 ...             181.0       3750.0    Male
1   Adelie  Torgersen            39.5 ...             186.0       3800.0  Female
2   Adelie  Torgersen            40.3 ...             195.0       3250.0  Female
3   Adelie  Torgersen             NaN ...               NaN          NaN     NaN
4   Adelie  Torgersen            36.7 ...             193.0       3450.0  Female
[5 rows x 7 columns]
```

```
print(df.describe())
```

```
       bill_length_mm  bill_depth_mm  flipper_length_mm  body_mass_g
count      342.000000     342.000000         342.000000   342.000000
mean        43.921930      17.151170         200.915205  4201.754386
std          5.459584       1.974793          14.061714   801.954536
min         32.100000      13.100000         172.000000  2700.000000
25%         39.225000      15.600000         190.000000  3550.000000
50%         44.450000      17.300000         197.000000  4050.000000
75%         48.500000      18.700000         213.000000  4750.000000
max         59.600000      21.500000         231.000000  6300.000000
```

2. scikit-learn(sklearn) 라이브러리

scikit-learn(sklearn) 라이브러리는 회귀, 클러스터링과 분류 등의 머신러닝을 위한 데이터를 제공하며 일부 seaborn 라이브러리에서 제공하는 데이터와 중복된 것들도 있습니다.

예제 3-10 sklearn 라이브러리에서 제공하는 데이터 확인

다음의 프로그램은 sklearn 라이브러리에서 제공하는 데이터의 이름을 출력하는 프로그램과 결과입니다. 파이썬 버전 또는 라이브러리 버전에 따라 출력결과는 다르게 나타날 수 있습니다.

▌sklearn 라이브러리에서 제공하는 데이터(예제 3-10.py)

```
from sklearn import datasets
dataset_list = datasets.__all__
print(dataset_list)
```

```
['clear_data_home', 'dump_svmlight_file', 'fetch_20newsgroups', 'fetch_20newsgroups_
vectorized', 'fetch_lfw_pairs', 'fetch_lfw_people', 'fetch_olivetti_faces', 'fetch_
species_distributions', 'fetch_california_housing', 'fetch_covtype', 'fetch_rcv1',
'fetch_kddcup99', 'fetch_openml', 'get_data_home', 'load_diabetes', 'load_digits',
'load_files', 'load_iris', 'load_breast_cancer', 'load_linnerud', 'load_sample_
image', 'load_sample_images', 'load_svmlight_file', 'load_svmlight_files', 'load_
wine', 'make_biclusters', 'make_blobs', 'make_circles', 'make_classification', 'make_
checkerboard', 'make_friedman1', 'make_friedman2', 'make_friedman3', 'make_gaussian_
quantiles', 'make_hastie_10_2', 'make_low_rank_matrix', 'make_moons', 'make_
multilabel_classification', 'make_regression', 'make_s_curve', 'make_sparse_coded_
signal', 'make_sparse_spd_matrix', 'make_sparse_uncorrelated', 'make_spd_matrix',
'make_swiss_roll']
```

예제 3-11 sklearn 라이브러리에서 제공하는 diabetes 데이터

앞의 데이터 중에서 데이터를 가져올 때 datasets의 모듈 load_(데이터 이름) 함수를 사용하는데 이 데이터들은 seaborn 라이브러리와 달리 key-value 형식으로 구성된 딕셔너리 형의 구조를 가지고 있으므로 쉽게 다루기 위하여 pandas의 DataFrame을 이용합니다. 이 예에서는 diabetes(당뇨환자)에 대한 정보가 포함된 데이터입니다.

프로그램에서 df_diabetes.head() 부분은 앞서 설명한 것과 같이 변수의 이름과 데이터 앞부분의 5개 데이터를 나타내고, 데이터 df_diabetes가 pandas의 DataFrame으로 변

화되었으므로 각 데이터에 대해 변수의 이름으로 조회할 수 있습니다. 이 예에서는 변수 age에 대해서만 df_diabetes.age.describe()을 이용하여 기술통계를 출력했습니다.

┃ sklearn 라이브러리에서 제공하는 diabetes 데이터(예제 3-11.py)

```
from sklearn import datasets
import pandas as pd
diabetes = datasets.load_diabetes()
df_diabetes = pd.DataFrame(diabetes.data, columns=diabetes.feature_names)
print(df_diabetes.head())

        age        sex       bmi   ...        s4        s5        s6
0  0.038076   0.050680  0.061696   ...  -0.002592  0.019907  -0.017646
1 -0.001882  -0.044642 -0.051474   ...  -0.039493 -0.068332  -0.092204
2  0.085299   0.050680  0.044451   ...  -0.002592  0.002861  -0.025930
3 -0.089063  -0.044642 -0.011595   ...   0.034309  0.022688  -0.009362
4  0.005383  -0.044642 -0.036385   ...  -0.002592 -0.031988  -0.046641
[5 rows x 10 columns]

print(df_diabetes.age.describe())

count    4.420000e+02
mean    -2.511817e-19
std      4.761905e-02
min     -1.072256e-01
25%     -3.729927e-02
50%      5.383060e-03
75%      3.807591e-02
max      1.107267e-01
Name: age, dtype: float64
```

예제 3-12 **sklearn 라이브러리에서 제공하는 wine 데이터**

sklearn 라이브러리에서 제공하는 wine 데이터는 와인의 등급 분류를 예측하는데 주로 이용하는 데이터입니다. 여기에는 와인의 알콜 도수(alcohol), 폴리페놀, 색상 등 와인의 속성에 대한 정보가 포함되어 있습니다. 그리고 변수 alcohol에 대해서만 〈예제 3-11〉과 같이 기술통계의 결과를 출력했습니다.

```
from sklearn import datasets
import pandas as pd
wine = datasets.load_wine()
df_wine = pd.DataFrame(wine.data, columns=wine.feature_names)
print(df_wine.head())

    alcohol    malic_acid    ash ...  hue    od280/od315_of_diluted_wines  proline
0   14.23      1.71          2.43 ... 1.04              3.92               1065.0
1   13.20      1.78          2.14 ... 1.05              3.40               1050.0
2   13.16      2.36          2.67 ... 1.03              3.17               1185.0
3   14.37      1.95          2.50 ... 0.86              3.45               1480.0
4   13.24      2.59          2.87 ... 1.04              2.93                735.0
[5 rows x 13 columns]

print(df_wine.alcohol.describe())

count    178.000000
mean      13.000618
std        0.811827
min       11.030000
25%       12.362500
50%       13.050000
75%       13.677500
max       14.830000
Name: alcohol, dtype: float64
```

단원 정리

■ 빅데이터 수집 방법

구분	특징
스크레이핑	특정한 웹사이트에서 정보를 자동으로 추출하는 기술
크롤링	크롤러(crawler)와 같은 컴퓨터 소프트웨어를 통해 웹사이트들을 지속적으로 순회하며 특정 데이터에 대한 위치를 저장하여 정보를 추출. 구글(Google) 검색에서 활용
RSS	뉴스나 블로그와 같이 컨텐츠의 업데이트가 자주 일어나는 웹사이트의 정보들을 사용자에게 제공
Open API	여러 사람들이 사용할 인터넷 상의 자원들을 개방하고, 이 자원들을 전문적인 지식없이 쉽게 이용할 수 있도록 표준화한 인터페이스

오픈 API는 API(Application Programming Interface)를 통해 오픈된 정보를 다루는 기술을 의미한다. API는 소프트웨어 기술로서 웹(web) 이전부터 사용되었고 웹 API는 웹 상에서 그림과 같이 데이터를 요청하여 응답하는 과정으로 정보를 얻을 수 있다. 인터넷과 브라우저(웹 클라이언트)는 웹 서버(web server)에 해당 정보를 요청(request)하면 API를 통해 웹 서버의 데이터로 응답(response)한다.

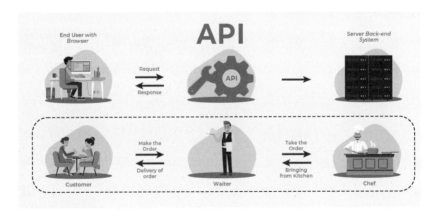

• API의 처리 과정
오픈 API를 앱에서 이용하려면 오픈 API를 제공하는 공공데이터를 찾는 것으로부터 시작하며 그 과정은 일반적으로 다음과 같다.

[step 1] 활용할 오픈 API 찾기

[step 2] 오픈 API를 사용하기 위한 명세서 받기

(요청제한정보, 기본인자(인증키, 호출문서유형(XML, JSON 등)), 데이터요청인자, 출력(반응)값

[step 3] 인증키 받기(활용목적, 활용내용 입력, 인증키 발급요청)

[step 4] URL 등록

URL 등록은 다음과 같은 내용으로 구성된다.

| https:// | OpenAPI URL | / | OpenAPI name | / | 인증키 | & | 호출문서 | & | 요청인자 |

기상청의 단기예보 조회서비스를 파이썬을 통해 이용한다면 URL 등록과 결과 출력의 프로그램은 다음과 같이 작성한다.

```
# Python3 샘플 코드 #

import requests

url = 'http://apis.data.go.kr/1360000/VilageFcstInfoService_2.0/getUltraSrtNcst'
params ={'serviceKey' : '서비스키', 'pageNo' : '1', 'numOfRows' : '1000', 'dataType' : 'XML', 'base_date' : '20210628', 'base_time' : '0600', 'nx' : '55', 'ny' : '127' }

response = requests.get(url, params=params)
print(response.content)
```

[step 5] 앱에서 오픈 API 요청

■ 국내 데이터 수집 사이트

• 국가통계포털(https://kosis.kr/index/index.do) : 국내·국제·북한의 주요 통계를 한 곳에 모아 이용자가 원하는 통계를 한 번에 찾을 수 있도록 통계청이 제공하는 One-Stop 통계 서비스

• 통계청(https://kostat.go.kr/ansk/) : 통계청은 통계청 통계는 물론, 국가·공공기관에서 생산한 통계 및 행정자료, 민간에서 생산한 각종 자료 등을 융·복합하고 허브(Hub)를 구축하여 이용자들에게 열린 서비스를 제공

• 한국소비자원 참가격(https://www.price.go.kr/tprice/portal/main/main.do) : 소비자에게 신뢰할만한 가격정보를 제공하고자 한국소비자원이 운영하는 가격정보 종합 포털사이트

• 서울 열린데이터 광장(https://data.seoul.go.kr/) : 열린데이터광장은 서울시 및 자치구, 그 산하 기관에서 보유하고 있는 공공데이터를 지속적으로 발굴·개방

• 공공데이터포털(https://www.data.go.kr/) : 포털(공공데이터포털)이란 각 공공기관이 보유하고 있는 공공데이터를 하나로 통합 관리하는 창구 역할을 하며 누구나 이용 가능

■ 국외 데이터 수집 사이트

• Google Dataset Search(https://datasetsearch.research.google.com/) : 데이터 세트 검색은 데이터 세트에 대한 검색엔진이다. 간단한 키워드 검색을 사용하여 웹 전체에 존재하는 수천 개의 저장소에 호스팅된 데이터 세트를 검색

• Kaggle Datasets(https://www.kaggle.com/datasets) : 방대한 양의 데이터와 도전과제에 대한 소스 코드를 제공

• The Home of the U.S. Government's Open Data(https://data.gov/) : 미국 행정부에서 제공하는 데이터 포털이다. 이 사이트는 대중에게 공개되는 연방, 주, 지방 및 부족 정부 정보를 위한 저장소 기능

■ 파이썬 라이브러리에서 데이터를 활용하는 방법

• seaborn 라이브러리는 matplotlib을 기반으로 다양한 색상 테마와 통계용 차트 등의 시각화 기능을 제공하지만 예제로 사용하는 잘 알려진 몇 가지 데이터를 제공한다. seaborn에서 제공하는 데이터를 확인하려면 함수 get_dataset_names()를 사용한다.

• scikit-learn(sklearn) 라이브러리는 회귀, 클러스터링과 분류 등의 머신러닝을 위한 데이터를 제공하며 일부 seaborn 라이브러리에서 제공하는 데이터와 중복된 것들도 있다.

연습문제

1. 빅데이터 수집 방법들의 장단점에 대해서 조사하시오.

2. 빅데이터 수집 방법 중 한 가지를 이용하여 관심 분야의 데이터를 수집하고, 데이터가 어떤 형식인지, 어떤 변수들이 포함되어 있는지에 대해 조사하시오.

3. 찾고자 하는 데이터의 주제를 3가지 이상을 선택한 다음, 해당 데이터를 쉽게 찾을 수 있는 사이트에 대해서 조사하시오.

4. 인터넷에서 정보를 자동으로 검색하고 웹페이지를 그대로 가져와서 데이터를 추출하는 것을 무엇이라 하는가?

    ① Scraping   ② crawling   ③ RSS ④   Open API

5. 인터넷에서 특정 사이트 또는 페이지에서 필요로 하는 데이터를 자동으로 추출하는 방법을 무엇이라 하는가?

    ① Scraping   ② crawling   ③ RSS   ④ Open API

6. XML 형식을 기반으로 블로그 또는 뉴스 등의 정보를 사용자에게 제공하는 방법을 무엇이라 하는가?

    ① Scraping   ② crawling   ③ RSS   ④ Open API

7. 여러 사람들이 사용할 수 있도록 인터넷 상의 자원들을 개방하고, 이 자원들을 전문적인 지식 없이 쉽게 이용할 수 있도록 표준화한 인터페이스를 무엇이라 하는가?

    ① Scraping   ② crawling   ③ RSS   ④ Open API

8. 3.3절에서 소개한 파이썬 라이브러리에서 제공하는 데이터 중에서 두 세트를 선택하고, 이에 대해 2.3절에서 설명한 데이터 시각화와 요약을 이용하여 나타내시오.

CHAPTER

04

데이터 다루기

데이터 구조는 컴퓨터 또는 프로그램 언어에서 데이터를 효율적으로 저장, 처리, 관리하는 방법을 의미합니다. 수집한 자료를 파이썬으로 불러들일 때 적절한 데이터 구조를 사용하는 방법과 필요에 따라 데이터 구조를 변환하는 방법을 설명합니다. 그리고 통계처리를 위하여 결측값을 다루는 방법에 대해서 알아봅니다.

contents

4.1 데이터 구조인 리스트와 배열의 사용 방법 ┃ 4.2 데이터 구조의 변환

4.3 데이터 파일 다루기 ┃ 4.4 결측값 다루기

데이터 다루기

| 이 장에서 학습할 내용 |

1. 리스트와 배열의 사용 방법
2. 데이터의 구조를 변환하는 방법들
3. 데이터 파일 불러오기와 생성하기
4. 결측값을 확인, 대체, 삭제하는 방법

4.1 데이터 구조인 리스트와 배열의 사용 방법

파이썬의 라이브러리에는 다양한 데이터 구조가 있지만, 이 책에서는 통계처리를 위해 필요한 내용을 중심으로 데이터 구조를 설명합니다.

4.1.1 리스트(list)

데이터를 저장하는 방식에 차이가 있으므로 사용 목적에 따라 데이터 구조를 구분하여 사용합니다. 파이썬에서 행렬과 벡터 연산을 목적으로 한다면 배열(array)을 사용하는 것이 좋고, 다양한 자료형이 포함된 연속적인 데이터를 이용하려면 리스트(list)를 사용합니다.

리스트는 데이터를 추가해 나갈 수 있지만, 배열은 선언과 동시에 고정된 크기를 갖는 차이가 있고, 파이썬에서는 리스트 역시 배열과 마찬가지로 인덱스를 사용한 접근이 가능합니다.

배열을 사용하려면 라이브러리 NumPy가 필요하지만, 리스트는 별도의 라이브러리가 필요 없이 기본적으로 사용할 수 있는 데이터 구조입니다. 리스트에 대한 생성과 요소에 대한 접근은 〈예제 4-1〉과 같습니다.

〈예제 4-1〉에 대한 실행 결과는 글 상자 부분에 나타나 있으며, [그림 4-1]과 같이 파이썬 IDLE Shell에서 프로그램을 한 줄씩 입력하고 Enter↵ 하면서 결과를 확인할 수도 있고, 예제4-1.py 전체를 실행(Run)하면 글 상자 부분에 나타난 내용이 순서대로 화면에 출력됩니다.

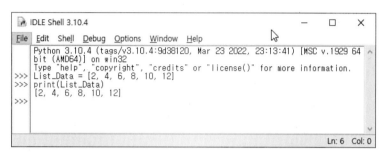

[그림 4-1] 리스트 List_Data 생성과 출력(예제4-1.py 참고)

예제 4-1 리스트의 생성과 요소에 대한 접근

설명	예제4-1.py
리스트 List_Data 생성과 출력	List_Data = [2, 4, 6, 8, 10, 12] print(List_Data) [2, 4, 6, 8, 10, 12]
리스트의 첫 번째 요소(인덱스 [0])에 대한 접근 인덱스: 0 1 2 3 4 5 List_Data: 2 4 6 8 10 12	print(List_Data[0], '\n') 2
요소와의 연산 List_Data[1]+List_Data[2] = 4 + 6	print(List_Data[1]+List_Data[2], '\n') 10
리스트의 마지막 요소에 대한 인덱스는 [−1]을 사용	print(List_Data[-1], '\n') 12
리스트 List_Data의 첫 번째 요소 List_Data에 대해 마지막 인덱스가 [−1]이므로 [−6]은 첫 번째 인덱스를 의미 인덱스: −6 −5 −4 −3 −2 −1 List_Data: 2 4 6 8 10 12	print(List_Data[-6], '\n') 2

print(List_Data[0], '\n')에서 '\n'은 출력할 줄을 다음 줄로 바꾸라는 의미입니다. 리스트는 메소드를 이용하여 데이터의 추가와 삭제, 그리고 정렬을 사용할 수 있으며 이에 대한 예는 〈예제 4-2〉와 같습니다.

[참고 1] 함수(function)와 메소드(method)

파이썬 프로그램을 설명할 때 함수와 메소드가 자주 등장합니다. 파이썬에서 함수는 〈예제 4-1〉에서 사용한 print()와 같이 단독적으로 사용합니다. 그러나 메소드는 객체가 가지고 있는 어떤 기능을 말하는데, 예를 들어 〈예제 4-2〉의 Lst1.index()에서 Lst1는 클래스(Class)인 리스트(list)에 의해 생성된 객체, 즉 인스턴스(instnance)이며, index()는 Lst1이 가지고 있는 메소드라 합니다. 즉, 메소드는 객체가 가지고 있는 함수라고 생각할 수 있지만 사용할 때 반드시 self인 Lst1이 필요합니다.

함수와 메소드를 구별하지 않아도 프로그램 작성에 문제가 되지 않고, 함수가 메소드보다는 포괄적인 개념이므로 메소드를 함수로 칭하는 경우가 많이 있습니다. 따라서 이 책에서는 메소드와 함수를 엄격하게 구별하지 않고 사용하고자 합니다.

예제 4-2 리스트의 메소드 사용법

메소드	설명	예제4-2.py
	Lst1과 Lst2 생성과 출력	Lst1 = [1, 3, 5, 7] Lst2 = [2, 4, 6, 8, 10, 12] print(Lst1, '\n') [1, 3, 5, 7] print(Lst2, '\n') [2, 4, 6, 8, 10, 12]
index	Lst1의 특정 요소(7)에 대한 인덱스 출력	print(Lst1.index(7), '\n') 3
append	리스트의 마지막에 요소 추가 (append)	Lst1.append(9) print(Lst1, '\n') [1, 3, 5, 7, 9]
insert	메소드 insert를 이용하여 특정 인덱스 위치(0)에 요소(11)추가	Lst1.insert(0, 11) print(Lst1, '\n') [11, 1, 3, 5, 7, 9]
remove	메소드 remove를 이용하여 특정 요소(12) 삭제	Lst2.remove(12) print(Lst2, '\n') [2, 4, 6, 8, 10]

extend	메소드 extend를 이용하여 리스트의 연장. Lst1의 마지막에 Lst2를 연결하여 연장	`Lst1.extend(Lst2)`
		`print(Lst1, '\n')`
		
		`[11, 1, 3, 5, 7, 9, 2, 4, 6, 8, 10]`

sort	메소드 sort를 이용한 정렬	`Lst1.sort()`
		`print(Lst1, '\n')`
		
		`[1, 2, 3, 4, 5, 6, 7, 8, 9, 10, 11]`

reverse	메소드 reverse를 이용한 역순	`Lst1.reverse()`
		`print(Lst1, '\n')`
		
		`[11, 10, 9, 8, 7, 6, 5, 4, 3, 2, 1]`

4.1.2 배열

배열(array)은 NumPy에서 ndarray라는 객체를 이용하며, 통계계산과 관련된 다양한 함수와 메소드를 사용할 수 있는 장점이 있습니다. 여기에서는 배열을 중심으로 설명합니다. 배열과 리스트의 차이를 나타내면 [표 4-1]과 같습니다.

〈예제 4-3〉에서 import numpy as np는 외부 라이브러리인 numpy를 파이썬 프로그램 안으로 불러오되 np라는 이름으로 사용하겠다는 의미입니다. 앞에서 배열을 사용하는 데 필요한 ndarray라는 객체가 라이브러리 NumPy(프로그램에서는 numpy로 사용)에 있으므로 이를 프로그램으로 불러들이기 위해 import를 사용합니다. 그리고 import를 사용할 때 import A as B와 같이 사용하는데 라이브러리 A를 B라는 이름으로 줄여서 사용하는 방법입니다.

np.array()는 라이브러리 np가 가지고 있는 함수 array()를 이용하여 배열을 만들 때 사용합니다. 〈예제 4-3〉에서 오른쪽 리스트는 별도의 라이브러리가 필요 없습니다.

배열에 대해서는 예제4-3.py와 같이 모든 사칙연산이 가능하지만, 예제4-4.py의 경우 리스트는 덧셈을 제외하고 나머지 연산에 대해서 오류(TypeError:)가 발생합니다.

그리고 객체 ndarray에는 산술연산과 더불어 add(), subtract(), multiply(), divide() 등의 함수를 사용할 수 있습니다. numpy에서 배열은 동일한 데이터 형으로 구성되는데 다음의 〈예제 4-5〉는 1차원 배열 a, b에 대한 간단한 연산 처리와 결과이며 각 배열 요소의 순서대로 연산이 처리됩니다.

파이썬 프로그램을 실행할 때 발생하는 오류에서 자주 발생하는 것들만 요약하면 다음과 같습니다.

오류 메시지	발생 사례
ValueError	부적절한 값을 함수의 인자로 사용하는 경우
IndexError	배열 또는 리스트에서 사용이 가능한 범위를 벗어난 index를 사용하는 경우
SyntaxError	프로그램 문법이 틀렸을 경우
NameError	선언하지 않은 변수 이름을 사용하는 경우
TypeError	연산 또는 함수 인자의 데이터 타입이 잘못되었을 경우

예제 4-3　예제 4-4　**배열(array)과 리스트(list)의 차이**

[표 4-1] 배열과 리스트의 차이

구분	배열의 사용 예(예제4-3.py)	리스트(예제4-4.py)

저장	`import numpy as np`
	`arr1=np.array([1, 2, 3, 4, 5])`
	`arr2=np.array([6, 7, 8, 9, 10])`
	`print(arr1)`
	
	`[1 2 3 4 5]`
		`list1=[1, 2, 3, 4, 5]`
		`list2=[6, 7, 8, 9, 10]`
		`print(list1)`
		
		`[1, 2, 3, 4, 5]`

덧셈	`print(arr1+arr2)`
	
	`[ 7  9 11 13 15]`
	
	`print(arr1+5)`
	
	`[ 6  7  8  9 10]`
		`print(list1+list2)`
		
		`[1, 2, 3, 4, 5, 6, 7, 8, 9, 10]`
		
		`print(list1+5)`
		
		`TypeError:`

뺄셈	`print(arr1-arr2)`
	
	`[-5 -5 -5 -5 -5]`
	
	`print(arr1-5)`
	
	`[-4 -3 -2 -1  0]`
		`print(list1-list2)`
		
		`TypeError:`
		
		`print(list1-5)`
		
		`TypeError:`

곱셈	`print(arr1*arr2)`
	
	`[ 6 14 24 36 50]`
	
	`print(arr1*2)`
	
	`[ 2  4  6  8 10]`
		`print(list1*list2)`
		
		`TypeError:`
		
		`print(list1*2)`
		
		`[1, 2, 3, 4, 5, 1, 2, 3, 4, 5]`

나눗셈	print(arr1/arr2)
	
	`[0.16666667 0.28571429 0.375`
	`   0.44444444 0.5     ]`
		print(list1/list2)
		
		`TypeError:`

	print(arr1/5) `[0.2 0.4 0.6 0.8 1. ]`	print(list1/5) `TypeError:`

예제 4-5 **1차원 배열의 연산**

▌ 예제4-5.py

```
import numpy as np

a = np.array([1,2,3])
b = np.array([4,5,6])

# 1차원 배열의 덧셈 c = a + b
c = np.add(a, b)
print(c)

# 1차원 배열의 뺄셈 c = a - b
c = np.subtract(a, b)

# 1차원 배열의 곱셈 c = a * b
c = np.multiply(a, b)
print(c)

# 1차원 배열의 나눗셈 c = a / b
c = np.divide(a, b)
print(c)
```

1차원 배열 a

배열 인덱스	a[0]	a[1]	a[2]
값	1	2	3

1차원 배열 b

배열 인덱스	b[0]	b[1]	b[2]
값	4	5	6

함수	처리	결과
add(a,b)	$[a_0+b_0 \ a_1+b_1 \ a_2+b_2]$	[5 7 9]
subtract(a, b)	$[a_0-b_0 \ a_1-b_1 \ a_2-b_2]$	[-3 -3 -3]
multiply(a, b)	$[a_0 \times b_0 \ a_1 \times b_1 \ a_2 \times b_2]$	[4 10 18]
divide(a, b)	$[a_0/b_0 \ a_1/b_1 \ a_2/b_2]$	[0.25 0.4 0.5]

〈예제 4-6〉은 2차원 배열에 대해 함수 add()와 함수 dot()를 사용하여 행렬 A와 B에 대한 덧셈과 곱셈을 계산한 것입니다.

2차원 배열의 합과 곱

▎예제4-6.py

```
import numpy as np

list1 = [[1,2], [3,4]]
list2 = [[5,6], [7,8]]

a = np.array(list1)
b = np.array(list2)

# 행렬 덧셈
c=np.add(a, b)
print(c)

# 행렬 곱셈
c = np.dot(a, b)
print(c)
```

$$a=\begin{pmatrix} 1 & 2 \\ 3 & 4 \end{pmatrix}, \quad b=\begin{pmatrix} 5 & 6 \\ 7 & 8 \end{pmatrix}$$

함수	처리	결과
add(a, b)	$[[a_{00}+b_{00} \; a_{01}+b_{01}]$ $[a_{10}+b_{10} \; a_{11}+b_{11}]]$	[[6 8] [10 12]]
dot(a, b)	$[[a_{00} \times b_{00} + a_{01} \times b_{10} \quad a_{00} \times b_{01} + a_{01} \times b_{11}]$ $[a_{10} \times b_{00} + a_{11} \times b_{10} \quad a_{10} \times b_{01} + a_{11} \times b_{11}]]$	[[19 22] [43 50]]

배열에서 평균, 표준편차 등의 기술통계를 계산하려면 〈예제 4-7〉과 같이 사용하며, sum()과 mean() 등은 배열의 속성을 가지고 있는 인스턴스 arr이 가지고 있는 메소드들입니다.

배열에서 메소드를 사용한 기술통계 사용 예

구분	예제4-7.py	결과
생성	import numpy as np arr=np.array([1, 2, 3, 4, 5, 6, 7])	배열 arr 생성
합계	print(arr.sum())	28
평균	print(arr.mean())	4.0
표준편차	print(arr.std())	2.0
분산	print(arr.var())	4.0
최솟값	print(arr.min())	1
최댓값	print(arr.max())	7
누적합	print(arr.cumsum())	[1 3 6 10 15 21 28]
누적곱	print(arr.cumprod())	[1 2 6 24 120 720 5040]

배열을 생성할 때 대부분 저장할 값을 지정하지만 모든 배열 요소를 1로 또는 특정한 값으로 초기화를 할 수도 있습니다. 〈예제 4-8〉에서 shape는 배열의 크기(형태), dtype은 데이터의 유형을 나타냅니다.

예제 4-8 배열 초기화

초기화 방법	함수	예제4-8.py

모든 요소를
0으로
	np.zeros(shape, dtype)	`import numpy as np`
		`a = np.zeros(5, dtype=int)`
		`print(a)`
		
		`[0 0 0 0 0]`
		
		`a = np.zeros((2,2), dtype=int)`
		`print(a)`
		
		`[[0 0]`
		` [0 0]]`

모든 요소를
1로
	np.ones(shape, dtype)	`a = np.ones(5, dtype=float)`
		`print(a)`
		
		`[1. 1. 1. 1. 1.]`

모든 요소를
n으로
	np.full(shape, n, dtype)	`a = np.full(5, 9)`
		`print(a)`
		
		`[9 9 9 9 9]`

모든 요소를
빈 값으로
	np.empty(shape, dtype)	`a=np.empty(5)`
		`print(a)`
		
		`[1. 1. 1. 1. 1.]`

크기 n의
단위행렬
	np.eye(n)	`a=np.eye(3)`
		`print(a)`
		
		`[[1. 0. 0.]`
		` [0. 1. 0.]`
		` [0. 0. 1.]]`

배열을 생성할 때 〈예제 4-9〉와 같이 특정한 조건을 만족하는 배열 요소를 지정할 수도 있습니다.

특정 조건의 배열 요소로 초기화

초기화 방법	함수	예제4-9.py
모든 요소를 step 간격으로	np.arange(start, stop, step, dtype)	import numpy as np a = np.arange(3) print(a) [0 1 2]
		a = np.arange(-1, 1, 0.5) print(a) [-1. -0.5 0. 0.5]
모든 요소를 n개만큼 균일하게	np.linspace(start, stop, n, dtype)	a = np.linspace(0, 1, 5) print(a) [0. 0.25 0.5 0.75 1.]

4.2 데이터 구조의 변환

분석을 하기 위해서 데이터 구조의 변환이 필요한 경우가 있으며, 이때 라이브러리 numpy와 pandas를 주로 이용합니다. 기술통계와 같이 비교적 간단한 통계량을 계산한다면 numpy의 리스트나 배열을 이용할 수 있지만, 구조의 변환과 더불어 다양한 처리를 위해서 pandas의 데이터프레임(DataFrame)을 사용하는 것이 편리합니다. 다음의 내용은 pandas의 Cheat Sheet[1]의 내용을 참고하였습니다.

〈예제 4-10〉에서 import pandas as pd는 외부 라이브러리인 pandas를 불러오되 pd라는 이름으로 사용하겠다는 의미이고, 함수 pd.DataFrame()은 pd(pandas)가 가지고 있는 함수 DataFrame()을 사용한다는 의미입니다.

---

1) https://pandas.pydata.org/Pandas_Cheat_Sheet.pdf

예제 4-10 데이터프레임의 생성과 함수 melt()를 이용한 데이터 재구조화

▌예제4-10.py

```
import pandas as pd
df1 = pd.DataFrame(
      [[1, 4],
       [2, 5],
       [3, 6]],
      columns=['a', 'b'])
print(df1, '\n')
```

| 결과(데이터 구조) |

	a	b
0	1	4
1	2	5
2	3	6

```
df2 = pd.DataFrame(
      {"c" : [7, 8, 9],
       "d" : [10, 11, 12]})
print(df2, '\n')
```

| 결과(데이터 구조) |

	c	d
0	7	10
1	8	11
2	9	12

```
df3 = pd.melt(df1)
print(df3)
```

| 결과(데이터 구조) |

	variable	value
0	a	1
1	a	2
2	a	3
3	b	4
4	b	5
5	b	6

위의 함수 melt()는 통계분석 중에서 일원 분산분석을 처리할 때 사용하는 데이터 구조입니다.

예제 4-11 함수 concat()를 이용한 데이터 재구조화

▌예제4-11.py

```
import pandas as pd
# <예제4-10>의 df1을 이용
print(df1, '\n')
```

| 결과(데이터 구조) |

	a	b
0	1	4
1	2	5
2	3	6

```
# <예제4-10>의 df2을 이용
print(df2, '\n')
```

| 결과(데이터 구조) |

	c	d
0	7	10
1	8	11
2	9	12

```
df4 = pd.concat([df1, df1], axis=0)
print(df4, '\n')
```

| 결과(데이터 구조) |

	a	b
0	1	4
1	2	5
2	3	6
0	1	4
1	2	5
2	3	6

```
df4 = pd.concat([df1, df1], axis=1)
print(df4, '\n')
```

| 결과(데이터 구조) |

	a	b	a	b
0	1	4	1	4
1	2	5	2	5
2	3	6	3	6

```
df5= pd.concat([df1, df2], axis=0)
print(df5, '\n')
```

| 결과(데이터 구조) |

	a	b	c	d
0	1.0	4.0	NaN	NaN
1	2.0	5.0	NaN	NaN
2	3.0	6.0	NaN	NaN
0	NaN	NaN	7.0	10.0
1	NaN	NaN	8.0	11.0
2	NaN	NaN	9.0	12.0

```
df6 = pd.concat([df1, df2], axis=1)
print(df6, '\n')
```

| 결과(데이터 구조) |

	a	b	c	d
0	1	4	7	10
1	2	5	8	11
2	3	6	9	12

※ Nan은 Not a Number의 약어로 결측값을 의미합니다.

함수 merge()를 이용한 결합

▌예제4-12.py

```
import pandas as pd
df_x = pd.DataFrame(
    [['A', 1],
    ['B', 2],
    ['C', 3]],
    columns=['x1', 'x2'])
print(df_x, '\n')
```

▌결과(데이터 구조)▕

	x1	x2
0	A	1
1	B	2
2	C	3

```
df_y = pd.DataFrame(
    {"x1" : ['B', 'C', 'D'],
    "x3" : [2, 3, 4]})
print(df_y, '\n')
```

▌결과(데이터 구조)▕

	x1	x3
0	B	2
1	C	3
2	D	4

```
print(pd.merge(df_x, df_y, how='left'), '\n')
```

▌결과(데이터 구조)▕

	x1	x2	x3
0	A	1	NaN
1	B	2	2.0
2	C	3	3.0

```
print(pd.merge(df_x, df_y, how='right'),
'\n')
```

▌결과(데이터 구조)▕

	x1	x2	x3
0	B	2.0	2
1	C	3.0	3
2	D	NaN	4

```
print(pd.merge(df_y, df_x))
```

▌결과(데이터 구조)▕

	x1	x2	x3
0	B	2	2
1	C	3	3

함수 pivot()을 이용한 행렬 전환

▌ 예제4-13.py

```python
import pandas as pd
df = pd.DataFrame([
    ['20225001','A', 77],
    ['20225001','B', 80],
    ['20225002','A', 85],
    ['20225002','B', 82],
    ['20225003','A', 95],
    ['20225003','B', 90]],
    columns=['ID_num','Subject', 'Score'])
print(df, '\n')
```

▌ 결과(데이터 구조) ▌

	ID_num	Subject	Score
0	20225001	A	77
1	20225001	B	80
2	20225002	A	85
3	20225002	B	82
4	20225003	A	95
5	20225003	B	90

```python
df_pivot = df.pivot(index = 'ID_num',
    columns='Subject', values = 'Score')
print(df_pivot, '\n')
```

▌ 결과(데이터 구조) ▌

Subject ID_num	A	B
20225001	77	80
20225002	85	82
20225003	95	90

```python
df_pivot = df.pivot(index = 'ID_num',
columns='Subject', values = 'Score').
sum(1)
print(df_pivot, '\n')
```

▌ 결과(데이터 구조) ▌

ID_num	
20225001	157
20225002	167
20225003	185

함수 groupby()를 이용한 그룹화

▌ 예제4-14.py

```python
import pandas as pd
# <예제 4-13>의 df 사용
print(df, '\n')
```

▌ 결과(데이터 구조) ▌

	ID_num	Subject	Score
0	20225001	A	77
1	20225001	B	80
2	20225002	A	85
3	20225002	B	82
4	20225003	A	95
5	20225003	B	90

```
group_mean = df.groupby(['Subject'])
['Score'].mean()
print(group_mean)
```

결과(데이터 구조)	
Subject	Score
A	85.66667
B	84.00000

함수 groupby()와 더불어 유용하게 사용할 수 있는 함수로 pivot_table()이 있습니다. 이 기능은 엑셀의 피벗 테이블과 유사하게 기존의 표에 대해 다양한 접근 방법을 이용한 재구성이 가능한데 이때 함수 인자 index와 column 그리고 value 등을 사용합니다.

▌ 예제4-추가2.py

```
import pandas as pd
# <예제 4-13>의 df 사용

fdv1 = pd.pivot_table(df, index='Subject', values='Score')
print(fdv1)

Subject
A      85.666667
B      84.000000

print('\n')
fdv2 = pd.pivot_table(df, index='ID_num', columns = 'Subject', values='Score')
print(fdv2)

Subject  A  B
ID_num
20225001 77 80
20225002 85 82
20225003 95 90
```

예제 4-15   메소드 sort_value를 이용한 데이터 정렬

▌ 예제4-15.py

```
import pandas as pd
# <예제 4-13>의 df 사용
print(df, '\n')
```

결과(데이터 구조)			
	ID_num	Subject	Score
0	20225001	A	77
1	20225001	B	80
2	20225002	A	85
3	20225002	B	82
4	20225003	A	95
5	20225003	B	90

```
print(df.sort_values(by='Score',
ascending=False))
```

| 결과(데이터 구조) |

	ID_num	Subject	Score
0	20225003	A	95
1	20225003	B	90
2	20225002	A	85
3	20225002	B	82
4	20225001	B	80
5	20225001	A	77

```
print(df.sort_values(by=['Score', 'Subject']))
```

| 결과(데이터 구조) |

	ID_num	Subject	Score
0	20225001	A	77
1	20225001	B	80
2	20225002	B	82
3	20225002	A	85
4	20225003	B	90
5	20225003	A	95

```
print(df.sort_values(by=['Subject', 'Score']))
```

| 결과(데이터 구조) |

	ID_num	Subject	Score
0	20225001	A	77
1	20225002	A	85
2	20225003	A	95
3	20225001	B	80
4	20225002	B	82
5	20225003	B	90

4.3 데이터 파일 다루기

적은 분량의 데이터라면 배열 또는 리스트를 이용하여 프로그램에서 직접 입력할 수도 있지만 대부분 이미 만들어진 데이터 파일을 이용합니다. pandas는 여러 형식으로 작성된 파일을 읽어 들이거나 불러온 다음, 적절한 데이터 구조로 변환하거나 다른 형식으로 저장하는 기능들을 제공합니다. 여기에서는 텍스트 형식으로 작성된 파일과 엑셀로 작성된 파일을 파이썬에서 처리하는 방법을 설명합니다.

저장된 파일 형식은 다르지만, 그 안에 포함된 데이터의 내용은 [표 4-2]와 같다고 가정합니다. 예로 사용할 파일 모두는 4개의 열(이름, 성별, 점수, 출석점수)이 있고, 총 10개의 행으로 구성되어 있습니다. 점수 열은 객관식 문제에 대해 맞은 개수를 의미하며, 출석은 20점 만점의 출석점수입니다. 객관식 문제를 80점 만점으로 계산하기 위해 점수×5로 계산하여, 100점 만점으로 계산할 총점은 다음의 식으로 계산하고자 합니다.

[표 4-2] 데이터의 내용과 계산할 식

이름	성별	점수	출석
손선영	남	10	17
김영주	여	12	17
이희진	여	15	19
정지민	남	7	15
김윤미	여	9	14
고상준	남	15	20
박혜진	여	10	15
유인석	남	16	20
최나리	여	8	16
김웅기	남	5	10

$$총점 = (점수 \times 5) + 출석점수$$

4.3.1 데이터 파일 불러오기

텍스트 파일 형식으로 저장된 데이터 파일로 CSV 파일(파일 확장자가 csv)과 텍스트 파일(파일 확장자가 txt)이 있습니다.

첫 번째로 CSV 형식의 파일에서 CSV는 Comma Seperated Values의 약자로 데이터들이 콤마(comma)로 분리된 텍스트 형식의 파일입니다. CSV 형식의 파일은 Excel로 불러올 수도 있고, 메모장(notepad)으로도 불러올 수 있습니다.

CVS 파일은 Excel에서 다른 이름으로 저장할 때 [그림 4-2]와 같이 [파일 형식]에서 [CSV UTF-8 (쉼표로 분리)]를 선택하여 저장할 수 있습니다. 예제에서 사용할 CSV 파일은 [그림 4-2]와 같이 엑셀을 이용하여 만든 CSV 파일(파일이름 sample1.csv)로서 메모장(notepad)으로 불러오면 [그림 4-3]과 같이 콤마로 분리되어 있습니다.

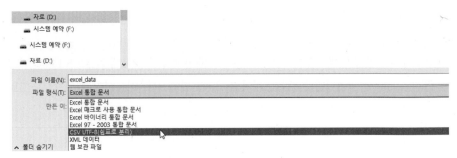

[그림 4-2] 엑셀에서 [다른 이름으로 저장]할 경우의 파일 형식

두 번째와 세 번째는 모두 파일 확장자가 txt인 텍스트 파일인데, 파일 sample2.txt는 데이터가 CSV 형식과 같이 콤마로 구분된 파일이고, sample3.txt는 탭(tab)으로 구분된 파일입니다. 마지막으로 sample4.xlsx는 Excel 프로그램으로 저장된 엑셀 형식의 파일입니다.

┃ 파일1 : sample1.csv

┃ 파일2 : sample2.txt

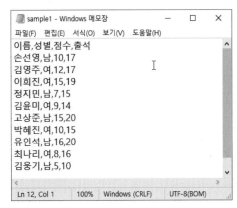

[그림 4-3] CSV 파일

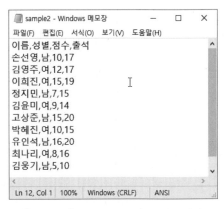

[그림 4-4] 콤마로 구분한 텍스트 파일

파일3 : sample3.txt

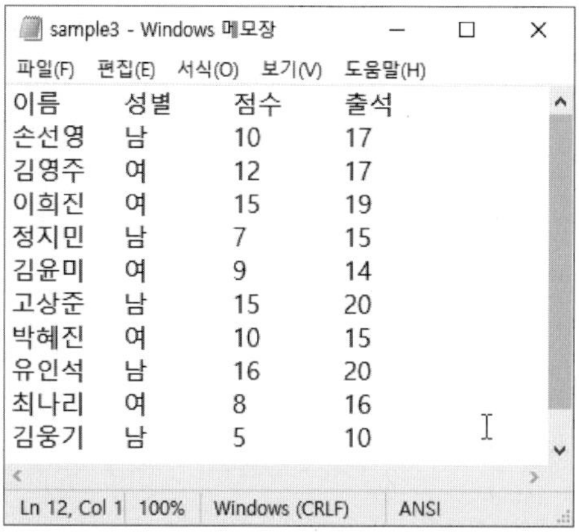

[그림 4-5] 탭(tab)으로 구분한 텍스트 파일

파일4 : sample4.xlsx

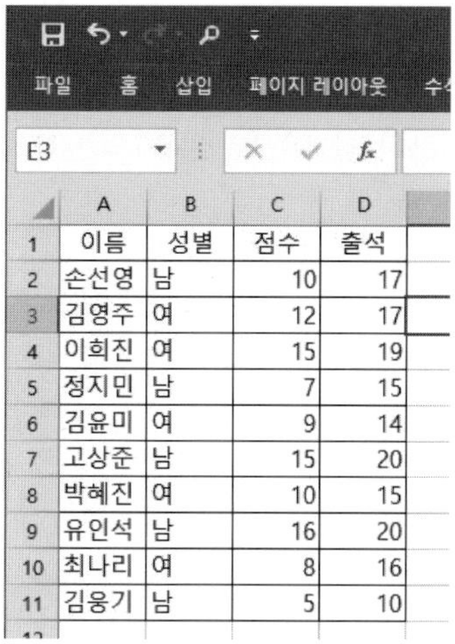

[그림 4-6] 엑셀 파일

이와 같은 4가지 유형의 파일을 파이썬 내부로 읽어 들이기 위하여 pandas의 함수인 read_csv()와 read_excel()을 사용합니다. 함수 read_csv()와 read_excel()을 통해 읽어 들인 데이터(file_data)는 Excel 형식과 같은 행과 열로 만들어진 데이터프레임 구조를 갖습니다.

[표 4-3] 데이터 파일 불러오기 요약

파일	해당 파일을 불러온 다음 데이터 처음 5줄만 출력하기
sample1.csv	import pandas as pd file_data = pd.read_csv("..\데이터\sample1.csv") print(file_data[0:5])
sample2.txt	import pandas as pd file_data = pd.read_csv("..\데이터\sample2.txt", encoding="cp949") print(file_data[0:5])
sample3.txt	import pandas as pd file_data = pd.read_csv("..\데이터\sample3.txt", sep="\t", encoding="euc-kr") print(file_data[0:5])
sample4.xlsx	import pandas as pd file_data = pd.read_excel("..\데이터\sample4.xlsx") print(file_data[0:5])

[표 4-3]에서 encoding은 파일을 읽거나 쓰는 방식을 선택하는 것인데 utf-8이 표준이자 기본이지만 만약 실행과정에서 오류가 발생한다면 cp949 또는 euc-kr을 사용합니다. [표 4-3]의 각 예제에서 사용한 함수 print(file_data[0:5])에 의해 데이터의 처음 5번째 행까지 출력하며 결과([그림 4-7])은 모두 동일합니다.

```
   이름 성별  점수  출석
0  손선영  남  10  17
1  김영주  여  12  17
2  이희진  여  15  19
3  정지민  남   7  15
4  김윤미  여   9  14
```

[그림 4-7] IDLE Shell에 출력된 데이터

예제 4-16 **CSV 파일 불러오기**

[표 4-3]에서 첫 번째 파일(CSV)을 불러온 다음 화면에 출력하는 프로그램은 다음과 같습니다.

▌CSV 파일 불러오기(예제4-16.py)

```
import pandas as pd
file_data = pd.read_csv("..\데이터\sample1.csv")
print(file_data)
```

| 실행 결과 |

```
   이름 성별  점수  출석
0  손선영  남  10  17
1  김영주  여  12  17
2  이희진  여  15  19
3  정지민  남   7  15
4  김윤미  여   9  14
5  고상준  남  15  20
6  박혜진  여  10  15
7  유인석  남  16  20
8  최나리  여   8  16
9  김웅기  남   5  10
```

pandas의 함수 read_excel()를 사용하려면 명령 프롬프트 상에서 pip to install openpyxl을 실행하여 설치(2.1.3 라이브러리 참고)해야 합니다. 이 책에서 사용하는 모든 데이터는 [데이터] 폴더에 저장되어 있고, 프로그램은 [프로그램] 폴더에 저장되어 있으므로 데이터 파일을 불러올 때 [표 4-3]에서 "..\데이터\sample1.csv"와 같이 경로를 모두 표시하였지만, 프로그램과 데이터가 동일한 폴더에 저장되어 있다면 경로 표시 없이 파일 이름만 사용합니다.

이스케이프 시퀀스(escape sequence) 사용 시 오류 해결

파이썬 프로그램을 작성할 때 이스케이프 시퀀스(\n, \t, \\)가 아닌 백슬러시 문자(\ 또는 ₩)를 사용하면 프로그램을 실행할 때 경고(Warning)를 나타내며, 특히 파일을 불러오기 위하여 파일 경로에 백슬러시 문자를 사용하면 파일을 불러오지 못하는 경우가 발생합니다.

예를 들어 파이썬 프로그램과 프로그램에서 사용할 데이터 파일(엑셀 파일)이 같은 폴더에 있지 않을 경우에 다음과 같이 작성할 수 있으나 아래와 같은 SyntaxWarning이 나타납니다.

```
df = pd.read_excel('..\data\sample.xlsx')

SyntaxWarning: invalid escape sequence '\d'
```

파이썬에는 백슬러시 문자를 사용하여 특수한 형식을 나타내거나 특수한 의미를 부여하지 않고 특수한 문자를 사용할 수 있도록 하므로 파일 경로나 정규 표현식 등을 표현할 때 원시 문자열(raw string)인 r을 이용한 표기법을 사용하여 문제를 해결할 수 있습니다. 예로 파이썬에서는 문자열을 표시하는 큰따옴표(")나 작은따옴표(') 앞에 인코딩을 표시하는 u, b, r 등의 접두사가 붙이는 것인데, 기본은 u(UTF-8)이며, 바이너리는 b(binary), 원시 문자열은 r(raw)를 사용합니다. 따라서 위의 프로그램은 다음과 같이 수정하여 사용합니다.

```
df = pd.read_excel(r'..\data\sample.xlsx')
```

4.3.2 데이터 파일 생성하기

앞에서 [표 4-2]에 대해서 점수는 객관식 문제의 맞은 개수이므로 객관식 문제를 80점 만점으로 계산하기 위해 점수×5로 계산하고, 20점 만점의 출석점수를 합하여 100점 만점으로 계산하기 위해서 다음의 식을 이용합니다.

$$\text{총점} = (\text{점수} \times 5) + \text{출석점수}$$

예제 4-17 **데이터 파일의 생성**

[표 4-2]의 데이터에서 이름 자료와 위의 계산식에 의해 새로 만들어진 총점(변수 total_score) 자료만으로 구성된 새로운 데이터프레임(new_data)를 CSV 형식(파일 result1.csv)과 엑셀 형식(파일 result1.xlsx)으로 저장한다면 다음과 같이 작성할 수 있으며 IDLE Shell에 나타난 결과는 [실행 결과 1]과 같습니다.

이 과정에 의해 새로 생성된 데이터 파일 result1.csv과 result1.xlsx의 내용은 각각 [실행 결과 2]와 [실행 결과 3]과 같습니다. 예를 들어 첫 번째 학생인 손선영의 경우 맞은 개수는 10이고 출석점수는 17이므로, 총점은 67(= 10×5 + 17)입니다.

함수 concat()는 데이터를 연결할 때 사용하며, 데이터를 수직 방향의 위아래로 연결할 때는 axis=0을, 수평 방향의 오른쪽으로 연결할 때는 axis=1을 사용합니다.

▌데이터 파일의 생성(예제4-17.py)

```python
import pandas as pd
file_data = pd.read_csv("..\데이터\sample1.csv")
print(file_data[0:5])

total_score = file_data['점수'] * 5 + file_data['출석']
new_data = [file_data['이름'], total_score]

# axis=0는 위+아래로, axis=1은 왼쪽+오른쪽으로 합치기
result = pd.concat(new_data, axis=1, keys=['name', 'total'])

print(result)                      # [실행 결과 1] 참고
result.to_csv("result1.csv")       # [실행 결과 2] 참고
result.to_excel("result1.xlsx")    # [실행 결과 3] 참고
```

▌실행 결과 1▐

```
       이름 성별  점수  출석
0   손서영웅  남   10   17
1   김영주진  여   12   17
2   이희진민  여   15   19
3   정지미인  남    7   15
4   김윤미  여    9   14
     name  total
0   손서영웅        67
1   김영주진        77
2   이희진민        94
3   정지미인        50
4   김윤미         59
5   고상준         95
6   방혜친석        65
7   유인석        100
8   최나리         56
9   김웅기         35
```

■ 그래프에 대한 이미지 파일 생성

앞에서 새로 만든 변수인 total_score에 대해 히스토그램을 작성하고 작성한 히스토그램 이미지를 파일 histogram of score.png로 저장하려면 예제4-17.py의 마지막 부분에 다음의 내용을 추가하여 실행합니다.

▌이미지 파일 생성의 추가 부분

```python
import matplotlib.pyplot as plt
plt.hist(total_score, label='score data', bins=7)
plt.legend()
plt.savefig("histogram of score.png")  # [실행 결과 4] 참고
plt.show()
```

예제4-17.py의 실행 결과로 2개의 파일(result1.csv과 result1.xlsx)이 생성되고, 추가 부분을 실행한 결과 [프로그램] 폴더에 이미지 파일(histogram of score.png)이 생성되어 저장됩니다.

| 실행 결과 2 | 생성된 csv 파일

```
result1 - Windows 메모장                 —    □    ×
파일(F)  편집(E)  서식(O)  보기(V)  도움말(H)
,name,total
0,손선영,67
1,김영주,77
2,이희진,94
3,정지민,50
4,김윤미,59
5,고상준,95
6,박혜진,65
7,유인석,100
8,최나리,56
9,김웅기,35

Ln 12, Co   100%    Windows (CRLF)    UTF-8
```

| 실행 결과 3 | 생성된 엑셀 파일

	A	B	C
1		name	total
2	0	손선영	67
3	1	김영주	77
4	2	이희진	94
5	3	정지민	50
6	4	김윤미	59
7	5	고상준	95
8	6	박혜진	65
9	7	유인석	100
10	8	최나리	56
11	9	김웅기	35

| 실행 결과 4 | 추가 부분의 실행으로 생성된 이미지 파일

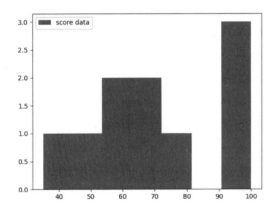

4.4 결측값 다루기

데이터를 수집하는 과정에서 측정값을 실수로 빠트리거나, 측정 자체가 불가능하여 누락시키는 경우가 있습니다. 또한 기존의 데이터 파일을 이용할 때 군데군데 값이 없는 상태인 공백으로 처리된 부분들이 있는데 이런 사례들을 모두 결측값(missing value)이라 하고 python에서는 None 또는 NaN(Not a Number)로 나타냅니다.

대부분의 통계처리 프로그램들의 분석 도구들은 기본적으로 결측값을 제외하고 처리하며, pandas의 통계 관련 함수들도 결측값을 제외하고 처리합니다.

결측값이 포함된 사례가 적다면 큰 문제가 되지는 않지만, 결측값이 포함된 사례가 많을 경우, 해당 사례들을 모두 제외하면 표본 수가 감소하고, 설문 문항에 대한 무응답 또는 왜곡된 정보가 다수 포함된다면 해당 표본이 모집단을 대표한다고 볼 수 없습니다.

결측값을 처리하거나 다루는 메소드들은 Pandas.DataFrame을 이용하며 요약 내용은 다음과 같습니다.

결측값 처리 내용	pandas.DataFrame의 메소드	기능
결측값 확인	info()	데이터 프레임의 요약 정보 출력
	isnull() isna()	결측값을 True로 출력
	notnull()	결측값을 False로 출력
값의 대체	fillna()	결측값을 다른 값으로 대체
	replace()	값 a를 값 b로 대체
사례 삭제	dropna()	결측값을 포함한 열 또는 행 삭제

결측값이 포함된 가상의 데이터를 이용하여 결측값을 처리하는 방법에 대해서 설명합니다. 가상의 데이터는 [표 4-4]와 같습니다.

[표 4-4] 결측값이 포함된 데이터

id	sex	height	weight
11021	m	164	59
11027	m	173	0
12206	f	157	56
12115	f	162	61
12204	m		73
12261	f	153	52

예제 4-18 결측값이 포함된 데이터

[표 4-4]에서 id가 12204에 대해 키 자료가 누락되어 있고, id 11027에 대해서 몸무게가 0으로 잘못 기재되어 있는 경우입니다. 엑셀로 저장된 파일(missing.xlsx)을 python으로 불러온 후에 출력하면 공백 부분이 예제4-18.py의 [실행 결과]와 같이 NaN으로 표시됩니다.

▎결측값이 포함된 데이터(예제4-18.py)

```
import pandas as pd

df = pd.DataFrame(pd.read_excel("missing.xlsx"))
print(df)
```

▎실행 결과 ▎

```
      id sex  height  weight
0  11021   m   164.0      59
1  11027   m   173.0       0
2  12206   f   157.0      56
3  12115   f   162.0      61
4  12204   m     NaN      73
5  12261   f   153.0      52
```

4.4.1 결측값 확인하기

[표 4-4]와 같이 사례수가 자체가 적다면 결측값을 눈으로 확인할 수 있지만 사례수가 많은 경우는 바로 확인하기 어려우므로 함수 info()나 isnull()을 사용합니다.

예제 4-19 사례수가 많은 경우에 결측값의 확인

프로그램 예제4-19.py에서 함수 info()의 경우 Non-Null Count 부분에 결측값이 아닌 (Non-Nul) 사례수가 표시됩니다. 함수 info() 대신에 열(column)에 대한 사례수를 표시하는 함수 count()를 이용하여 정상적인 값의 사례수를 확인할 수도 있습니다.

▎결측값의 확인(예제4-19.py)

```
import pandas as pd

df = pd.DataFrame(pd.read_excel("missing.
xlsx"))
print(df.info())
```

▎실행 결과 ▎

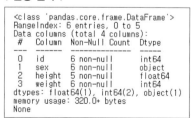

```
<class 'pandas.core.frame.DataFrame'>
RangeIndex: 6 entries, 0 to 5
Data columns (total 4 columns):
 #   Column  Non-Null Count  Dtype
---  ------  --------------  -----
 0   id      6 non-null      int64
 1   sex     6 non-null      object
 2   height  5 non-null      float64
 3   weight  6 non-null      int64
dtypes: float64(1), int64(2), object(1)
memory usage: 320.0+ bytes
None
```

함수 isnull()을 이용한 결측값의 확인

함수 isnull() 또는 함수 isna()는 정상적인 데이터값에 대해서는 False로 결측값은 True로 표시합니다. [실행 결과]에서 열이름 height에 대해 결측값이 한 개(True) 있음을 알 수 있습니다.

▌ 함수 isnull()을 이용한 결측값의 확인(예제4-20.py)

```
import pandas as pd

df = pd.DataFrame(pd.read_excel("missing.xlsx"))
print(df.isnull())
```

| 실행 결과 |

```
      id     sex   height  weight
0  False   False    False   False
1  False   False    False   False
2  False   False    False   False
3  False   False    False   False
4  False   False     True   False
5  False   False    False   False
```

예제 4-21 **결측값의 개수 확인**

함수 isnull() 또는 함수 isna()는 정상적인 데이터값에 대부분의 컴퓨터 언어에서 False는 0으로 True는 1로 처리하기 때문에 DataFrame에 대해 열(column)의 합을 계산하는 sum() 함수를 사용하면 예제4-21.py의 [실행 결과]와 같이 결측값의 개수를 확인할 수 있습니다.

▌ 결측값의 개수 확인(예제4-21.py)

```
import pandas as pd

df = pd.DataFrame(pd.read_excel("missing.xlsx"))
print(df.isnull().sum())
```

| 실행 결과 |

```
id            0
sex           0
height        1
weight        0
dtype: int64
```

예제 4-22 **함수 notnull()를 이용한 결측값의 확인**

예제4-22.py에서 함수 notnull()는 함수 isnull()과 반대로 정상적인 데이터값에 대해서는 True로 결측값은 False로 표시합니다.

▌함수 notnull()를 이용한 결측값의 확인(예제4-22.py)

```
import pandas as pd

df = pd.DataFrame(pd.read_excel("missing.xlsx"))
print(df.notnull())
```

| 실행 결과 |

```
     id   sex height weight
0  True  True   True   True
1  True  True   True   True
2  True  True   True   True
3  True  True   True   True
4  True  True  False   True
5  True  True   True   True
```

4.4.2 값 대체하기

수집한 데이터에 대해 예를 들어 평균을 계산한다고 할 때 대부분 결측값을 제외하고 계산하지만 결측값을 적절한 다른 값으로 대체하는 경우도 있습니다.

예제 4-23 **결측값이 포함된 평균 계산**

결측값이 포함된 [표 4-4]의 데이터에 대해 열 이름 height와 weight에 대해 평균을 계산하면 다음과 같습니다.

▌결측값이 포함된 평균 계산(예제4-23.py)

```
import pandas as pd

df = pd.DataFrame(pd.read_excel("missing.xlsx"))
print('height=', df.height.mean())
print('weight=', df.weight.mean())
```

| 실행 결과 |

```
height= 161.8
weight= 50.166666666666664
```

열 이름 height에 대해서는 결측값이 있지만, 평균을 계산하는 함수 mean()의 결과를 보면 결측값을 제외한 5개의 데이터에 대한 평균으로 계산합니다. 그러나 열 이름 weight에 입력된 0값은 결측값이 아닌 정상적인 값으로 처리하기 때문에 0값을 포함한 6개의 사례에 대한 평균을 계산합니다.

예제 4-24 **함수 fillna()를 이용한 결측값의 대체**

데이터에 포함된 결측값을 다른 값으로 대체할 때 함수 fillna()를 이용합니다. 예제4-24. py의 실행 결과 height의 결측값이 height의 평균값(161.8)로 대체된 것을 확인할 수 있습니다.

▍함수 fillna()를 이용한 결측값의 대체(예제4-24.py)

```python
import pandas as pd

df = pd.DataFrame(pd.read_excel("missing.xlsx"))
print(df)
print()
print('height=', df.height.mean())
print('weight=', df.weight.mean())
df = df.fillna(df.height.mean())
print()
print(df)
```

▍실행 결과 ▍

```
      id sex  height  weight
0  11021   m   164.0      59
1  11027   m   173.0       0
2  12206   f   157.0      56
3  12115   f   162.0      61
4  12204   m     NaN      73
5  12261   f   153.0      52

height= 161.8
weight= 50.166666666666664

      id sex  height  weight
0  11021   m   164.0      59
1  11027   m   173.0       0
2  12206   f   157.0      56
3  12115   f   162.0      61
4  12204   m   161.8      73
5  12261   f   153.0      52
```

예제 4-25 잘못 입력한 값의 대체(함수 replace())

잘못 입력한 값이나 특정 값을 다른 값으로 바꾸려면 함수 replace()를 사용합니다. 예제
4-25.py에서 0으로 입력된 값을 결측값으로 바꿀 때 프로그램에서 결측값은 np.nan으
로 나타내며 라이브러리 numpy가 필요합니다.

▍잘못 입력한 값의 대체(예제4-25.py)

```python
import pandas as pd
import numpy as np

df = pd.DataFrame(pd.read_excel("missing.xlsx"))
print(df)
df = df.replace(0, np.nan)
print()
print(df)
```

▍실행 결과 ▍

```
      id sex  height  weight
0  11021   m   164.0      59
1  11027   m   173.0       0
2  12206   f   157.0      56
3  12115   f   162.0      61
4  12204   m     NaN      73
5  12261   f   153.0      52

      id sex  height  weight
0  11021   m   164.0    59.0
1  11027   m   173.0     NaN
2  12206   f   157.0    56.0
3  12115   f   162.0    61.0
4  12204   m     NaN    73.0
5  12261   f   153.0    52.0
```

4.4.3 결측 사례 삭제하기

수집한 데이터에 결측값이 포함된 경우, 앞에서 값을 대체하기도 하지만 결측값이 포함된
변수나 사례를 삭제하는 경우도 있습니다.

결측값이 포함된 사례(데이터 행)의 삭제

결측값이 포함된 사례(행 또는 열)를 삭제할 때 함수 dropna()를 사용합니다. 행을 삭제하려면 axis=0을 인자로, 열을 삭제하려면 axis=1을 사용합니다. 예제4-26.py의 [실행 결과]에서 id가 12204인 사례(행 전체)가 삭제되었습니다.

▌ 결측 사례 삭제하기(예제4-26.py)

```python
import pandas as pd

df = pd.DataFrame(pd.read_excel("missing.xlsx"))
print(df)
df = df.dropna(axis=0)
print()
print(df)
```

▌ 실행 결과 ▌

```
      id sex  height  weight
0  11021   m   164.0      59
1  11027   m   173.0       0
2  12206   f   157.0      56
3  12115   f   162.0      61
4  12204   m     NaN      73
5  12261   f   153.0      52

      id sex  height  weight
0  11021   m   164.0      59
1  11027   m   173.0       0
2  12206   f   157.0      56
3  12115   f   162.0      61
5  12261   f   153.0      52
```

결측값이 포함된 사례(데이터 열)의 삭제

예제4-27.py의 [실행 결과]에서는 결측값을 포함한 열(변수 height)이 삭제된 것을 확인할 수 있습니다.

▌ 결측값이 포함된 사례(데이터 열)의 삭제(예제4-27.py)

```python
import pandas as pd

df = pd.DataFrame(pd.read_excel("missing.xlsx"))
print(df)
df = df.dropna(axis=1)
print()
print(df)
```

▌ 실행 결과 ▌

```
      id sex  height  weight
0  11021   m   164.0      59
1  11027   m   173.0       0
2  12206   f   157.0      56
3  12115   f   162.0      61
4  12204   m     NaN      73
5  12261   f   153.0      52

      id sex  weight
0  11021   m      59
1  11027   m       0
2  12206   f      56
3  12115   f      61
4  12204   m      73
5  12261   f      52
```

단원 정리

■ 리스트(list)와 배열(array)

행렬과 벡터 연산을 목적으로 한다면 배열을 사용하는 것이 좋고, 다양한 자료형이 포함된 연속적인 데이터를 목적으로 저장하려면 리스트를 사용한다.

리스트는 데이터를 추가해 나갈 수 있지만, 배열은 선언과 동시에 고정된 크기를 갖는 차이가 있고, 파이썬에서는 리스트 역시 배열과 마찬가지로 인덱스를 사용한 접근이 가능하다. 배열을 사용하려면 라이브러리 NumPy가 필요하지만, 리스트는 별도의 라이브러리가 필요 없이 기본적으로 사용할 수 있는 데이터 구조이다.

■ 데이터 구조의 변환

기술통계와 같이 비교적 간단한 통계량을 계산한다면 numpy의 리스트나 배열을 이용할 수 있지만 다양한 통계처리를 위해서는 pandas의 DataFrame을 사용하는 것이 편리하다.

함수 melt()

	a	b
0	1	4
1	2	5
2	3	6

	c	d
0	7	10
1	8	11
2	9	12

→

	variable	value
0	a	1
1	a	2
2	a	3
3	b	4
4	b	5
5	b	6

함수 concat()

	a	b
0	1	4
1	2	5
2	3	6

	a	b
0	1	4
1	2	5
2	3	6

	a	b
0	1	4
1	2	5
2	3	6
0	1	4
1	2	5
2	3	6

	a	b	a	b
0	1	4	1	4
1	2	5	2	5
2	3	6	3	6

함수 merge()

	x1	x2
0	A	1
1	B	2
2	C	3

	x1	x3
0	B	2
1	C	3
2	D	4

↓

	x1	x2	x3
0	A	1	NaN
1	B	2	2.0
2	C	3	3.0

함수 pivot()

	ID_num	Subject	Score
0	20225001	A	77
1	20225001	B	80
2	20225002	A	85
3	20225002	B	82
4	20225003	A	95
5	20225003	B	90

↓

Subject ID_num	A	B
20225001	77	80
20225002	85	82
20225003	95	90

함수 pivot_table()

	ID_num	Subject	Score
0	20225001	A	77
1	20225001	B	80
2	20225002	A	85
3	20225002	B	82
4	20225003	A	95
5	20225003	B	90

↓

Subject ID_num	A	B
20225001	77	80
20225002	85	82
20225003	95	90

함수 groupby()

	ID_num	Subject	Score
0	20225001	A	77
1	20225001	B	80
2	20225002	A	85
3	20225002	B	82
4	20225003	A	95
5	20225003	B	90

↓

Subject	Score
A	85.66667
B	84.00000

■ 데이터 파일 다루기

• 외부 파일을 파이썬으로 불러오는 방법

파일 형식	해당 파일을 불러오는 방법
sample1.csv 콤마로 구분	fd = pd.read_csv("sample1.csv")
sample2.txt 콤마로 구분	fd = pd.read_csv("sample2.txt", encoding="cp949")
sample3.txt TAB으로 구분	fd = pd.read_csv("sample3.txt", sep="\t", encoding="euc-kr")
sample4.xlsx	fd = pd.read_excel("sample4.xlsx")

• 파이썬으로 불러온 데이터를 엑셀 파일로 저장하는 방법

프로그램 안에서 데이터를 엑셀 파일로 저장하려면 pandas의 DataFrame으로 변환한 다음 함수 to_excel()을 이용한다.

함수 to_excel	함수 인자
pandas.DataFrame.to_excel(excel_writer, sheet_name, ...)	• excel_writer : 저장할 경로와 파일 이름 • sheet_name : 시트 이름

■ 결측값 다루기

결측값을 처리하거나 다루는 메소드들은 Pandas.DataFrame을 이용하며 요약 내용은 다음과 같다.

결측값 처리 내용	pandas.DataFrame 의 메소드	기능
결측값 확인	info()	데이터 프레임의 요약 정보 출력
	isnull() isna()	결측값을 True로 출력
	notnull()	결측값을 False로 출력
값의 대체	fillna()	결측값을 다른 값으로 대체
	replace()	값 a를 값 b로 대체
사례 삭제	dropna()	결측값을 포함한 열 또는 행 삭제

1. 리스트와 배열의 차이에 대해서 설명한 것 중 틀린 것은?

   ① 다양한 자료형이 포함된 연속적인 데이터를 목적으로 저장하려면 리스트(list)를 사용하고, 배열은 행렬과 벡터 연산에 적합하다.

   ② 리스트는 선언과 동시에 고정된 크기를 갖고, 배열은 데이터를 추가할 수 있다.

   ③ 리스트와 배열은 인덱스를 사용하여 접근이 가능하다.

   ④ 리스트는 별도의 라이브러리 설치가 필요 없다.

2. 다음 프로그램의 결과가 잘못된 것은?

```
List_Data = [2, 4, 6, 8, 10, 12]
① print(List_Data[0])
② print(List_Data[2]+List_Data[3])
③ print(List_Data[-2])
④ print(List_Data[-5])
```

   ① 4   ② 12   ③ 10   ④ 4

3. 다음 프로그램의 실행 결과는?

```
List_Data = [1, 2, 3, 4, 5, 6]
print(List_Data[0]+List_Data[4])
print(List_Data[-1])
```

4. 다음 프로그램의 실행 결과는?

```
Lst = [2, 4, 6, 8, 10, 12]
33print(Lst.index(8))
Lst.insert(0, 0)
print(Lst)
```

5. 다음 프로그램의 실행 결과는?

```
import numpy as np
arr=np.array([1, 2, 3, 4, 5])
print(arr+10)
print(arr*5)
```

6. 다음 프로그램의 실행 결과는?

```
import numpy as np
a = np.full(5, 9)
print(a)
```

① [5 5 5 5 5]   ② [9 9 9 9 9]

③ [5 5 5 5 5][9 9 9 9 9]   ④ [a a a a a]

7. 다음의 예와 같이 처리할 수 있는 함수는?

	a	b
0	1	4
1	2	5
2	3	6

	c	d
0	7	10
1	8	11
2	9	12

	variable	value
0	a	1
1	a	2
2	a	3
3	b	4
4	b	5
5	b	6

① melt()   ② concat()   ③ merge()   ④ pivot()

8. 다음의 예와 같이 처리할 수 있는 함수는?

	a	b
0	1	4
1	2	5
2	3	6

	a	b
0	1	4
1	2	5
2	3	6

	a	b
0	1	4
1	2	5
2	3	6
0	1	4
1	2	5
2	3	6

① melt()   ② concat()   ③ merge()   ④ pivot()

9. 다음의 예와 같이 처리할 수 있는 함수는?

	x1	x2
0	A	1
1	B	2
2	C	3

	x1	x3
0	B	2
1	C	3
2	D	4

	x1	x2	x3
0	A	1	NaN
1	B	2	2.0
2	C	3	3.0

① melt()　　　　　② concat()　　　　　③ merge()　　　　　④ pivot()

10. 다음의 예와 같이 처리할 수 있는 함수는?

	ID_num	Subject	Score
0	20225001	A	77
1	20225001	B	80
2	20225002	A	85
3	20225002	B	82
4	20225003	A	95
5	20225003	B	90

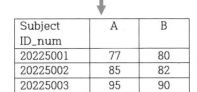

Subject ID_num	A	B
20225001	77	80
20225002	85	82
20225003	95	90

① melt()　　　　　② concat()　　　　　③ merge()　　　　　④ pivot()

11. Python에서 사용하거나 다룰 수 있는 파일 형식에 대한 설명 중 틀린 것은?

① CSV(Comma Seperated Values) 파일을 불러올 수 있다.

② 텍스트 형식의 파일은 보통 Tab이나 콤마(comma)로 데이터가 분리되어 있다.

③ CSV 형식의 파일은 Excel 프로그램으로 불러올 수 있다.

④ Excel 형식의 파일로 저장이 불가능하다.

12. 다음에서 결측값을 확인할 수 없는 함수는?

    ① info()   ② isnull()   ③ notnull()   ④ fillna()

13. 데이터에서 결측값을 포함한 행 또는 열을 삭제하는 함수는?

    ① isna()   ② dropna()   ③ replace()   ④ fillna()

14. 파이썬의 자료형에 대해서 요약하시오.

15. NaN 데이터란 무엇인가?

탐색적 데이터 분석과 시각화

탐색적 데이터 분석은 데이터의 주요 특성을 요약하기 위해 분석하는 방법으로 동시에 데이터 시각화라 불리는 시각적 방법을 사용합니다. 이와 같은 분석은 데이터의 구조, 패턴, 변수 간의 관계를 이해하고 데이터에 존재하는 특이값과 특징을 알아보기 위하여 사용합니다.

contents

5.1 타이타닉 데이터를 이용한 분석 | 5.2 텍스트 마이닝의 시각화

05 탐색적 데이터 분석과 시각화

| 이 장에서 학습할 내용 |

1. 타이타닉 데이터의 탐색적 데이터 분석
    [탐색 1] 성별 생존자와 생존율을 확인하고 비교
    [탐색 2] 객실 등급별 생존자와 생존율의 비교
    [탐색 3] 연령별 생존자와 생존율의 비교
    [탐색 4] 탑승 도시별 생존자와 생존율의 비교
2. 텍스트 마이닝의 시각화
    단어 구름, 히트맵, 네트워크 다이어그램

탐색적 데이터 분석(Exploratory Data Analysis; EDA)은 데이터의 주요 특성을 요약하기 위해 데이터 시각화라 불리는 시각적 방법을 사용하며 데이터의 구조, 패턴, 변수 간의 관계를 이해하고 데이터에 존재하는 특이값과 특징을 알아보기 위하여 사용합니다. EDA은 다음과 같은 내용을 처리합니다.

처리	내용
기술 통계량	평균, 중위수, 최빈값, 분산, 표준편차, 범위, 백분위수 등의 요약 통계량을 계산하고 조사하여 데이터의 중심 성향, 분산 및 분포를 파악
데이터 시각화	차트, 도표, 그래프, 히스토그램, 상자 도표, 산점도, 히트맵 및 기타 시각화 기술을 사용하여 데이터를 그래픽으로 표현. 시각화는 수치 요약만으로는 분명하지 않을 수 있는 패턴, 추세, 이상점 및 데이터 내의 관계를 식별하기 위하여 사용
데이터 클리닝 및 전처리	결측값(missing value), 이상값(outlier), 데이터의 불일치 등을 파악하고 처리. 데이터의 정규화 또는 표준화, 분석에 적합하도록 변수를 변환하는 단계를 포함
패턴 및 관계 파악	데이터의 시각적 탐색을 통해 패턴, 추세, 상관관계 및 변수 간 연관성을 파악

5.1 타이타닉 데이터를 이용한 분석

탐색적 데이터 분석을 통해 데이터의 특성을 파악하기 위하여 사용할 데이터는 타이타닉 호의 탑승자 데이터입니다.

타이타닉(RMS Titanic)은 서양 횡단 여객선으로 영국을 출발하여 미국으로 향하던 첫 항해 중, 빙산과 충돌하여 1912년 4월 15일 침몰하였습니다. 당시 이 배의 탑승인원은 2,223명이고 생존자는 706명, 사망자는 1,517[1]명이었습니다.

출처 : Disneyplusinformer.com

5.1.1 변수와 값

타이타닉 승선자의 데이터는 모듈 Seaborn으로부터 함수 load_dataset()을 사용하여 쉽게 불러 올 수 있습니다. 이 데이터는 사망자와 생존자를 포함한 총 891명의 데이터[2]로 [표 5-1]과 같은 내용(변수와 값)을 포함하고 있습니다.

함수 info()를 이용하여 변수의 이름과 각 변수의 사례수 그리고 데이터 형을 확인할 수 있습니다. [그림 5-1]에서 전체 데이터의 개수(RangeIndex)는 891개, 변수의 수는 15개 (total 15 columns)입니다. 그리고 Non-Null Count를 통해 사례수를 확인할 수 있고 이 값이 891보다 작다면 결측값이 존재함을 알 수 있습니다. 특히 변수 age, embarked, deck에 각각 177개(=891-714), 2개(=891-889), 688개(=891-203)의 결측값이 있습니다.

[표 5-1]과 같이 각 변수의 실제값을 확인할 경우에 모든 데이터를 출력할 필요없이 상

---

1) 1912년 타이타닉 재해 청문회 미국 상원 조사 기록(https://www.titanicinquiry.org/)
2) 타이타닉의 탑승인원은 총 2,223명이었으나 현재 1,309명의 데이터가 알려져 있으며, 온라인 상에서 데이터 과학 및 머신러닝 경진대회를 주최하는 kaggle(https://www.kaggle.com/)은 Titanic Challenge를 위하여 총 1,309명의 데이터 중에서 891명의 데이터는 훈련(train) 목적으로, 나머지 418명의 데이터는 테스트 목적(생존여부 누락)으로 사용됩니다. 훈련 목적 또는 테스트 목적의 데이터 모두 결측값이 많이 포함되어 있으며 challenge의 목표는 훈련 목적의 데이터를 이용하여 최상의 모델을 통해 생존 또는 사망을 예측하는 것입니다.

위 데이터의 일부분만 출력하여 확인할 수 있으며 이때 함수 head()를 사용합니다. 함수 head()는 [그림 5-2]와 같이 데이터의 앞부분인 상위 5행을 출력합니다.

그러나 [그림 5-2]에서는 중간에 위치한 변수들의 일부가 생략(…)되어 있는데 이는 오류가 아니며, 변수의 개수(colums)가 많을 경우에 [그림 5-3]과 생략없이 모두 출력하려면 함수 head()를 사용하기 전에 pd.set_option('display.max_columns', None)을 삽입하여 수정합니다. 이 부분은 출력하려는 변수 개수의 제한을 없애는 것으로 이러한 방법은 데이터의 행을 출력하는 경우에도 응용할 수 있습니다.

[표 5-1] 타이타닉 데이터의 변수와 값

순서	변수	내용	값
1	survived	생존 여부	0(사망), 1(생존)
2	pclass	객실 등급	1(1등급), 2(2등급), 3(3등급)
3	sex	성별	male(남), female(여)
4	age	나이	
5	sibsp	함께 탑승한 형제 및 배우자 수	
6	parch	함께 탑승한 자녀 및 부모 수	
7	fare	요금	
8	embarked	탑승한 곳의 첫 글자	C(Cherbourg), Q(Queenstown), S(Southampton)
9	class	객실 등급	First(1등실), Second(2등실), Third(3등실)
10	who	남성, 여성, 아이	man, woman, child
11	adult_male	성인 남성 여부	True, False
12	deck	선실 번호	A, B, C, D, E, F, G
13	embark_town	탑승한 도시	Cherbourg, Queenstown, Southampton
14	alive	생존 여부	yes(생존), no(사망)
15	alone	혼자 탑승 여부	True, False

```
<class 'pandas.core.frame.DataFrame'>
RangeIndex: 891 entries, 0 to 890
Data columns (total 15 columns):
 #   Column       Non-Null Count    Dtype
---  ------       --------------    -----
 0   survived     891 non-null      int64
 1   pclass       891 non-null      int64
 2   sex          891 non-null      object
 3   age          714 non-null      float64
 4   sibsp        891 non-null      int64
 5   parch        891 non-null      int64
 6   fare         891 non-null      float64
 7   embarked     889 non-null      object
 8   class        891 non-null      category
 9   who          891 non-null      object
 10  adult_male   891 non-null      bool
 11  deck         203 non-null      category
 12  embark_town  889 non-null      object
 13  alive        891 non-null      object
 14  alone        891 non-null      bool
dtypes: bool(2), category(2), float64(2), int64(4), object(5)
memory usage: 80.7+ KB
None
```

[그림 5-1] Part 1 of 5의 실행 결과

```
   survived  pclass  sex      age  ...  deck  embark_town  alive  alone
0         0       3  male    22.0  ...   NaN  Southampton     no  False
1         1       1  female  38.0  ...     C  Cherbourg      yes  False
2         1       3  female  26.0  ...   NaN  Southampton    yes   True
3         1       1  female  35.0  ...     C  Southampton    yes  False
4         0       3  male    35.0  ...   NaN  Southampton     no   True
```

[그림 5-2] Part 2 of 5의 실행 결과

```
   survived  pclass     sex   age  sibsp  parch     fare embarked  class  ₩
0         0       3    male  22.0      1      0   7.2500        S  Third
1         1       1  female  38.0      1      0  71.2833        C  First
2         1       3  female  26.0      0      0   7.9250        S  Third
3         1       1  female  35.0      1      0  53.1000        S  First
4         0       3    male  35.0      0      0   8.0500        S  Third

     who  adult_male  deck  embark_town  alive  alone
0    man        True   NaN  Southampton     no  False
1  woman       False     C  Cherbourg     yes  False
2  woman       False   NaN  Southampton    yes   True
3  woman       False     C  Southampton    yes  False
4    man        True   NaN  Southampton     no   True
```

[그림 5-3] pd.set_option을 변경한 결과

titanic 데이터의 변수의 이름과 각 변수의 사례수 그리고 데이터 형 출력

▌변수의 이름과 각 변수의 사례수 그리고 데이터 형(예제5-1.py)

```python
import pandas as pd
import numpy as np
import seaborn as sns
import matplotlib.pyplot as plt

# 타이타닉 데이터 불러오기
# 1데이터 변수 정보 출력
df = sns.load_dataset(('titanic'))
print(df.info())
```

　　[그림 5-1] 참고

```python
print(df.head())
```

　　[그림 5-2] 참고

```python
# 데이터의 상위 5행을 출력
pd.set_option('display.max_columns', None)
print(df.head())
```

　　[그림 5-3] 참고

5.1.2 탐색 내용

레오나르도 디카프리오와 케이트 윈슬렛 주연의 영화 Titanic 또는 다른 간접적인 경로를 통해 타이타닉호의 생존자에 대한 대략적인 정보를 보고 들은 바 있지만, 생존에 많은 영향을 준 변수를 찾아보기 위하여 다음의 내용을 탐색해 보고자 합니다.

[표 5-2] 데이터 탐색 내용

[탐색 1]	성별 생존자와 생존율을 확인하고 비교
[탐색 2]	객실 등급별 생존자와 생존율의 비교
[탐색 3]	연령별 생존자와 생존율의 비교
[탐색 4]	탑승 도시별 생존자와 생존율의 비교

[기본 정보]

[표 5-1]의 변수들의 종류는 크게 네 가지, 즉 수치형(정수형(int), 실수형(float)), 범주형 (object, category) 그리고 참 거짓으로 저장된 불린형(bool)이 있습니다. 먼저 범주형 변수, 즉 생존여부(survived), 성별(sex), 탑승한 도시(embark_town), 객실 등급(class), 성인과 아동(who)을 이용하여 사례수와 구성비 등의 기본적인 정보를 확인하고자 합니다. 이어서 연속형 변수에는 나이(age), sibsp(함께 탑승한 형제 및 배우자 수), parch(함께 탑승한 자녀 및 부모 수), 요금(fare) 등이 있으나 나이만을 이용하기로 합니다. 또한 불린형 (bool)으로 성인 남성여부(adult_male)와 혼자 탑승여부(alone)가 있으나 이 중에서 혼자 탑승여부(alone)에 대해서 알아보기로 합니다.

생존자와 사망자의 사례수는 변수 survived와 alive를 이용하여 확인할 수 있습니다. [그림 5-4]에서 변수 survived는 사망자와 생존자를 0과 1로, 변수 alive는 no와 yes 로 구분합니다. 생존여부에 따른 구성비를 나타내고자 한다면 파이 차트(또는 원 그래프)가 유용합니다. [그림 5-5]를 통해 데이터의 61.6%(549/891)가 사망자이고 생존자는 38.4%(342/891)임을 알 수 있습니다.

성별 사례수와 구성비는 [그림 5-6], [그림 5-7]과 같습니다. [그림 5-7]에서 남성 64.8%, 여성 35.2%를 나타냅니다. 성별과 아동(16세 이하)으로 구분한 사례수와 구성비는 [그림 5-8]과 [그림 5-9]와 같고 남성 60.3%, 여성 30.4%, 아동 9.3%입니다.

탑승 도시는 Southampton, Cherbourg, Queenstown으로 각각 국가별로 영국, 프랑스, 아일랜드에 위치하므로 도시별(국가별) 탑승인원을 확인할 수 있습니다. [그림 5-11]로부터 국가별 탑승인원은 Southampton 72.4%, Cherbourg 19.0%, Queenstown 8.6%로 영국 Southampton의 비율이 제일 높습니다.

객실등급은 1등실, 2등실, 3등실로 구분됩니다. 등급별 사례수와 구성비는 [그림 5-12], [그림 5-13]과 같고, 1등실 24.2%, 2등실 20.7%, 3등실 55.1%로 3등실의 구성비가 제일 높습니다.

혼자만 탑승한 것인지 또는 여럿이 탑승한 것인지는 불린형 변수 alone로 구분하는데 [그림 5-14]와 [그림 5-15]와 같이 혼자 탑승한 인원은 537명으로 60.3%, 여럿이 탑승한 경우는 354명(39.7%)으로 혼자서 탑승한 인원이 더 많습니다.

```
survived
0    549
1    342
Name: count, dtype: int64
alive
no     549
yes    342
Name: count, dtype: int64
```

[그림 5-4] 생존자와 사망자 사례수

생사	사망	생존	합계
계	549 (61.6%)	342 (38.4%)	891

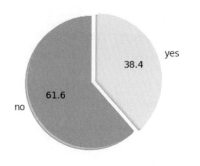

[그림 5-5] 생존여부의 구성비

```
sex
male      577
female    314
Name: count, dtype: int64
```

[그림 5-6] 성별 사례수

성별	남성	여성	합계
계	577 (64.8%)	314 (35.2%)	891

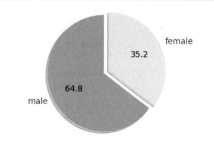

[그림 5-7] 성별 구성비

```
who
man      537
woman    271
child     83
Name: count, dtype: int64
```

[그림 5-8] 성별과 아동별 사례수

성별, 아동	man	woman	child	합계
계	537 (60.3%)	271 (30.4%)	83 (9.3%)	891

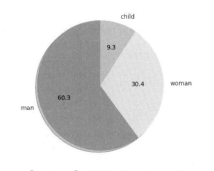

[그림 5-9] 성별과 아동별 구성비

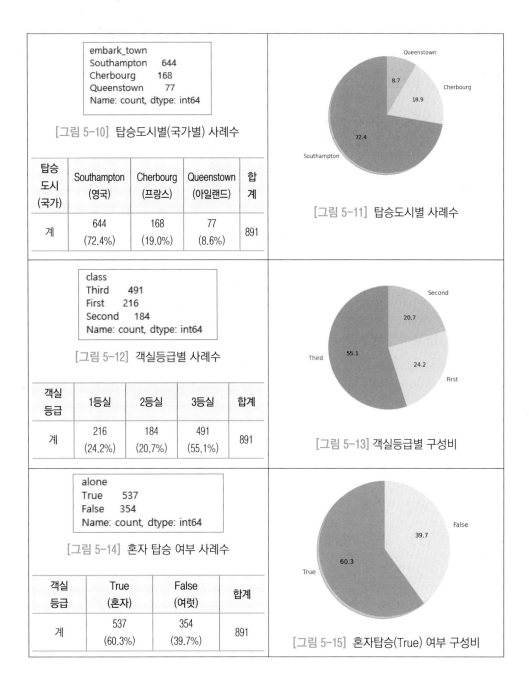

embark_town
Southampton   644
Cherbourg   168
Queenstown   77
Name: count, dtype: int64

[그림 5-10] 탑승도시별(국가별) 사례수

탑승 도시 (국가)	Southampton (영국)	Cherbourg (프랑스)	Queenstown (아일랜드)	합 계
계	644 (72.4%)	168 (19.0%)	77 (8.6%)	891

[그림 5-11] 탑승도시별 사례수

class
Third   491
First   216
Second   184
Name: count, dtype: int64

[그림 5-12] 객실등급별 사례수

객실 등급	1등실	2등실	3등실	합계
계	216 (24.2%)	184 (20.7%)	491 (55.1%)	891

[그림 5-13] 객실등급별 구성비

alone
True   537
False   354
Name: count, dtype: int64

[그림 5-14] 혼자 탑승 여부 사례수

객실 등급	True (혼자)	False (여럿)	합계
계	537 (60.3%)	354 (39.7%)	891

[그림 5-15] 혼자탑승(True) 여부 구성비

지금까지의 변수들은 대부분 범주형 변수들이고 연속형 변수로는 age(나이)와 fare(요금)이 있으며 이들의 분포는 [그림 5-16], [그림 5-17]과 같습니다. 나이는 20대와 30대가 가장 많으며 요금은 대부분이 100파운드(pound) 이하입니다.

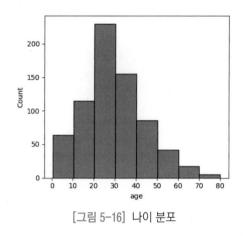

[그림 5-16] 나이 분포

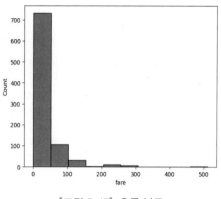

[그림 5-17] 요금 분포

예제 5-2 titanic 데이터의 기본정보 출력

앞서 titanic 데이터의 기본정보를 출력한 프로그램입니다. [그림 5-4]와 같이 변수의 사례수(count)를 출력할 경우에 pandas의 value_count()를 사용하며 원그래프를 작성하기 위하여 matplotlib.pyplot 모듈의 함수 pie()를 사용합니다.

함수 matplotlib.pyplot.pie()	함수 인자(사용법)
matplotlib.pyplot.pie(x, labels, autopct, …)	• x : 퍼센트의 비율 (리스트 또는 배열) • labels : 각 퍼센트의 레이블 표시 • autopct : 퍼센트의 표시 방법

히스토그램의 작성은 모듈 plt에서 함수 hist()를 이용하거나 모듈 sns의 hisplot()을 이용할 수 있습니다.

함수 matplotlib.pyplot.hist()	함수 인자(사용법)
matplotlib.pyplot.hist(x, bins, label, …)	• x : 배열 데이터의 이름 • bins : 막대의 수를 결정(bins=5) • label : 레이블 작성(label='# of bins=5')

함수 seaborn.histplot()	함수 인자(사용법)
matplotlib.pyplot.hist(data, x, bins, …)	• data : 데이터 이름 • x : vector or key • bins : 막대의 수를 결정

```
import pandas as pd
import numpy as np
import seaborn as sns
import matplotlib.pyplot as plt
df = sns.load_dataset(('titanic'))

# 생존자와 사망자 사례수
print(df["survived"].value_counts())
print(df["alive"].value_counts())
# 생존여부 구성비 (원그래프)
plt.pie(df["alive"].value_counts(), labels=['no', 'yes'], explode=(0, 0.1) , startangle =
90, shadow=True, autopct='%.1f')
plt.show()
print('\n')
```

[그림 5-4], [그림 5-5] 참고

```
# 성별 사례수 확인
print(df["sex"].value_counts())
# 성별 구성비 (원그래프)
plt.pie(df["sex"].value_counts(), labels=['male', 'female'], explode=(0, 0.1) , startangle
= 90, shadow=True, autopct='%.1f')
plt.show()
print('\n')
```

[그림 5-6], [그림 5-7] 참고

```
# 성별, 아이별 사례수
print(df["who"].value_counts())
# 성별, 아이별 구성비 (원그래프)
plt.pie(df["who"].value_counts(), labels=['man', 'woman', 'child'], startangle = 90,
shadow=True, autopct='%.1f')
plt.show()
print('\n')
```

[그림 5-8], [그림 5-9] 참고

```
# 탑승 도시(국가)별 사례수
print(df["embark_town"].value_counts())
# 탑승 도시(국가)별 구성비 (원그래프)
plt.pie(df["embark_town"].value_counts(), labels=['Southampton', 'Cherbourg',
'Queenstown'], startangle = 90, shadow=True, autopct='%.1f')
plt.show()
print('\n')
```

[그림 5-10], [그림 5-11] 참고

```
# 객실 등급별 사례수
print(df["class"].value_counts())
# 객실 등급별 구성비
plt.pie(df["class"].value_counts(), labels=['Third', 'First', 'Second'], startangle = 90,
autopct='%.1f')
plt.show()
print('\n')
```

[그림 5-12], [그림 5-13] 참고

```
# 혼자 탑승 여부에 따른 사례수와 그래프
print(df["alone"].value_counts())
plt.pie(df["alone"].value_counts(), labels=['True', 'False'], startangle = 90,
shadow=True, autopct='%.1f')
plt.show()
print('\n')
```

[그림 5-14], [그림 5-15] 참고

```
# 나이분포와 요금분포
sns.histplot(df, x='age', bins = 8)
plt.show()
sns.histplot(df, x='fare', bins = 10)
plt.show()
```

[그림 5-16], [그림 5-17] 참고

[탐색 1] 성별 생존자 수와 생존율의 비교

성별에 따른 생존여부를 그래프를 통해 확인합니다. seaborn의 함수 countplot()은 범주별 막대 그래프를 [그림 5-18]과 같이 출력하며 이 그림에서 x축은 성별(sex)을 나타내고, y축은 성별에 따른 생존 여부(alive)의 사례를 나타냅니다. [그림 5-18]에서 여성 생존자 수는 남성의 두 배에 이르고, 반면에 남성 사망자 수는 여성의 6배에 이릅니다.

이를 좀 더 구체적으로 알아보기 위하여 성별에 따른 정확한 생존율을 계산하려면 교차표가 필요하며 pandas의 함수 crosstab()을 이용할 수 있습니다. [그림 5-19]의 교차표 결과를 정리하면 [표 5-3]과 같고, 이 교차표를 통해 생존율을 다시 계산하면 [표 5-4], [표 5-5]와 같습니다.

이를 통해 남성의 생존율과 사망률은 각각 18.9%(109/577)와 81.1%(468/577)이고, 여성의 생존율과 사망률은 각각 74.2%(233/314)와 25.8%(81/314)로 여성의 생존율은 남성의

4배에 이릅니다.

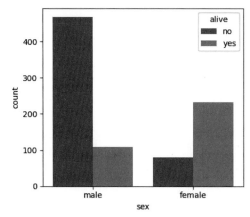

[그림 5-18] 남녀별 생존여부의 사례수

alive	no	yes	All
sex			
female	81	233	314
male	468	109	577
All	549	342	891

[그림 5-19] 성별과 생존여부의 교차표

[표 5-3] 성별에 따른 생존여부

생존여부 \ 성별	사망	생존	전체
여성	81	233	314
남성	468	109	577
계	549	342	891

[표 5-4] 성별 생존율

구분	남성	여성
생존율	18.8%	74.2%
사망율	81.1%	25.8%
계	100.0% 577명	100.0% 314명

[표 5-5] 생존별 성비율

구분	생존자	사망자
여성비율	68.1%	14.8%
남성비율	31.9%	85.2%
계	100.0% 342명	100.0% 549명

예제 5-3 성별 생존자 수와 생존율의 비교

[그림 5-19]와 같이 행과 열로 사례수를 출력하는 교차표를 출력할 때 pandas의 함수 crosstab()을 이용하며, 일반적인 세로형의 막대그래프는 함수 plt.bar()를, 가로형의 막대 그래프는 함수 plt.barh()를 사용합니다. [그림 5-18]과 같이 범주(생존여부)에 의해 막대

그래프를 구분하여 나타낼 경우에는 함수 sns.countplot()이 유용합니다.

함수 pandas.crosstab()	함수 인자(사용법)
pandas.crosstab(index, cloumn, margins, …)	• index : 행으로 사용할 데이터(list, array) • column : 열로 사용할 데이터(list, array) • margins : 추가할 행이나 열 margin(bool)

함수 matplotlib.pyplot	함수 인자(사용법)
matplotlib.pyplot.bar(x, height, …) matplotlib.pyplot.barh(x, height, …)	• x : x축에 나타낼 데이터(배열 또는 리스트) • height : y축에 나타낼 데이터(배열 또는 리스트)

함수 sns.countplot()	함수 인자(사용법)
sns.countplot(data, x, y, hue, …)	• data : 데이터프레임 이름 • x, y : 변수 이름 • hue : 범주로 구분할 데이터

▎titanic 데이터에 대한 성별 생존자 수와 생존율의 비교(예제5-3.py)

```
import pandas as pd
import numpy as np
import seaborn as sns
import matplotlib.pyplot as plt

df = sns.load_dataset(('titanic'))

# 성별 생존여부
sns.countplot(data=df, x=df["sex"], hue=df["alive"])
plt.show()
# 성별과 생존여부에 따른 교차표
print(pd.crosstab(df["sex"], df["alive"], margins=True))
print('\n')
```

[그림 5-18], [그림 5-19] 참고

[탐색 2] 객실 등급별 생존자 수와 생존율의 비교

객실은 3개의 등급(First, Second, Third)으로 구분되어 있습니다. [그림 5-20]의 막대
그래프에서 x축은 객실 등급(class)을 나타내고, y축은 각 등급별로 생존 여부(alive)의
사례를 나타냅니다. [그림 5-20]을 통해 객실 등급별로 사망자와 생존자의 차이가 뚜렷하
게 나타남을 알 수 있습니다. 1등실에서는 생존자가 사망자보다 약 2배정도 많지만, 3등실

에서는 사망자의 수가 1등실과 2등실의 사망자를 합한 것보다도 많으며 생존자는 사망자의 1/3 정도입니다.

구체적인 생존율을 계산하면 다음과 같습니다. 객실 등급별로 생존 여부에 대한 교차표는 [그림 5-21]과 같으며 이를 정리하여 객실 등급별 생존율을 계산하면 [표 5-6]과 같습니다. [표 5-6]을 통해 1등실의 생존율(62.9%)이 타 등실에 비해 높은 것을 알 수 있습니다.

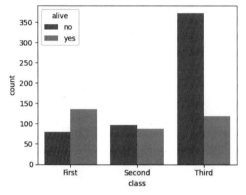

[그림 5-20] 객실 등급별 생존여부

```
alive      no  yes  All
class
First     80  136  216
Second    97   87  184
Third    372  119  491
All      549  342  891
```

[그림 5-21] 객실 등급별과 생존여부 교차표

[표 5-6] 객실 등급별 생존여부와 생존율

구분	사망자	생존자	생존율	계
1등실	80	136	62.9%	216
2등실	97	87	47.3%	184
3등실	372	119	24.2%	491
계	549	342		891

[그림 5-22]는 객실 등급별로 남성과 여성의 인원수를 나타내며, 모든 등급에서 남성의 숫자가 여성보다 많으며, 특히 3등실의 남성의 숫자는 여성의 두 배를 넘습니다. [표 5-7]은 [그림 5-23]의 결과를 정리한 것입니다. [표 5-7]에서 여성의 생존율은 1등실 96.8%(91/94), 2등실 92.1%(70/76), 3등실 50%(72/144)로 1등실과 2등실 여성의 생존율이 3등실보다 월등히 높고, 남성의 경우 1등실 36.9%(45/122), 2등실 15.7%(17/108), 3등실 13.5%(47/347)로 여성에 비해서는 낮지만 1등실의 생존율이 타등실보다 높은 것을 알 수 있습니다.

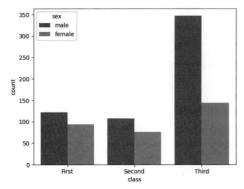

[그림 5-22] 객실 등급별 성별 인원

class	First		Second		Third		All
sex	female	male	female	male	female	male	
alive							
no	3	77	6	91	72	300	549
yes	91	45	70	17	72	47	342
All	94	122	76	108	144	347	891

[그림 5-23] 객실 등급별 성별에 대한 생존여부의 교차표

[표 5-7] 객실 등급과 성별에 따른 생존여부

구분	1등실		2등실		3등실		계
	여	남	여	남	여	남	
사망	3	77	6	91	72	300	549
생존	91	45	70	17	72	47	342
계	94	122	76	108	144	347	891

[표 5-8] 객실 등급과 성별의 생존율

구분	1등실		2등실		3등실		계
	여	남	여	남	여	남	
사망율	3.2%	63.1%	7.9%	84.3%	50%	86.5%	549
생존율	96.8%	36.9%	92.1%	15.7%	50%	13.5%	342
계	100% 94명	100% 122명	100% 76명	100% 108명	100% 144명	100% 347명	891

[표 5-8]의 내용은 [그림 5-24]로 확인할 수 있으며 함수 catplot()을 사용합니다. 범주별 막대그래프를 출력하는 함수 countplot()는 [그림 5-24]와 같이 동일한 구분(등급)에 대해서 중첩된 변수(성별)의 카운트(사례)를 나타내고, 수량적 변수(생존율)와 하나 이상의 범주형 변수(성별)에 대해 여러 축 수준(객실 등급)으로 나타낼 수 있습니다.

[그림 5-24]에서 막대 가운데 윗부분의 직선은 각 생존율의 신뢰구간을 의미하므로 남성의 경우 2등실과 3등실의 차이는 없고, 여성의 경우 1등실과 2등실의 차이는 없습니다.

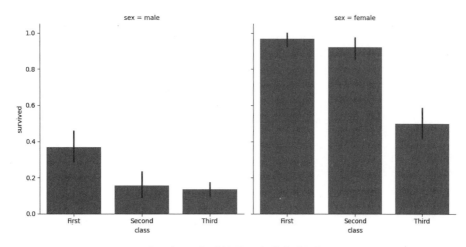

[그림 5-24] 객실 등급과 성별 생존율

예제 5-4 객실 등급별 생존자 수와 생존율의 비교

함수 crosstab()과 함수 countplot()의 사용 예는 〈예제 5-3〉을 참고하기 바랍니다. 함수 sns.catplot()은 countplot()과 유사하게 범주별 그래프를 출력하지만 차이점은 [그림 5-24]와 같이 열 또는 행으로 구분하여 출력합니다. [그림 5-24]에서 x축은 객실등급 (class), y축은 생존율(survived), 열 구분으로 성별(sex)을 이용합니다. [그림 5-24]에서 막대 위 끝부분에 수직으로 그어진 선은 각 변수의 신뢰구간을 의미합니다.

함수 sns.catplot()	함수 인자(사용법)
sns.catplot(data, x, y, row, col, kind, …)	• data : 데이터프레임 이름 • x, y : 변수 이름 • row, col : 행 또는 열로 구분할 범주형 변수 • kind : 그래프 종류 선택("strip", "swarm", "box", "violin", "boxen", "point", "bar", or "count")

▌ titanic 데이터에 대한 객실 등급별 생존자 수와 생존율의 비교(예제5-4.py)

```
import pandas as pd
import numpy as np
import seaborn as sns
import matplotlib.pyplot as plt

df = sns.load_dataset(('titanic'))
```

```
# 객실등급별 생존여부의 막대그래프
sns.countplot(data=df, x=df["class"], hue=df["alive"])
plt.show()
# 객실등급별 생존여부에 따른 교차표
print(pd.crosstab(df["class"], df["alive"], margins=True))
print('n')
```

[그림 5-20], [그림 5-21] 참고

```
# 객실등급별 성별인원
sns.countplot(data=df, x=df["class"],
hue=df["sex"])
plt.show()
# 객실등급별 성별에 따른 교차표
# 생존여부에 따른 객실등급과 성별의 교차표
print(pd.crosstab(df["alive"], [df["class"], df["sex"]], margins=True))
print('n')
```

[그림 5-22], [그림 5-23] 참고

```
# 객실 등급별 성별 생존율
sns.catplot(x='class', y= 'survived', col= 'sex', data=df, kind='bar')
plt.show()
```

[그림 5-24] 참고

[탐색 3] 연령별 생존자 수와 생존율의 비교

연령별 분포는 앞에서 [그림 5-16]과 같이 20대와 30대가 가장 많고, 성별에 따른 나이분포를 보면 [그림 5-25]와 같습니다. [그림 5-25]를 기준으로 생존여부를 구별하여 나타내면 [그림 5-26]과 같습니다. [그림 5-25]와 [그림 5-26]을 비교해보면 남성 사망자의 나이분포는 남성의 나이 분포와 거의 비슷하지만 여성의 경우는 반대로 생존자의 나이 분포가 여성의 나이 분포와 비슷함을 알 수 있습니다. 이는 남성의 경우 사망자가, 여성의 경우는 생존자가 연령대별로 고르게 나타남을 의미합니다.

객실 등급별로 나이 분포를 나타내면 [그림 5-27]과 같고 [그림 5-27]을 기준으로 생존여부를 구분해보면 [그림 5-28]과 같습니다. 3등실 사망자의 나이 분포는 3등실의 나이 분포와 거의 유사하므로 3등실의 사망자는 연령대별로 고르게 사망하였음을 알 수 있습니다. 그러나 생존자의 나이 분포는 1등실과 2등실의 나이 분포와 거의 비슷하게 나타나 있습니다.

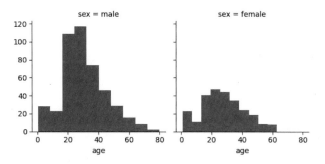

[그림 5-25] 성별에 따른 나이 분포

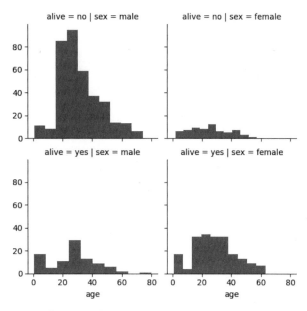

[그림 5-26] 성별, 생존여부에 따른 나이 분포

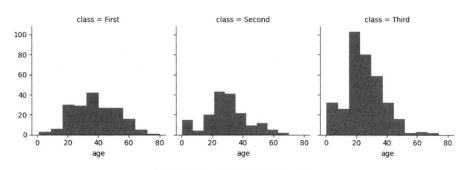

[그림 5-27] 객실 등급별 나이 분포

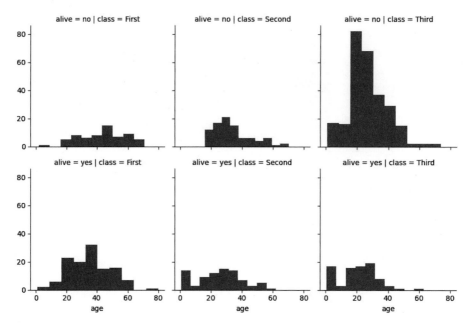

[그림 5-28] 객실 등급별 생존여부에 따른 나이 분포

예제 5-5 **연령별 생존자 수와 생존율의 비교**

이 예제에서 사용한 함수 sns.FacetGrid()는 행 또는 열 방향으로 서로 다른 조건의 범주 별로 서브플롯(sub plot)을 작성할 때 사용합니다. 각각의 서브플롯에 나타낼 실제 그래프 는 map()이라는 메소드를 사용합니다.

함수 sns.FacetGrid()	함수 인자(사용법)
sns.FacetGrid(data, row, col, …)	• data : 데이터프레임 이름 • row, col : 행 또는 열로 구분할 변수

함수 FacetGrid.map()	함수 인자(사용법)
FacetGrid.map(func, *args, …)	• func : plotting function • *args : 열에 표시할 변수

```
import pandas as pd
import numpy as np
import seaborn as sns
import matplotlib.pyplot as plt

df = sns.load_dataset(('titanic'))

# 성별에 따른 나이분포
g = sns.FacetGrid(df,col='sex')
g.map(plt.hist,'age')
plt.show()
```

[그림 5-25] 참고

```
# 생존여부에 따른 나이분포
g = sns.FacetGrid(df, col='sex', row='alive')
g.map(plt.hist,'age')
plt.show()
```

[그림 5-26] 참고

```
# 객실등급별 나이분포
g = sns.FacetGrid(df, col='class')
g.map(plt.hist,'age')
plt.show()
```

[그림 5-27] 참고

```
# 객실 등급별 생존여부에 따른 나이 분포
g = sns.FacetGrid(df, col='class', row='alive')
g.map(plt.hist,'age')
plt.show()
```

[그림 5-28] 참고

[탐색 4] 탑승도시별 생존자 수와 생존율의 비교

타이타닉은 영국을 출발하여 최종 목적지인 미국의 New York에 이르는 여정에서 몇 개의 도시를 경유합니다. 우선 영국의 Southampton 출항을 시작으로 프랑스의 Cherbourg와 아일랜드의 Queenstown을 경유합니다.

도시별 탑승 인원수의 크기 순서는 [그림 5-29]와 같이 영국의 Southampton > 프랑스의 Cherbourg > 아일랜드의 Queenstown 순입니다. 그리고 성별 탑승인원을 도시별로 구분하면 [그림 5-30]과 같이 여성의 비율이 높은 도시의 순서는 아일랜드의 Queenstown > 프랑스의 Cherbourg > 영국의 Southampton 순입니다.

[그림 5-31]에서 도시별 생존율이 사망률을 앞선 곳은 프랑스의 Cherbourg가 유일하며 그 이유로는 [그림 5-32]와 같이 프랑스의 Cherbourg가 1등급 선실의 탑승비율이 제일 높기 때문인 것으로 판단됩니다.

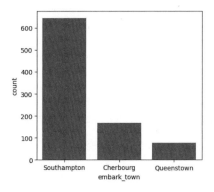

[그림 5-29] 도시별 탑승인원

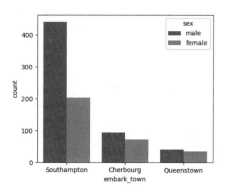

[그림 5-30] 도시별 성별 탑승인원

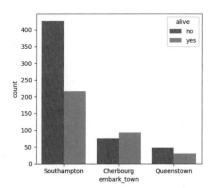

[그림 5-31] 도시별 생존여부 사례수

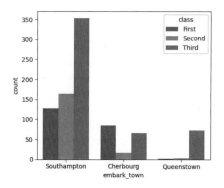

[그림 5-32] 도시별 등급별 탑승인원

앞의 결과에서 여성의 생존율(74.2%)이 높기 때문에 도시별 여성의 생존율도 남성보다 높을 것이므로 [그림 5-33]과 같이 도시별 성별 생존사례수를 토대로 작성한 [표 5-9]의 결과를 보면 여성의 생존율이 가장 높은 곳의 순서는 Cherbourg 탑승자(87.7%) > Queenstown 탑승자(75%) > Southampton 탑승자(69%)로 나타났고, 성별 구분없이 탑승 도시별로는 [표 5-10]과 같이 Cherbourg 탑승자(56.4%) > Queenstown 탑승자

(39%) > Southampton 탑승자(34.7%)로 나타났습니다. [그림 5-33]과 이를 정리한 [표 5-11]로부터 도시별 등급별 여성의 생존율의 순서는 1등실에 대해서 Cherbourg(69.4%) > Southampton(58.3%) > Queenstown(50%)로 나타났습니다.

```
embark_town Cherbourg     Queenstown     Southampton      All
sex         female male   female male    female male
alive
no              9   66        9   38        63  364   549
yes            64   29       27    3       140   77   340
All            73   95       36   41       203  441   889
```

[그림 5-33] 도시별 성별 생존여부의 사례수

```
embark_town Cherbourg       Queenstown        Southampton       All
pclass       1   2   3       1   2   3         1    2    3
alive
no          26   8  41       1   1  45        53   88  286   549
yes         59   9  25       1   2  27        74   76   67   340
All         85  17  66       2   3  72       127  164  353   889
```

[그림 5-34] 도시별 등급별 생존여부의 사례수

[표 5-9] 탑승 도시별 성별 생존율

도시	Cherbourg		Queenstown		Southampton	
성별	여	남	여	남	여	남
사망	6	66	9	38	63	346
생존	64(87.7%)	29	27(75%)	3	140(69%)	77
계	70	95	36	41	203	423
합계	165		77		626	

[표 5-10] 탑승 도시별 생존율

	Cherbourg	Queenstown	Southampton
사망	72	47	409
생존	93(56.4%)	30(39%)	217(34.7%)
계	165	77	626

[표 5-11] 도시별 등급별 여성의 생존율

	Cherbourg			Queenstown			Southampton		
객실등급	1	2	3	1	2	3	1	2	3
사망	26	8	41	1	1	45	53	88	286
생존	59(69.4%)	9	25	1(50%)	2	27	74(58.3%)	76	67
계	85	17	66	2	3	72	127	164	353
합계	168			77			644		

예제 5-6 **탑승도시별 생존자 수와 생존율의 비교**

[그림 5-33], [그림 5-34]와 같이 행과 열로 사례수를 출력하는 교차표를 출력할 때 pandas의 함수 crosstab()을 이용하며, 일반적인 세로형의 막대그래프는 함수 plt.bar()를, 가로형의 막대그래프는 함수 plt.barh()를 사용합니다. [그림 5-30]과 같이 범주(성별 또는 객실등급 등)에 의해 막대그래프를 구분하여 나타낼 경우에는 함수 sns.countplot()이 유용합니다.

함수 pandas.crosstab()	함수 인자(사용법)
pandas.crosstab(index, cloumn, margins, …)	• index : 행으로 사용할 데이터(list, array) • column : 열로 사용할 데이터(list, array) • margins : 추가할 행이나 열 margin(bool)

함수 matplotlib.pyplot	함수 인자(사용법)
matplotlib.pyplot.bar(x, height, …) matplotlib.pyplot.barh(x, height, …)	• x : x축에 나타낼 데이터(배열 또는 리스트) • height : y축에 나타낼 데이터(배열 또는 리스트)

함수 sns.countplot()	함수 인자(사용법)
sns.countplot(data, x, y, hue, …)	• data : 데이터프레임 이름 • x, y : 변수 이름 • hue : 범주로 구분할 데이터

```python
import pandas as pd
import numpy as np
import seaborn as sns
import matplotlib.pyplot as plt

df = sns.load_dataset(('titanic'))

# 도시별 탑승인원
sns.countplot(df, x='embark_town')
plt.show()
```

[그림 5-29] 참고

```python
# 탑승 도시별 성별구분
sns.countplot(df, x='embark_town', hue='sex')
plt.show()
```

[그림 5-30] 참고

```python
# 탑승 도시별 성별구분
sns.countplot(df, x='embark_town', hue='alive')
plt.show()
```

[그림 5-31] 참고

```python
# 탑승 도시별 등급별 구분
sns.countplot(df, x='embark_town', hue='class')
plt.show()
```

[그림 5-32] 참고

```python
# 도시별 성별 생존여부의 사례수
print(pd.crosstab(df["alive"], [df["embark_town"], df["sex"]], margins=True))
print('n')
```

[그림 5-33] 참고

```python
# 도시별 등급별 생존여부의 사례수
print(pd.crosstab(df["alive"], [df["embark_town"], df["pclass"]], margins=True))
```

[그림 5-34] 참고

[종합]

생존율이 제일 높은 비율의 순서로 정리하면 다음과 같습니다.

1. 전체적으로 생존율이 높은 순서
   여성 탑승자(74%) > 1등실 탑승자(62.9%) > Cherbourg 탑승자(56.4%) > 동승 탑승자(50.6%)

2. 오직 여성 탑승자에 대해서 생존율이 높은 순서
   1등실 탑승자(96.8%) > 2등실 탑승자(92.1%) > Cherbourg 탑승자(87.7%) > Queenstown의 탑승자(75%) > Cherbourg의 1등실 탑승자(69.4%) > Southampton의 탑승자(69%)

3. 오직 남성 탑승자에 대해서 생존율이 높은 순서
   1등실 탑승자(36.9%) > Cherbourg 탑승자(30.5%)

단원 정리 5.1

■ 타이타닉 데이터를 이용한 분석

타이타닉 승선자의 데이터는 모듈 Seaborn으로부터 함수 load_dataset()을 사용하여 불러 올 수 있다. 이 데이터는 사망자와 생존자를 포함한 총 891명의 데이터로 다음 같은 내용(변수와 값)을 포함하고 있다.

순서	변수	내용	값
1	survived	생존 여부	0(사망), 1(생존)
2	pclass	객실 등급	1(1등급), 2(2등급), 3(3등급)
3	sex	성별	male(남), female(여)
4	age	나이	
5	sibsp	함께 탑승한 형제 및 배우자 수	
6	parch	함께 탑승한 자녀 및 부모 수	
7	fare	요금	
8	embarked	탑승한 곳의 첫 글자	C(Cherbourg), Q(Queenstown), S(Southampton)
9	class	객실 등급	First(1등실), Second(2등실), Third(3등실)
10	who	남성, 여성, 아이	man, woman, child
11	adult_male	성인 남성 여부	True, False
12	deck	선실 번호	A, B, C, D, E, F, G
13	embark_town	탑승한 도시	Cherbourg, Queenstown, Southampton
14	alive	생존 여부	yes(생존), no(사망)
15	alone	혼자 탑승 여부	True, False

생존과 생존율에 많은 영향을 준 변수를 찾아보기 위하여 다음의 내용을 탐색하였다.

[탐색 1]	성별 생존자와 생존율을 확인하고 비교
[탐색 2]	객실 등급별 생존자와 생존율의 비교
[탐색 3]	연령별 생존자와 생존율의 비교
[탐색 4]	탑승 도시별 생존자와 생존율의 비교

생존율이 제일 높은 비율의 순서로 정리하면 다음과 같다.

1. 전체적으로 생존율이 높은 순서
   여성 탑승자(74%) > 1등실 탑승자(62.9%) > Cherbourg 탑승자(56.4%) > 동승 탑승자(50.6%)

2. 오직 여성 탑승자에 대해서 생존율이 높은 순서
   1등실 탑승자(96.8%) > 2등실 탑승자(92.1%) > Cherbourg 탑승자(87.7%) > Queenstown의 탑승자(75%) > Cherbourg의 1등실 탑승자(69.4%) > Southampton의 탑승자(69%)

3. 오직 남성 탑승자에 대해서 생존율이 높은 순서
   1등실 탑승자(36.9%) > Cherbourg 탑승자(30.5%)

1. 타이타닉 데이터의 결과 또는 추가 분석을 통해 다음의 내용을 정리해 보시오.

   a. 생존 여부가 확인된 데이터에도 결측값이 존재하는데 어느 변수에 어느 정도의 결측값이 있는지 조사하시오.

   b. 여성 사망자 수 대비 여성 생존자 수의 비율

   c. 남성 생존자 수 대비 남성 사망자 수의 비율

   d. 사망자 중에서 남성과 여성의 구성비

   e. 생존자 중에서 남성과 여성의 구성비

   f. 각 연령대 별로 생존자와 사망자의 구성비

   g. 연령대와 객실 등급별 생존자와 사망자의 성별 비율

   h. 생존율이 높은 성별과 연령대 순서

   i. 사망률이 높은 성별과 연령대 순서

2. 3장의 데이터를 제공하는 라이브러리에서 두 개의 세트를 찾고, 이에 대해 시각화를 포함한 탐색적 데이터 분석을 통해 결과를 정리하시오.

3. 파이썬 시각화 라이브러리 대해 조사하고 특징과 기능을 요약·비교하시오.

4. 데이터가 가지고 있는 특징을 숫자로 요약하거나 시각화를 통해 변수의 특성과 변수 간의 관계를 파악하려는 과정을 무엇이라 하는가?

   ① 데이터 축소   ② 데이터 전처리   ③ 다차원분석   ④ 탐색적 데이터분석

5.2 텍스트 마이닝의 시각화

텍스트 분석이라고도 알려진 텍스트 마이닝은 대량의 구조화되지 않은 텍스트 데이터에서 의미 있는 정보를 추출하는 프로세스이며 이를 위한 데이터는 도서, 기사, SNS 미디어, 웹사이트, 이메일 등 다양한 소스에서 얻을 수 있습니다. 텍스트 마이닝은 자연어 처리(NLP, Natural Language Processing), 머신러닝, 데이터 마이닝 기술을 결합하여 구조화되지 않은 텍스트를 다양한 목적으로 분석하고, 사용할 수 있는 구조화된 데이터로 변환[3]합니다.

시각화 기술은 텍스트 마이닝 결과를 보다 이해하기 쉽고 해석하기 쉬운 형태로 제시하는 데 사용됩니다. 여기에는 단어 구름(word cloud), 막대 차트, 히트맵(heatmaps), 네트워크 다이어그램(network diagrams)이 포함될 수 있습니다.

5.2.1 단어 구름

단어 구름(텍스트 클라우드 또는 태그 클라우드라고도 함)은 다양한 크기로 표현된 단어의 모음 또는 클러스터입니다. 단어가 더 크고 굵게 표시될수록 해당 텍스트에서 해당 단어가 더 자주 언급되고 더 중요해집니다.

이러한 그래픽 방법은 블로그 게시물에서 데이터베이스에 이르기까지 텍스트 데이터의 가장 관련성이 높은 부분을 추출하는 이상적인 방법입니다. 또한 비즈니스 사용자가 두 개의 서로 다른 텍스트를 비교하고 대조하여 두 텍스트 사이의 문구 유사점을 찾는 데 도움이 될 수 있습니다.

[그림 5-35]는 바이든 대통령의 취임식 연설문[4]에 대한 단어 구름[5]을 나타냅니다. 조 바이든 대통령 취임식은 현지 시각으로 2021년 1월 20일 정오 직전에 워싱턴 D.C. 미국 국회 의사당 서관에서 개최되었으며 59번째 대통령 취임식으로 조 바이든 대통령과 카멀라 해리스 부통령의 4년 임기의 시작을 알리는 행사였습니다.

---

3) Sholom M. Weiss, Nitin Indurkhya, Tong Zhang(2015), "Fundamentals of Predictive Text Mining".second edition, Springer
4) https://en.wikipedia.org/wiki/Inauguration_of_Joe_Biden
5) https://www.freewordcloudgenerator.com/

[그림 5-35] 바이든 대통령의 취임식 연설문에 대한 단어 구름

5.2.2 히트맵

다음은 대형 테이블을 일목요연하게 표시하기 위하여 히트맵(heat map)을 사용하는 예[6] 입니다. 히트맵은 단어에서와 같이 열(heat)과 지도(map)을 결합하여 색상으로 표현할 수 있는 다양한 정보를 열분포의 형태로 표현하는 것입니다. 이러한 시각화 기법은 테이블이 너무 커서 읽을 수 없을 때에 유용하게 사용할 수 있습니다. 아래 표는 사람들이 다양한 자동차의 상징적 브랜드와 연관시키려는 성격의 속성을 보여줍니다. 표가 너무 커서 쉽게 읽을 수 없고 너무 커서 웹 페이지에 우아하게 표시되지 않는 경우 이 경우 첫 번째 페이지 만 표시됩니다. 숫자를 셀의 숫자에 비례하는 색상이나 음영으로 대체하는 히트맵은 우리 두뇌가 소화하기 훨씬 더 쉽습니다.

---

6) https://www.displayr.com/heatmap-display-large-tables/

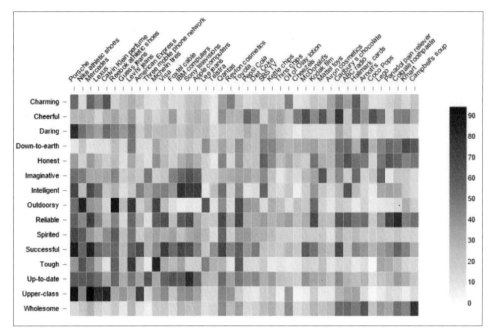

[그림 5-36] 자동차와 속성에 대한 히트맵

5.2.3 네트워크 다이어그램

네트워크 다이어그램(network diagrams)은 네트워크 구조를 시각적으로 표현한 것입니다. 다양한 기호와 선 연결을 가진 네트워크 구조를 매핑합니다. 시각적 표현은 사용자가 항목이 연결된 방식을 쉽게 이해할 수 있도록 하기 때문에 네트워크의 레이아웃을 공유하는 이상적인 방법입니다.

[그림 5-37]은 1994년부터 2013년까지 튀르키예(Turkey)에서 컴퓨터 이공계를 대상으로 진행된 6,834편의 석·박사 논문을 분석하여 연구 개념과 관련성 등의 네트워크 다이어그램을 나타낸 것입니다. 왼쪽의 다이어그램은 2004년부터 2008년 사이의 연구 개념과 관련성을, 오른쪽 다이어그램은 2009년부터 2013년 사이의 연구 개념과 관련성을 나타냅니다.[7]

---

7) Volkan Tunali, T. Bilgin(2014), "Text mining and social network analysis on computer science and engineering theses in Turkey", Computer Science,
Proceedings of the 15th International Conference on Computer Systems and Technologies

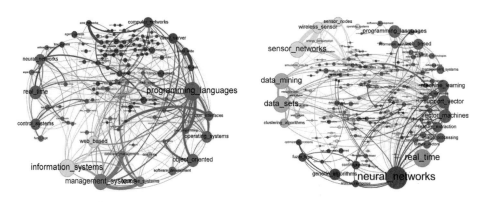

[그림 5-37] 컴퓨터 과학분야 논문의 연구 개념과 관련성에 대한 네트워크 다이어그램

단원 정리 5.2

■ 단어 구름

단어 구름은 다양한 크기로 표현된 단어의 모음 또는 클러스터를 말한다. 단어가 더 크고 굵게 표시될수록 해당 텍스트에서 해당 단어가 더 자주 언급되고 더 중요해짐을 의미한다. 이러한 그래픽 방법은 블로그 게시물에서 데이터베이스에 이르기까지 텍스트 데이터의 가장 관련성이 높은 부분을 추출하는 이상적인 방법이다.

■ 히트맵

대형 테이블을 일목요연하게 표시하기 위하여 히트맵(heat map)을 사용한다. 히트맵은 단어에서와 같이 열(heat)과 지도(map)를 결합하여 색상으로 표현할 수 있는 다양한 정보를 열분포의 형태로 표현하는 것이다. 이러한 시각화 기법은 테이블이 너무 커서 읽을 수 없을 때에 유용하게 사용할 수 있다.

■ 네트워크 다이어그램

네트워크 다이어그램(network diagrams)은 네트워크 구조를 시각적으로 표현한 것이다. 다양한 기호와 선 연결을 가진 네트워크 구조를 매핑한다. 시각적 표현은 사용자가 항목이 연결된 방식을 쉽게 이해할 수 있도록 하기 때문에 네트워크의 레이아웃을 공유하는 이상적인 방법이다.

연습문제 5.2

1. 다음 주제의 영어 원문을 찾아 단어 구름을 작성하여 보고 다른 사람과 비교하여 보시오.

   a. 빅데이터 분석과 관련된 논문 또는 서적의 요약 내용
   b. 유명한 연설문(또는 취임사)
   c. 가장 좋아하는 시 또는 노래
   d. 가장 좋아하는 영화 또는 드라마의 요약

2. 인터넷에서 히트맵의 사용 예를 조사하시오.

3. 한식(또는 양식, 일식)의 종류와 속성에 대해서 설문을 조사하여 히트맵으로 작성해 보시오.

데이터 분석 모형

적합한 빅데이터 분석 모형을 선정하는데 있어서 통계, 데이터 마이닝 그리고 머신러닝을 기반으로 하는 데이터 분석 모형을 활용합니다.

contents

6.1 통계 기반 데이터 분석 모형 | 6.2 데이터 마이닝 기반 데이터 분석 모형

6.3 머신러닝 기반 분석 모형

데이터 분석 모형

| 이 장에서 학습할 내용 |

1. 통계 기반 데이터 분석 모형
   기술통계와 추론통계, 추정과 가설검정, 다변량분석
2. 데이터 마이닝 기반 데이터 분석 모형
   군집화, 분류, 연관규칙, 예측
3. 머신러닝 기반 분석 모형
   분류, 회귀, 군집, 차원 축소

적합한 빅데이터 분석 모형을 선정하는데 있어서 통계, 데이터 마이닝 그리고 머신러닝을 기반으로 하는 데이터 분석 모형을 활용합니다.

빅데이터 분석 모형		
통계 기반	**데이터 마이닝 기반**	**머신러닝 기반**
데이터를 통계적으로 분석하고 모형화하는 방법을 의미. 이러한 모형은 데이터에 숨겨진 패턴을 발견하고 예측하기 위해 사용	이 모형은 데이터 속에서 패턴, 규칙, 트렌드 등의 유용한 정보를 발견하고 추출하기 위해 사용	이 모형은 데이터에서 패턴을 발견하고 예측하기 위해 컴퓨터 시스템에 학습할 수 있는 알고리즘을 적용

통계란 어떤 현상을 종합적으로 한눈에 알아보기 쉽게 일정한 체계에 따라 나타낸 것으로서 숫자를 포함하여 다양한 방법으로 나타낼 수 있습니다. 통계학은 통계로부터 의미있는 정보를 추출하고 이를 토대로 불확실한 사실에 대해 합리적인 의사결정을 내릴 수 있도록 도와주는 학문입니다. 통계학은 데이터를 수집, 분석, 연구하고 미래에 대한 추론과 예측을 하는 학문으로 데이터 마이닝과 머신러닝 알고리즘의 기본이 됩니다.

데이터 마이닝이란 방대한 양의 데이터, 즉 빅데이터로부터 유용한 정보를 추출하는 프로세스로서, 데이터로부터 새롭고 유용한 패턴을 발견하고 그것을 필요로 하는 조직 또는 개인이 의미있는 정보를 찾기 위하여 사용합니다. 기업들은 방대한 고객 정보를 바탕으로 강력한 데이터 마이닝 기법을 사용하여 고객의 구매 패턴을 파악하거나 생산된 제품의 재고 유지를 위한 중요한 정보를 얻기 위하여 머신러닝과 통계 그리고 데이터베이스 기술을 활용합니다.

반면에 머신러닝은 데이터로부터 얻어진 경험의 결과를 향상시킨 알고리즘을 발견하는 과정이고, 사람의 개입없이 기계 스스로가 학습할 수 있는 알고리즘을 설계, 연구하고 개발하는 것입니다. 따라서 머신러닝은 컴퓨터가 주어진 내용을 학습하고 컴퓨터가 이해하는 방법을 가르침으로써 복잡한 작업을 수행하도록 시스템을 훈련시키고 수집된 데이터와 경험을 통해 더 똑똑하게 만드는 것입니다.

데이터 마이닝과 머신러닝의 공통점은 두 개의 프로세스 모두가 복잡한 문제해결을 위하여 데이터를 사용한다는 것이고, 어떤 구체적인 패턴을 찾아내기 위하여 동일한 알고리즘을 사용합니다. 머신러닝은 데이터 마이닝을 수행하는 수단으로 사용될 수 있으며, 데이터 마이닝에서 수집된 데이터는 모형을 훈련하여 머신러닝 기술을 적용하는 데 사용될 수 있습니다.

6.1 통계 기반 데이터 분석 모형

통계 기반 데이터 분석 모형은 데이터를 통계적으로 분석하고 모형화하는 방법을 의미하고 이러한 모형은 데이터에 숨겨진 패턴을 발견하고 예측하기 위해 사용합니다.

주어진 문제의 예측과 전망에 대해 합리적인 의사결정을 내리기 위한 여러 방법들이 사용될 수 있는데 그 중에서 통계학이 한 가지 방법으로 사용됩니다.

통계학은 제기된 문제로부터 합리적인 의사결정을 내리기 위해 다음과 같은 절차와 내용에 관심을 두고 있습니다.

[수집 방법]	[분석 방법]	[결과 해석]	[결론 도출]
데이터를 어떻게 수집할 것인가?	수집한 데이터를 가지고 어떤 분석을 사용할 것인가?	분석결과를 토대로 어떤 설명이 가능한가?	결과를 토대로 내린 결론은 어느 정도 신뢰할 수 있는가?

6.1.1 기술통계와 추론통계

통계분석은 수집한 데이터로부터 유용한 정보를 추출하는 과정으로 크게 기술통계 분석(descriptive statistics analisys)과 추론통계 분석(inferential statistical analisys)으로 구분합니다.

정보를 얻고자 하는 관심 대상 전체 집합을 모집단(population)이라 하며, 모집단은 관심 대상에 따라 달라지지만 국민 전체, 성인 남녀 또는 유권자 전체 등으로 그 규모가 크기 때문에 우리가 다루는 데이터의 대부분은 모집단의 부분집합인 표본(sample)입니다. 기술통계 분석은 표본의 결과를 다루지만, 추론통계 분석은 표본의 결과를 이용하여 모집단의 특성인 모수(parameter)를 추정합니다.

구분	기술통계 분석	추론통계 분석
내용	• 모집단으로부터 표본을 추출하고 나서 표본이 가지고 있는 정보를 쉽게 파악할 수 있도록 데이터를 정리하거나 요약하기 위해 하나의 숫자로 또는 그래프의 형태로 표현 • 평균과 표준편차를 계산하거나 표본에 대한 시각화(히스토그램, 막대그래프 등)를 포함	• 모집단으로부터 추출한 표본 통계량으로부터 모집단의 특성인 모수에 관해 통계적으로 추론 • 추론통계는 표본의 결과를 이용하여 모집단의 모수를 추측하는 추정과 가설검정으로 구분

통계적 추론은 모집단에 대한 가설이 갖는 통계적 의미를 파악하는 과정으로 크게 추정과 가설검정으로 구분합니다. 통계적 추론에 사용하는 표본은 모집단 전체가 아닌 모집단의 일부만을 사용한 것이므로 추론은 틀릴 가능성을 포함하고 있습니다. 따라서 추론통계 분석은 모수에 대한 추론을 얼마나 신뢰할 수 있는가, 또는 추론으로부터 얻은 결론은 어느 정도 신뢰할 수 있는가 등을 포함합니다.

[표 6-1] 통계적 추론

구분	추정(estimation)	가설검정(hypothesis test)
내용	모집단에서 추출한 표본의 결과를 이용하여 모집단의 모수를 추측하는 과정	표본분포를 이용하여 모집단 특성에 대한 가설의 진위를 가리는 것. 통계적으로 유의한가를 검정하므로 유의성 검정이라고도 함
방법	• 점추정(point estimation) • 구간추정(interval estimation)	• 모수 검정(parametric test) • 비모수 검정(non-parametric test)

6.1.2 추정과 가설검정

1. 추정

추정은 모집단에서 추출한 표본의 결과를 이용하여 모집단의 모수를 추측하는 과정을 말하며 추정 방법에 점추정과 구간추정이 있습니다. 점추정은 오직 하나의 값으로 모수를 추정하는 것이고, 구간추정은 모수가 포함될 것이라고 기대하는 범위(모수의 신뢰구간)를 추정하는 것입니다.

■ 점추정

모집단의 평균(μ)을 추정하기 위해서 표본평균, 표본 중앙값, 표본 최빈값을 생각할 수 있는데 이러한 추정량 중에서 좋은 추정량을 선택하기 위한 기준이 있어야 합니다.

> [참고 1] **좋은 추정량의 선택 기준**
>
> • 불편성 : 불편성(unbiasedness)은 편의(biased)가 없다는 뜻으로 추정량의 기댓값이 모수와 같으면 불편성을 만족하는 것이고, 이러한 추정량을 불편 추정량이라 합니다. 불편 추정량(unbiased estimator)으로 표본평균 ($\overline{X}$) 과 표본분산 (S^2) 을 들 수 있습니다.
>
> • 효율성 : 추정량이 불편성을 만족한다고 하더라도 분산이 크다면 편의가 있는 추정량보다 더 낫다고 할 수 없습니다. 효율성(efficiency)은 추정량 중에서 분산이 작은 추정량이 갖는 성질을 의미합니다.
>
> • 일치성 : 일치성(consistency)은 표본의 크기가 증가할수록 추정량이 모수에 일치함을 의미합니다. 표본평균은 표본의 크기가 커질수록 모집단 평균과 같아지는 일치성의 성질을 만족합니다.

점추정에서 모집단 평균을 추정할 때 표본평균(sample mean)은 불편성, 효율성, 일치성의 성질을 갖는 좋은 추정량입니다. 그런데 점추정은 추정량을 이용하여 계산한 추정치가 얼마나 정확한가에 대한 정보를 주지 못한다는 것입니다.

예를 들어 우리나라 전체 대학생의 월 생활비(모집단 평균 μ)를 추정하기 위해서 표본을 선택했고, 표본평균의 결과가 60만원으로는 조사되었다면, 점추정은 이 결과를 이용하여 모집단 평균은 60만원일 것으로 추정하는 것입니다. 이 예에서 점추정의 추정량으로 표본 평균을 사용할 경우, 위의 조사와 다른 표본을 선택한다면 추정치(표본평균)가 달라질 수 있고, 분산의 정보도 없으므로 모집단 평균을 추정한 값이 얼마나 정확한지를 나타낼 수 없습니다.

따라서 오직 하나의 값(표본평균)으로 모수를 추정한다면 표본으로부터 얻은 표본평균 $(\overline{X})$이 모집단 평균(μ)과 얼마나 가까운가에 대한 어떠한 정보도 제공해 주지 못한다는 것입니다. 이러한 단점을 보완하기 위해 구간추정을 사용합니다.

■ 구간추정

표본평균을 이용한 점추정에서 모집단 평균과의 표본평균 간에 필연적인 차이(오차)가 발생하는데, 오직 하나의 값(표본평균)으로 모수를 추정한다면 표본으로부터 얻은 표본평균 $(\overline{X})$이 모집단 평균(μ)과 얼마나 가까운가에 대한 정보(추정의 정확도)를 제공해 주지 못합니다. 이러한 단점을 보완하기 위해 구간추정(모수의 신뢰구간)을 사용합니다. 구간추정은 점추정과는 달리 모수가 포함될 것이라고 기대하는 범위를 설정하여 모수를 추정하는 방법입니다. 모집단 평균 μ에 대한 구간추정은 다음과 같이 μ를 중심으로 일정한 간격으로 추정하고 이를 신뢰구간이라 합니다.

$$L \leq \mu \leq U \qquad \begin{array}{l} L : \text{구간의 하한 값(lower bound)} \\ U : \text{구간의 상한 값(upper bound)} \end{array}$$

그리고 추정한 구간에 대한 신뢰성의 크기를 확률$(1-\alpha)$을 이용하여 표시합니다. 이때 α는 오차 확률로서 표본을 이용하게 됨으로써 필연적으로 발생하는 표본오차를 의미합니다. [식 1]은 $P(L \leq \mu \leq U)$을 오차의 크기인 α를 이용하여 $100 \times (1-\alpha)\%$로 나타낸 것으로, 이때 $100 \times (1-\alpha)\%$를 신뢰수준(confidence level)이라 합니다. α의 크기로 0.05를 사용한다면 신뢰수준은 95%가 되고 이때 L과 U 사이의 구간을 모집단 평균 μ에 대한 95% 신뢰구간이라 합니다.

$$P(L \leq \mu \leq U) = 100 \times (1-\alpha)\%$$
$$P(L \leq \mu \leq U) = 100 \times (1-0.05)\% = 95\%$$

[식 1]

어느 한 학생이 우리나라 대학생의 평균 키를 추정할 때, "100% 자신하는데 우리나라 대학생의 평균 키는 1m 이상 2m 이하가 될 거야."라고 할 때 모집단 평균 키를 이렇게 추정하는 것이 의미가 있을까요? 여기서 100%의 자신감이란 신뢰수준이 100%(오차 확률 $\alpha=0$)가 된다는 것인데, 신뢰수준을 높게 하면 신뢰구간의 폭은 넓어집니다.

추정은 모집단에서 추출한 표본의 결과를 이용하여 모집단의 모수를 추측하는 것이기에 오차 확률인 α는 필연적으로 발생하는 것이므로, 이를 감수하더라도 의미 있는 신뢰구간을 추정해야 합니다.

점추정과 마찬가지로 구간추정 역시 표본으로부터 계산된 표본평균 $\overline{X}$ 를 이용하여 L과 U을 추정합니다. 그런데 표본평균 $\overline{X}$ 는 표본에 따라 달라지며, 표본평균 $\overline{X}$ 가 달라진다는 것은, 동일한 크기의 신뢰수준을 사용하더라도 표본에 따라 추정한 L과 U가 달라질 수 있음을 의미합니다. 따라서 $P(L \leq \mu \leq U)=0.95$ 를 해석할 때 모집단 평균 μ가 L과 U 사이에 있을 확률이 95%가 된다기보다 추정된 구간 L과 U 가 모집단 평균 μ를 포함하게 될 것이라는 믿음의 정도(신뢰성의 수준)가 95%가 된다는 의미로 해석합니다.

모집단 평균 μ에 대한 신뢰구간을 추정할 때, 이론적으로 모집단 표준편차(σ)를 알고 있느냐 모르느냐에 따라 표본평균 $\overline{X}$ 의 표본분포가 달라집니다. 모집단 표준편차를 알고 있고, 모집단이 정규분포를 따른다면 표본평균 $\overline{X}$ 는 정규분포를 따르지만, 모집단이 정규분포를 따르지 않는다고 하더라도 표본의 크기가 충분히 크다면 중심극한정리[1]에 의해 표본평균 $\overline{X}$ 가 정규분포를 따른다고 할 수 있습니다.

[모집단 표준편차를 알고 있는 경우, 모집단 평균에 대한 신뢰구간]

신뢰수준 95% 하의 신뢰구간	신뢰수준 99% 하의 신뢰구간
$P\left(\overline{X}-1.96\dfrac{\sigma}{\sqrt{n}} \leq \mu \leq \overline{X}+1.96\dfrac{\sigma}{\sqrt{n}}\right)$	$P\left(\overline{X}-2.57\dfrac{\sigma}{\sqrt{n}} \leq \mu \leq \overline{X}+2.57\dfrac{\sigma}{\sqrt{n}}\right)$

---

1) 모집단 분포가 정규분포가 아니더라도 표본의 크기 n이 충분히 크다면 $(30 \leq n)$ 표본평균 $\overline{X}$ 에 대한 확률분포는 정규분포를 따르게 되는데 이러한 사실을 중심극한정리(central limit theorem)라 한다.

[모집단 표준편차를 모르는 경우, 모집단 평균에 대한 신뢰구간]

일반적(현실적)으로 모집단 표준편차를 모르는 경우가 많으며 이 경우 표본평균 $\overline{X}$ 는 정규분포가 아닌 t분포를 따르게 되며, 자유도가 $n-1$인 t분포를 이용하여 신뢰구간을 추정합니다. 모집단 표준편차를 모르는 경우, 모집단 평균에 대한 $100 \times (1-\alpha)\%$ 신뢰구간은 다음의 식으로 계산합니다.

$$P\left(\overline{X} - t_{(\alpha/2,\, n-1)} \frac{S}{\sqrt{n}} \leq \mu \leq \overline{X} + t_{(\alpha/2,\, n-1)} \frac{S}{\sqrt{n}}\right)$$

모집단 표준편차를 모르는 경우의 신뢰구간은 파이썬에서 함수 interval()로 계산합니다.

함수 scipy.stats.t.interval()	함수 인자
scipy.stats.t.interval(alpha, df, loc, scale)	• alpha : 신뢰수준 • df : 자유도 • loc : 표본평균 • scale : 표준오차

예제 6-1 **모집단 표준편차를 모르고 표본의 크기 n이 작은 경우($n<30$)의 구간추정**

A기업에서 생산하는 건전지의 평균수명을 조사하기 위해 생산된 10개의 건전지를 조사한 수명(시간)은 다음과 같습니다. 이 데이터로부터 모집단 평균에 대한 95% 신뢰구간을 계산하시오.

```
260 265 250 270 272
258 262 268 270 252
```

| 풀이 |

| 모집단 표준편차를 모르는 경우의 구간추정(예제6-1.py)

```python
import numpy as np
import scipy.stats as st
from scipy.stats import t

a = [260, 265, 250, 270, 272, 258, 262, 268, 270, 252]

print('평균=', np.mean(a),'\n')
```

```
 평균= 262.7
print('표준오차=', st.sem(a),'\n')
 표준오차= 2.4315061633115844
print('t값=', t.ppf(0.975, 10-1),'\n')
 t값= 2.2621571627409915
print('신뢰구간 t.interval =')
print(st.t.interval(0.95, len(a)-1, loc=np.mean(a), scale=st.sem(a)))
 (257.19955091641583, 268.20044908358415)
```

데이터의 평균과 표준편차를 계산하면 각각 262.7과 7.29이고 신뢰구간은 다음과 같이 함수 scipy.stats.t.interval()을 이용합니다. 프로그램에서 st.sem(a)는 표준오차인 $S/\sqrt{n}$ 을 계산하고, 함수 interval()은 신뢰수준을 이용하여 신뢰구간을 계산합니다. 계산된 95% 신뢰구간의 하한은 257.2이고 상한은 268.2입니다.

2. 가설검정

통계적 가설검정은 표본분포의 성질을 이용하여 모집단 특성에 대한 가설의 진위를 가리는 것입니다. 통계적 가설검정은 재판과정과 마찬가지로 간접적인 방법, 즉 주장(대립가설)과 반대되는 가설(귀무가설)을 사실로 가정한 상태에서 검정이 이루어집니다. 이때 두 개의 가설은 법정에서의 가설과 같이 서로 상반된 것이어야 합니다.

- 가설1(H0) : 용의자는 무죄임
- 가설2(H1) : 용의자는 유죄임

구분	가설	사실로 가정(전제)
재판	주장과 반대되는 가설(귀무가설) H0 : 용의자는 무죄임	H0 : 용의자는 무죄임
	주장하는 가설(대립가설) H1 : 용의자는 유죄임	
가설 검정	주장과 반대되는 가설(귀무가설) H0 : 충전시간은 과거보다 늘어나지 않았다.	H0 : 충전 시간은 늘어나지 않았다.
	주장하는 가설(대립가설) H1 : 충전시간은 과거보다 늘어났다.	

재판은 죄를 지었다고 의심되는 용의자에 대해 검사가 법원의 심판을 요구(이를 기소라 함) 하는 것으로 시작하지만 피의자 또는 피고인에 대해 유죄가 밝혀지지 않는 한 무죄를 가정한 상태로 재판이 이루어집니다. 이를 무죄 추정의 원칙이라 합니다.

재판을 통한 법원의 무죄 판결이 "피의자가 무죄임을 증명"한 것이라면 또는 유죄 판결이 "피의자가 유죄임을 증명"한 것이라면, 판결이 증명되었기 때문에 재판은 단 한 번의 판결로 종료되어야 합니다. 그러나 재판의 결과에 불복하여 행해지는 항소나 항고와 같은 추가적인 절차가 존재한다는 것은 재판이 죄의 유무를 증명한다기보다는 무죄 추정의 원칙에 의하여 무죄가 아님을 밝히는 충분한 근거(증거)가 있다면 유죄로, 무죄가 아님을 밝히는 충분한 근거(증거)가 없다면 무죄로 죄의 유무를 판단하는 것으로 볼 수 있습니다.

> 가설검정은 법원에서의 재판과 같이 가설의 옳고 그름(참과 거짓)을 판단하는 것이 아니라 표본의 결과가 "귀무가설 H0가 사실이 아니라는 증거"를 얼마나 충분히 제시하느냐에 따라 가설검정이 이루어진다고 볼 수 있다.

어느 기업에서 새로운 공법으로 제작된 배터리의 사용가능 시간이 과거 동일한 크기의 제품보다 늘어난 것인지를 밝히기 위해서 다음과 같이 상반된 두 개의 가설(H0, H1)을 세우는 것으로 가설검정을 시작합니다. 과거에 제작된 배터리의 충전 시간은 평균(μ)이 48인 분포를 따른다고 가정합니다.

- H0 가설 : $\mu=48$(사용가능 시간 평균=48시간인 분포, 과거 배터리의 사용가능 시간의 분포)
- H1 가설 : $\mu>48$(사용가능 시간 평균이 48시간보다 더 늘어난 분포)

위 가설에서 이 기업이 밝히려는 가설은 H1 가설로 이는 배터리의 사용가능 시간이 과거보다 늘어났다는 것이고, 이와 반대되는 H0 가설은 배터리의 사용가능 시간이 과거보다 늘어나지 않았음을 나타냅니다.

이 기업은 새로운 공법에 의해 배터리의 사용가능 시간이 늘어났다는 주장(H1 가설, 대립가설이라 함)을 내세우고 싶지만 통계적 가설검정은 재판 과정과 마찬가지로 간접적인 방법, 즉 H0 가설(귀무가설이라 함)을 사실(배터리의 수명이 늘어나지 않았음)로 가정한 상태에서 검정이 이루어집니다. 주장하려는 가설(H1)에 대해서 검정하는 것이 아니라 그와 반대되는 가설(H0)을 검정하는 이유는 재판에서 피고인에 대해 무죄를 가정한 상태에서 재판을 시작하는 것과 같습니다. 이렇게 하는 이유는 타당한 근거(H0가 사실이 아님)가 제시되지 않는 이상 H0 가설을 사실로 유지하겠다는 의미로서 무죄 추정의 원칙과 같다고 볼 수 있습니다.

> 그렇다면 H0 가설이 사실이 아님을 밝히는 근거(증거)는 무엇으로부터 얻을 수 있는가?

이는 오로지 표본으로부터 얻게 되며 표본의 결과가 검정의 열쇠입니다. 이 기업의 경우 H0 가설이 사실이 아님을 밝히는 충분한 근거를 표본의 결과를 이용하여 제시한다면, H0 가설을 기각하고 H1 가설을 사실로 받아들입니다. 그러나 표본의 결과가 H0 가설이 사실이 아님을 밝히는 근거를 충분히 밝히지 못한다면 H0 가설을 사실로 받아들여야 합니다. 용어로 H0 가설을 귀무가설, H1 가설을 대립가설이라 하는데 용어 자체가 생소하므로 주장하려는 가설을 H1 가설로, 그와 반대되는 가설을 H0 가설로 칭하겠습니다.

■ 가설검정에서의 오류

징역형을 선고받고 옥살이를 한 피의자에 대해 재심 청구 후에 무죄를 선고하는 뉴스를 접할 수 있습니다. 이미 유죄 판결(무죄 가설 H0를 기각)을 받았지만, 재심을 통해 최종 재판 결과가 유죄에서 무죄로 번복된 것입니다. 통계적 가설검정에서도 표본에 따라서 검정 결과는 언제든지 번복될 수 있습니다. 재판의 예를 들어서 발생할 수 있는 오류를 정리하면 다음의 표와 같이 나타낼 수 있습니다.

[오류의 종류]

오류가 발생하는 경우	오류의 종류
실제로 피의자는 무죄이나 유죄로 판결 H0가 사실이나 H0를 기각함	제1종의 오류(α)
실제로 피의자는 유죄이나 무죄로 판결 H1이 사실이나 H0를 기각하지 않음	제2종의 오류(β)

> 발생할 수 있는 두 가지의 오류 중에서 어떤 오류가 더 큰 문제인가?

실제로 피의자는 무죄이지만 유죄 판결을 받는 것이 더 큰 문제(오류)입니다. 이러한 오류를 제1종의 오류라 하고 그 크기를 α로 나타냅니다. 재판에서 발생하는 이러한 오류의 원인은 충분하지 않거나, 또는 잘못된 근거나 증거에 기인하며, 통계적 가설검정에서는 모집단이 아니라 표본을 이용하기 때문에 발생합니다.

> 이러한 오류가 나타날 가능성을 줄이는 것이 좋지만, 그렇다고 아예 오류의 가능성을 없애버린다면 어떤 결과가 나타나게 될 것인가?

오래된 건물일수록 화재경보기가 오작동하는 경우가 많이 있습니다. 화재가 발생하지 않았는데 화재경보기가 울린다면 제1종의 오류(α)가 발생한 것이며, 화재가 발생했는데 경보기가 울리지 않았다면 제2종의 오류(β)가 발생한 것입니다. 만약 화재경보기의 제1종의 오류를 방지하기 위해서 화재 감지 센서를 둔감하게 조절한다면 화재 발생에도 경보기가 울리지 않을 가능성(제2종의 오류)이 커집니다.

따라서 어떠한 문제의 가설검정에도 이 두 가지의 오류는 필연적으로 발생하게 되며, 제1종의 오류(α)를 줄이면서 동시에 제2종의 오류(β)가 커지지 않도록 하는 방법을 찾아야 합니다. 가설검정의 근거는 오직 표본이기에 더 좋은, 확실한 증거를 확보하기 위해 표본에 관심을 두어야 합니다.

가설검정의 순서는 먼저 가설을 세우고, 제1종의 오류(α)의 크기를 설정합니다. 이를 유의수준(significance level)이라 합니다. 유의수준은 표본의 결과가 H0가 사실이 아니라는 증거에 대해 얼마나 충분한 타당성이 있는가를 판정하는 기준으로 사용합니다.

■ 유의수준과 고전적 가설검정

다시 배터리 사용가능 시간에 대한 가설검정 문제로 돌아와서 유의수준을 0.05(5%)로 설정했다고 가정합니다.

- H0 가설 : $\mu=48$(사용가능 시간 평균=48시간인 분포, 과거 배터리의 사용가능 시간의 분포)
- H1 가설 : $\mu>48$(사용가능 시간 평균이 48시간보다 더 늘어난 분포)

가설검정은 가설 H0가 사실이라는 가정 하에 검정이 이루어지고, 과거에 제작된 배터리의 사용가능 시간은 평균이 48인 분포를 따른다고 가정합니다.

새로운 공법으로 만들어진 배터리의 사용가능 시간 평균이 48시간보다 얼마나 늘어나야만 H0 가설이 사실이 아니라는 충분한 근거가 있다고 판단할 것인가?

과거 제품에 대한 배터리 충전 시간에 대한 분포는 [그림 6–1]과 같이 평균이 48시간인 분포라고 가정하였고, 그렇다면 새로운 공법으로 제작한 배터리의 충전 시간이 얼마나 늘어났을 때 H0 가설을 기각할 충분히 타당한 근거를 제시할 것인가를 생각해 봅니다. 그 기준을 [그림 6–1]에서 K로 표시하였습니다.

즉, 새로운 공법으로 제작한 배터리에 대해 표본을 뽑은 다음 충전 시간의 평균($\overline{X}$)을 계산하여 그 값이 K보다 크다면 H0 가설을 기각할 것이기에 K보다 큰 영역을 가설 H0의 기각영역, K보다 작다면 늘어나지 않았다(즉 평균이 48시간인 과거의 분포와 같다)고 볼 것이기에 가설 H0의 채택영역이라 하고 [그림 6–2]와 같이 나타낼 수 있습니다.

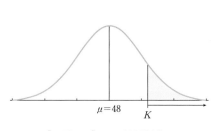

[그림 6-1] H0 가설의 분포

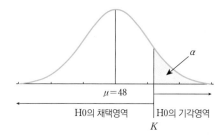

[그림 6-2] H0 가설의 기각영역과 채택영역

H0 가설의 기각과 채택의 기준이 될 K는 어떻게 정할 것인가? [그림 6–2]에 나타나 있듯이 분포의 오른쪽 끝부분의 확률(면적)이 유의수준(α)의 크기가 되도록 K를 결정하는 것입니다. 과거에는 이러한 과정으로 가설을 검정하였기에 이를 고전적 가설검정이라 합니다.

고전적 가설검정에서는 유의수준(α)을 어떻게 정하느냐에 따라 기각영역과 채택영역이 달라집니다. 즉, [그림 6–3]에서 현재의 유의수준 α가 0.05인데, 이를 0.01로 줄인다면 기준값 K_2는 기존의 K_1보다 더 오른쪽에 위치할 것이기에 유의수준을 어떻게 결정하느냐에 따라 가설검정의 기준이 달라진다는 것입니다.

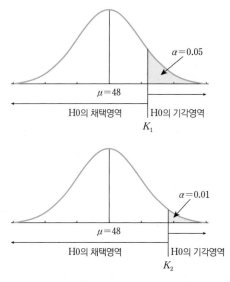

[그림 6-3] 유의수준의 변화에 따른 검정영역의 변화

고전적 가설검정은 검정이 이루어지기 전에 오로지 유의수준에 의해서 H0 가설을 기각할 것인가 채택할 것인가의 기준이 정해지므로 유의수준의 크기를 어떻게 정하느냐에 따라 검정 결과가 달라진다는 문제가 발생합니다.

■ p값을 이용한 가설검정

이러한 문제점을 보완하고자 p값을 이용하는데, 이는 검정 과정에서 표본의 결과를 검정에 반영하는 방법입니다. 따라서 p값은 검정 과정에서 밝혀진(나타난) 유의수준이라고 볼 수 있습니다.

앞에서 유의수준(α)은 H0 가설이 사실임에도 불구하고 H0 가설을 기각할 확률이라고 하였고, 이는 잘못된 결론을 내릴 확률을 의미합니다. 그런데 검정 과정에서 계산된 p값이 α의 크기보다 작다면, 잘못된 결론을 내릴 확률이 기준(α)보다 작다는 것을 의미합니다. 반면에 검정 과정에서 계산된 p값이 α보다 크다면 이는 잘못된 결론을 내릴 확률이 기준(α)보다 커졌다는 의미입니다.

잘못된 결론을 내릴 확률이 검정 과정에서 허용 기준(유의수준)보다 작게 나왔다는 것은 H0 가설이 사실이 아니라는 것을 나타내는 강력한 증거가 되는 것입니다. 따라서 p값을 이용하여 가설을 검정할 때 다음과 같이 처리합니다.

[p값에 따른 가설의 검정과 해석]

검정 결과	해석
p값 ≤ α이면 H0 가설을 기각	H1 가설을 새로운 사실로 채택
p값 > α이면 H0 가설을 기각하지 않음	• H0 가설을 사실로 유지 • H1 가설은 받아들여지지 않음

대부분의 통계처리 프로그램과 파이썬 통계처리 함수들은 p값을 계산해주기 때문에 p값과 유의수준을 비교하여 위와 같이 가설을 검정할 수 있습니다.

양측검정인가 또는 단측검정인가는 오로지 H1 가설에 의해 결정됩니다. 만약 배터리의 사용가능 시간이 과거(48시간)보다 늘어났다고 생각한다면 H1 가설은 아래와 같이 $\mu>48$(평균이 48시간보다 더 늘어난 분포)로 단측검정을 합니다.

[단측검정]

> • H0 가설 : $\mu=48$(평균이 48시간인 분포)
> • H1 가설 : $\mu>48$(평균이 48시간보다 더 늘어난 분포)

만약 앞서 예를 들었던 배터리의 문제에서 새로운 공법으로 배터리의 사용가능 시간에 변화가 있을 것으로 예상하지만, 과거보다 사용시간이 늘어날 수도 있고, 줄어들 수도 있다고 생각된다면 이 경우의 가설은 다음과 같고 이를 양측검정이라 합니다.

[양측검정]

> • H0 가설 : $\mu=48$(평균이 48시간인 분포)
> • H1 가설 : $\mu\neq48$($\mu<48$이거나 $\mu>48$)

양측검정의 경우는 단측검정에서 계산된 단측 p값에 대해 양방향의 검정이 이루어지므로 2배를 한 후에 유의수준과 비교하여 검정합니다.

H1 가설	검정 방법	검정 결과
$\mu>48$	단측검정	p값 ≤ α이면 H0 가설을 기각
$\mu\neq48$ ($\mu<48$이거나 $\mu>48$)	양측검정	(p값×2) ≤ α이면 H0 가설을 기각

6.1.3 모수 검정과 비모수 검정

[표 6-1]의 가설검정 방법에서 모수 검정과 비모수 검정의 차이는 가설을 검정할 때 모집단에 대해 특정한 분포를 가정하느냐 아니냐에 있습니다. 우리가 다루는 대부분의 검정은 모수 검정으로 모집단의 특성이 중심극한정리에 의해 정규분포를 따른다는 가정 하에 검정이 이루어지므로 주로 평균과 표준편차를 이용하지만, 비모수 검정은 모집단의 특성이 어떤 통계적 분포를 따른다는 가정을 하지 않은 상태에서 검정이 이루어지므로 빈도, 부호, 순위 등의 통계량을 이용합니다.

통계적 분석 방법은 모집단에 대한 가정 외에 데이터의 척도에 따라 달라집니다. 우리가 주로 다루는 데이터는 크게 양적 데이터(quantitative data)와 질적 데이터(qualitative data)로 구분합니다. 키와 몸무게 또는 매출액과 같이 측정 결과를 수량으로 나타낸 것을 양적 데이터라 하고, 판매 대수나 학생 수와 같이 셀 수(countable) 있는 이산형 데이터(discrete data)와 길이나 몸무게와 같이 연속적으로 표시할 수 있는 연속형 데이터(continuous data)로 구분합니다. 반면에 질적 데이터는 많다/적다, 좋다/싫다, 크다/작다 또는 색상구분 등과 같이 수량화 할 수 없는 데이터를 말합니다.

[표 6-2]에서 척도란 조사대상을 수량화하기 위해 단위를 가지고 숫자를 부여한 것으로서 명목척도(nominal scale), 서열척도(ordinal scale), 구간척도(interval scale), 비율척도(ratio scale)로 구분합니다.

[표 6-2] 데이터에 대한 척도

데이터	척도	비교 측정	예
이산형 (discrete)	명목 (norminal)	속성에 따라 몇 개의 범주로 구분. 측정 대상의 특성을 분류하거나 확인할 목적으로 숫자 부여	• 성별구분 : 남(1), 여(2) • 상품분류 : TV(1), 냉장고(2), 세탁기(3) • 국적분류 : 미국(1), 일본(2), 중국(3)
	서열 (ordinal)	속성의 크기에 따른 순서로 표시. 측정 대상의 순서관계를 밝혀주는 척도	• 만족도 : 만족(1), 보통(2), 불만족(3) • 노래순위, 성적순위
연속형 (continuos)	구간 (interval)	속성의 크기에 따른 순위를 동일한 간격으로 측정	• 측정된 데이터 간에 차이 비교가 가능 • 온도, 물가지수, 생산성지수
	비율 (ratio)	절대 영점을 기준으로 크기에 따라 동일한 간격으로 측정	• 측정된 데이터 간에 비율표시가 가능 • 연봉, 매출액, 나이, 길이

데이터가 어떤 척도에 따라 작성되었는가는 그 데이터의 통계적인 처리방법이 달라집니다. 예를 들어 평균이나 분산 등을 포함한 일반적인 분석방법은 구간척도나 비율척도에서 가능하며, 명목척도나 순서척도로 표현된 데이터에 대해서는 최빈값이나 중앙값에 관심을 두기 때문에 빈도분석, 분할표를 이용한 교차분석, 비모수 통계분석을 이용합니다. [표 6-3]과 [표 6-4]는 척도와 데이터 구조에 따른 모수 검정방법과 비모수 검정방법을 나타냅니다.

[표 6-3] 모수 검정과 비모수 검정

척도(scale)	명목 척도 (norminal)	순위 척도 (ordinal)	연속형 척도 (interval, ratio)	
데이터 구조	비모수 검정			모수 검정
한 개의 확률분포 $X_1, X_2 \cdots, X_n$	• Runs test • χ^2 test	Kolmogorov–Smirnov test		One sample t-test
쌍(pair)으로 된 표본 $(X_1, Y_1), (X_2, Y_2),$ $\cdots, (X_n, Y_n)$	McNemar test	Sign test	Wilcoxon signed rank test	Paired sample t-test
두 개의 표본 $(X_1, X_2, \cdots, X_n)$ $(Y_1, Y_2, \cdots, Y_n)$	χ^2 test	• Kolmogorov–Smirnov test • Mann–Whitney U test		Two sample t-test
r개의 독립표본	χ^2 test	• Median test • Kruskal–Wallis test		Oneway ANOVA

[표 6-4] 모수 검정과 비모수 검정

데이터 구조	모수 검정	비모수 검정
한 개의 확률분포 $X_1, X_2 \cdots, X_n$	One sample t-test(모집단 평균이 특정 값과 같은지를 검정)	• Runs test(일련의 데이터가 특정 분포에서 무작위로 발생하는가를 검정) • χ^2 test(적합도 검정) • Kolmogorov–Smirnov test(표본이 특정 분포를 따르는지를 검정)
쌍(pair)으로 된 표본 $(X_1, Y_1), (X_2, Y_2),$ $\cdots, (X_n, Y_n)$	Paired sample t-test(대응표본에 대한 평균 차이를 검정, 예로 약 복용 전과 복용 후의 효과차이 검정)	• McNemar test • Sign test • Wilcoxon signed rank test

두 개의 표본 $(X_1, X_2, \cdots, X_n)$ $(Y_1, Y_2, \cdots, Y_n)$	Two sample t-test(두 개의 독립표본에 대한 평균차이 검정, 예로 스마트폰 이용시간에 대한 남녀 간 차이 검정)	• Kolmogorov-Smirnov test • Mann-Whitney U test • χ^2 test
r개의 독립표본	Oneway ANOVA(동일한 유의수준 하에서 세 개 이상의 모집단 평균을 동시에 비교 검정, 예로 스마트폰 사용요금에 대한 학년별 차이 검정)	• Median test • Kruskal-Wallis test • χ^2 test

χ^2 test(카이제곱 검정)는 [표 6-5]와 같이 적합도 검정, 독립성 검정 그리고 동질성 검정으로 구분합니다. 적합도 검정(goodness of fit test)은 관측값이 특정한 확률분포를 따르는지를 검정하는 방법이고, 독립성 검정(independence test)은 분할표 상에서 변수들 간의 연관성을 검정합니다. 동질성 검정(homogeneity test)은 분할표 상의 두 변수에 대해서 모집단 비율이 같은지를 검정하는 방법입니다. 동질성 검정과 독립성 검정은 단지 가설에서 차이가 나며 검정방법은 동일합니다.

[표 6-5] χ^2 test(카이제곱 검정)의 분류

검정 방법	검정 내용	예제
goofness fit test (적합도 검정)	관측값이 특정 확률분포를 따르는 가를 검정	주사위 눈금의 빈도를 이용하여 주사위가 균등하게 만들어진 것인지를 검정
indenpedent test (독립성 검정)	분할표 상에서 두 변수 간의 연관성을 검정	서비스 만족도는 남녀별로 서로 독립적인가를 검정
homogeneity test (동질성 검정)	분할표 상에서 두 변수에 대해 모집단 비율이 같은지를 검정	남녀 간에 찬반의견의 비율이 같은지를 검정

6.1.4 단변량, 다변량, 단순, 다중 분석

통계분석은 다루고자 하는 데이터에 포함된 종속변수(dependent variable)와 독립변수(independent variable)의 수에 따라 단변량(univariate), 다변량(multivariate), 단순(simple), 다중(multiple)으로 구분하며 이를 정리하면 [표 6-6]과 같이 나타낼 수 있습니다.

독립변수는 실험 연구에서 그 효과를 알아보기 위하여 조작하거나 변화를 일으키는 변수로서 그 연구에서 다른 변수에 영향을 받지 않기 때문에 "독립" 변수라고 하며 설명 변수

라고도 합니다. 반면에 "종속" 변수는 독립변수의 결과에 해당하는, 즉 독립변수에 의존하는 변수를 말합니다.

예를 들어 혈압이 높다면 혈압을 낮추는 방법으로 저염식 식사, 칼륨이 함유된 음식 섭취 그리고 운동요법 등이 제안되는데 이 경우에 저염식 식사, 칼륨 함유 음식 섭취, 운동요법은 독립변수로 혈압은 종속변수로 볼 수 있습니다.

[표 6-6] 종속변수와 독립변수의 수에 따른 통계 분석

구분	종속변수의 수	독립변수의 수	통계분석
단변량 (일변량)	한 개		• 기술통계 분석 • t-test(t-검정) • ANOVA(분산분석)
이변량	두 개		상관분석
다변량	두 개 이상		• 주성분분석(Principal Component Analysis) • 인자분석 또는 요인분석(Factor Analysis) • 판별분석(Discriminant Analysis) • 군집분석(Cluster Analysis) ⋮
단순	한 개	한 개	단순 회귀분석(Simple Linear Regression)
다중	한 개	두 개 이상	다중 회귀분석(Multiple Linear Regression)

빅데이터에 대한 통계 기반 분석의 대부분은 다변량 분석(multivariate analysis)에 해당합니다. 다변량 분석은 p개의 변수에 대해서 n번 관측으로 얻어진 데이터에 대해 변수 간의 관계 또는 개체 간의 관계를 파악하려는 통계적 분석방법을 말하며 [표 6-7]과 같이 구분할 수 있습니다.

변수 간의 관계를 다루는 방법으로는 주성분분석(PCA, principal components analysis)과 인자분석(factor analysis, 요인분석)이 있고, 개체 간의 관계를 다루는 방법으로는 판별분석(discriminant analysis)과 군집분석(cluster analysis)이 있습니다. 그 외에 변수들 간의 인과 관계(함수 관계, 상관 관계)를 분석하는 방법으로 상관분석, 회귀분석 등이 있습니다.

[표 6-7] 다변량 분석의 구분

구분	변수 간의 관계		개체 간의 관계		변수 간의 인과관계
목적	데이터의 차원(변수의 수)을 줄임		개체들 간의 구조를 파악		변수 간의 상관 또는 함수 관계 도출
분석	주성분분석	인자분석	판별분석	군집분석	상관분석, 회귀분석
내용	모든 변수들의 분산을 이용하여 주성분을 찾고, 주성분은 변수들의 선형조합으로 나타냄	변수들 간의 상관(또는 공분산)을 잘 예측할 수 있는 변수들의 묶음(공통 인자)을 찾음	과거의 관측값들을 이용하여 관측값들이 속한 집단을 잘 구분할 수 있는 방법을 찾고, 이를 이용하여 새로운 관측값이 어느 집단에 속할지를 판별	유사한 개체 또는 먼 개체들끼리 묶어 가면서 군집을 만들어가는 방법	회귀분석은 종속변수와 독립변수 간의 함수관계를 밝히고 이를 통해 독립변수의 값으로부터 종속변수의 값을 예측

■ 주성분분석

주성분분석은 데이터를 구성하는 많은 변수들로부터 분산의 변동을 잘 설명해주는 새로운 변수인 주성분을 찾는 것인데, 이 과정에서 데이터의 차원(변수의 수)을 줄이기 위해 고차원의 데이터를 더 적은 차원으로 투영(projection)하는 방법을 이용합니다.

p개의 변수로 구성된 데이터	주성분분석	주성분(principal component) 단, $(r \leq p)$
X_1 X_2 X_3 X_4 $\vdots$ X_p	투영 (직교변환)	PC_1 PC_2 $\vdots$ PC_r

따라서 만약 원래의 데이터에 p개의 변수가 있었다면 p보다 적은 수의 r개 $(r \leq p)$의 변수로 요약하려는 것이고 새로운 변수인 주성분은 기존 변수들의 선형조합으로 나타납니다. 결국 가장 적은 수의 주성분을 이용하여 원래 변수들의 변동을 설명하려는 것입니다.

주성분분석은 p차원 데이터의 공간을 그보다 낮은 r차원의 공간으로 축소하는 것인데 이때 문제가 되는 것은 r의 값, 즉 주성분의 개수를 결정하는 것입니다. 주성분의 개수를 결정하는 쉬운 방법으로는 고유값(eigenvalue)의 크기를 이용하는 방법과 전체 분산에 대한 비율로 결정하는 방법이 있습니다.

■ 인자분석

인자분석(factor analysis, 요인분석)은 상관관계가 있는 변수들 사이의 관계를 변수의 개수보다 적은 수의 인자를 이용하여 설명하려는 다변량분석 방법입니다. 여기서 인자는 변수들 간의 상관관계를 설명해 줄 수 있는 공통된 인자를 말하며 인자분석은 이러한 공통인자를 찾아 그 구조를 해석하는 방법입니다.

예를 들어 사회적인 지위 또는 경제적인 지위의 정도를 직접적으로 나타내거나 측정하기가 어렵지만 사회경제적 지위라는 것은 관련이 있음과 동시에 평가할 수 있는 요인인 직업의 종류, 교육 수준의 정도, 소득의 수준을 통해 나타낼 수 있습니다.

인자분석의 첫 번째 단계는 변수들의 상관관계로부터 최초의 인자를 추출하는 것이고, 첫 번째 인자는 변수들 대부분의 분산을 설명하게 됩니다. 두 번째 인자는 첫 번째 인자가 설명하지 못하는 나머지 분산을 설명할 수 있도록 추출됩니다. 인자를 추출하는 방법으로는 주성분방법(principal component method), 반복 주축인자법(iterated principal factor method), 최대 우도법(maximum likelihood method) 등이 있습니다.

■ 판별분석

판별분석(discriminant analysis)은 어느 집단에 속하는지를 알고 있는 과거의 관측값들을 이용하여 관측값들이 속한 집단을 잘 구분할 수 있는 방법을 찾고, 이를 이용하여 새로운 관측값이 어느 집단에 속할지를 판별하는 다변량분석 방법입니다.

예를 들어 은행에서 대출을 신청한 사람에 대해 은행은 그 사람이 과연 대출을 갚을 것인지 아닌지를 결정해야 합니다. 이를 결정하기 위해 신용점수나 신용등급을 평가하는데 여기에는 소득 규모, 현재 부채 수준, 과거 대출상환능력 등이 포함됩니다.

대출여부를 결정하기 위하여 과거의 데이터를 이용한다면 대출을 받았던 모든 사람들에 대해서 대출금을 갚았던 사람들의 그룹(신용자)과 대출금을 갚지 않았던 사람들(신용불량자)의 그룹 두 개로 구별한 다음, 현재 대출을 신청한 사람이 어느 그룹에 속할지를 판별하는 것입니다. 기업의 경우에는 기업의 파산을 예측하는 모형을 개발하기 위해서 건전한 우량 기업과 이미 파산하거나 불량 기업의 재무비율을 조사하거나 기술력을 평가하는 자료를 이용하여 이를 구분하는 방법을 찾고, 이를 통해서 기업의 파산 가능성을 예측하는 것입니다.

■ 군집분석

군집분석은 동일한 군집에 있는 개체가 다른 군집(cluster)에 있는 개체보다 서로 더 유사하도록 개체를 그룹으로 묶는 것입니다. 군집분석에서는 군집을 어떻게 정의하느냐에 따라 다양한 알고리즘이 사용되고 이 알고리즘들은 클러스터 내에서는 유사성이 높도록 하고, 반면에 클러스터 간에는 유사성이 낮도록 클러스터를 생성하는 것입니다. 군집분석은 상품 시장의 고객층을 나누거나 범죄의 유형 분석, 유사한 기후분석 등에 이용됩니다.

예를 들어 성공적인 마케팅이란 해당 상품의 구매욕구가 가장 높게 나타날 고객층을 타깃으로 공략하여 최대한의 매출을 이끌어내는 것으로 볼 수 있으며, 고객층을 어떻게 세분화 하여 그룹화 할 것인가? 고객층의 그룹 중에서 어떤 그룹을 타깃으로 할 것인가를 결정해야 합니다.

■ 상관분석

상관분석은 변수들 간의 단순한 상호 관계성의 정도를 분석하는 통계적 기법입니다. 상관분석은 두 변수의 순서쌍으로 구성된 n개의 표본요소 (X, Y)에 대해서 두 변수 간의 상관관계를 상관계수(correlation coefficient)를 통해 나타냅니다.

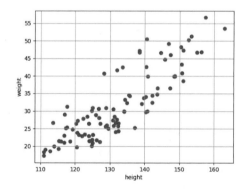

상관계수는 $-1 \leq r \leq 1$ 사이의 값을 갖고, $-1 \leq r < 0$ 이면 음의 상관관계, $0 < r \leq 1$ 이면 양의 상관관계라 합니다. 상관계수는 그림과 같이 두 변수 X와 Y에 대한 산점도(scatter diagram)를 그려봄으로써 어느 정도 파악이 가능합니다.

■ 회귀분석

상관분석은 변수들 간의 단순한 관련성의 정도를 파악하는 것이고, 회귀분석은 변수 간의 인과관계를 분석하는 방법으로 변수들 중 하나를 종속변수(영향을 받는 변수, dependent variable)로 나머지를 독립변수(영향을 주는 변수, independent variable)로 하여 이들의 함수관계를 통해 한 변수의 값으로부터 다른 변수의 값을 예측하는데 사용하는 분석방법입니다.

예를 들어 선형 회귀 분석은 그림과 같이 키와 몸무게를 2차원 평면상에 산점도로 나타낼때 각각의 점으로 표시된 데이터에 가장 적합한 직선 식을 찾는 방법이고, 이 직선 식을이용하여 독립변수(몸무게, X)에 대해 종속변수의 값(키, Y)을 추정하거나 예측할 수 있습니다. 그림에서 몸무게와 키 사이의 함수 관계는 다음과 같으며, 만약 몸무게가 60kg이라면 키는 함수식에 의해 0.7507×60 + 124.36 = 169.4로 예상(추측)할 수 있습니다.

키(Y) = 0.7507 × 몸무게(X) + 124.36

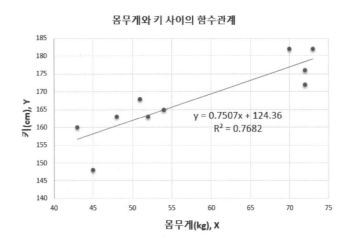

회귀분석의 결과로 만들어지는 두 변수 사이의 선형 함수식은 앞서 설명과 같이 몸무게데이터가 주어지면 키를 예상할 수 있습니다.

단원 정리 6.1

■ 빅데이터 분석 모형

적합한 빅데이터 분석 모형을 선정하는데 있어서 통계, 데이터 마이닝 그리고 머신러닝을 기반으로 하는 데이터 분석 모형을 활용한다.

빅데이터 분석 모형		
통계 기반	**데이터 마이닝 기반**	**머신러닝 기반**
데이터를 통계적으로 분석하고 모형화하는 방법을 의미. 이러한 모형은 데이터에 숨겨진 패턴을 발견하고 예측하기 위해 사용	이 모형은 데이터 속에서 패턴, 규칙, 트렌드 등의 유용한 정보를 발견하고 추출하기 위해 사용	이 모형은 데이터에서 패턴을 발견하고 예측하기 위해 컴퓨터 시스템에 학습할 수 있는 알고리즘을 적용

■ 통계 기반 데이터 분석 모형

통계 기반 데이터 분석 모형은 데이터를 통계적으로 분석하고 모형화하는 방법을 의미하고 이러한 모형은 데이터에 숨겨진 패턴을 발견하고 예측하기 위해 사용한다. 주어진 문제의 예측과 전망에 대해 합리적인 의사결정을 내리기 위한 여러 방법들이 사용될 수 있는데 그 중에서 통계학이 한 가지 방법으로 사용된다.

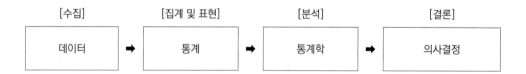

[기술통계와 추론통계]

기술통계 분석	추론통계 분석
• 모집단으로부터 표본을 추출하고 나서 표본이 가지고 있는 정보를 쉽게 파악할 수 있도록 데이터를 정리하거나 요약하기 위해 하나의 숫자로 또는 그래프의 형태로 표현 • 평균과 표준편차를 계산하거나 표본에 대한 시각화(히스토그램, 막대그래프 등)를 포함	• 모집단으로부터 추출한 표본 통계량으로부터 모집단의 특성인 모수에 관해 통계적으로 추론 • 추론통계는 표본의 결과를 이용하여 모집단의 모수를 추측하는 추정과 가설검정으로 구분

■ 추정

추정은 모집단에서 추출한 표본의 결과를 이용하여 모집단의 모수를 추측하는 과정을 말하며 추정 방법에 점추정과 구간추정이 있다. 점추정은 오직 하나의 값으로 모수를 추정하는 것이고, 구간추정은 모수가 포함될 것이라고 기대하는 범위(모수의 신뢰구간)를 추정하는 것이다.

■ 점추정

점추정은 오직 하나의 값으로 모수를 추정하는 것이다. 모집단 평균에 대한 추정량으로서 표본평균은 불편성, 효율성, 일치성의 성질을 갖는 추정량이므로 모집단의 평균에 대한 점추정으로 표본평균을 사용한다.

■ 구간추정

구간추정은 모수가 포함될 것이라고 기대하는 범위(모수의 신뢰구간)를 추정하는 것이다. 표본평균을 이용한 점추정에서 모집단 평균과의 표본평균 간에 필연적인 차이(오차)가 발생하는데, 오직 하나의 값(표본평균)으로 모수를 추정한다면 표본으로부터 얻은 표본평균($\overline{X}$)이 모집단 평균(μ)과 얼마나 가까운가에 대한 정보(추정의 정확도)를 제공해 주지 못한다. 이러한 단점을 보완하기 위해 구간추정(모수의 신뢰구간)을 사용한다. 구간추정은 점추정과는 달리 모수가 포함될 것이라고 기대하는 범위를 설정하여 모수를 추정하는 방법이다. 모집단 평균 μ에 대한 구간추정은 다음과 같이 μ를 중심으로 일정한 간격으로 추정하고 이를 신뢰구간이라 한다.

$$L \leq \mu \leq U \qquad \begin{array}{l} L : \text{구간의 하한 값(lower bound)} \\ U : \text{구간의 상한 값(upper bound)} \end{array}$$

모집단 평균 μ에 대한 신뢰구간을 추정할 때, 이론적으로 모집단 표준편차(σ)를 알고 있느냐 모르느냐에 따라 표본평균 $\overline{X}$의 표본분포가 달라진다. 모집단 표준편차를 알고 있고, 모집단이 정규분포를 따른다면 표본평균 $\overline{X}$는 정규분포를 따르지만, 모집단이 정규분포를 따르지 않는다고 하더라도 표본의 크기가 충분히 크다면 중심극한정리에 의해 표본평균 $\overline{X}$가 정규분포를 따른다고 할 수 있다.

모집단 표준편차를 모르는 경우의 신뢰구간은 파이썬에서 함수 interval()로 계산한다.

함수 scipy.stats.t.interval()	함수 인자
`scipy.stats.t.interval(alpha, df, loc, scale)`	• alpha : 신뢰수준 • df : 자유도 • loc : 표본평균 • scale : 표준오차

■ 통계적 가설검정

표본분포의 성질을 이용하여 모집단 특성에 대한 가설의 진위를 가리는 것이다. 통계적 가설검정은 재판과정과 마찬가지로 간접적인 방법, 즉 주장(대립가설)과 반대되는 가설(귀무가설)을 사실로 가정한 상태에서 검정이 이루어진다. 이때 두 개의 가설은 법정에서의 가설과 같이 서로 상반된 것이어야 한다.

[재판과 가설검정에서의 가정]

구분	가설	사실로 가정(전제)
재판	주장과 반대되는 가설(귀무가설) H0: 용의자는 무죄임	H0 : 용의자는 무죄임
	주장하는 가설(대립가설) H1: 용의자는 유죄임	
가설 검정	주장과 반대되는 가설(귀무가설) H0: 충전시간은 과거보다 늘어나지 않았다.	H0 : 충전 시간은 늘어나지 않았다.
	주장하는 가설(대립가설) H1: 충전시간은 과거보다 늘어났다.	

가설검정은 법원에서의 재판과 같이 가설의 옳고 그름(참과 거짓)을 판단하는 것이 아니라 표본의 결과가 "귀무가설 H0가 사실이 아니라는 증거"를 얼마나 충분히 제시하느냐에 따라 가설검정이 이루어진다고 볼 수 있다.

■ 가설검정에서의 오류

오류의 원인은 추정에서도 설명하였듯이 근본적으로 표본오차(또는 추정오차)에 있다. 따라서 표본의 결과를 이용하는 모든 통계적 추론은 추정을 포함하여 가설검정에서도 표본오차는 언제나 발생할 수 있으므로, 가설검정 역시 오류를 범할 가능성은 항상 존재한다.

[가설의 검정에서 발생 가능한 상황별 오류]

상황	검정 결과	판정
H0가 사실 (용의자는 무죄)	H0을 기각하지 않음 (용의자를 무죄로 판정)	바른 결정 $(1-\alpha)$
	H0을 기각함 (용의자를 유죄로 판정)	제1종의 오류(α) type 1 error
H1가 사실 (용의자는 유죄)	H0을 기각하지 않음 (용의자를 무죄로 판정)	제2종의 오류(β) type 2 error
	H0을 기각함 (용의자를 유죄로 판정)	바른 결정 $(1-\beta)$

■ 가설검정의 순서

1. 주장하려는 내용에 따라 H0 가설(귀무가설)과 H1 가설(대립가설)을 세운다.

2. 제1종의 오류인 유의수준을 정한다.

3. 표본의 결과를 가지고 채택영역과 기각영역을 표시한다.

4. 검정 통계량을 계산하여 표본의 결과가 H0 가설(귀무가설)은 사실이 아니라는 것에 대해 충분히 타당성이 있는 근거를 제시하는가에 따라 가설을 검정한다.

■ 가설검정 방법

• 고전적 가설검정 : 표본의 결과를 검정에 반영하기 전에 유의수준을 어떻게 정하느냐에 따라 H0 가설의 기각영역(또는 채택영역)이 결정되므로 유의수준의 크기에 따라 가설검정의 결과가 달라질 수 있다.

• p값을 이용한 가설검정 : 검정 과정에서 표본의 결과를 검정에 반영하는 방법으로 p값은 검정 과정에서 밝혀진(나타난) 유의수준이라고 볼 수 있다. 유의수준(α)은 H0 가설이 사실임에도 불구하고 H0 가설을 기각할 확률이라고 하였고, 이는 잘못된 결론을 내릴 확률을 의미하므로 검정 과정에서 계산된 p값이 α의 크기보다 작다면, 잘못된 결론을 내릴 확률이 기준(α)보다 작다는 것을 의미한다. 반면에 검정 과정에서 계산된 p값이 α보다 크다면 이는 잘못된 결론을 내릴 확률이 기준(α)보다 커졌다는 의미이다.

※ 단측검정과 양측검정은 오로지 H1 가설에 의해 결정된다.

[p값에 따른 가설의 검정과 해석(단측검정의 경우)]

검정 결과(단측검정)	해석
p값 ≤ α이면 H0 가설을 기각	H1 가설을 새로운 사실로 채택
p값 > α이면 H0 가설을 기각하지 않음	H0 가설을 사실로 유지 H1 가설은 받아들여지지 않음

[p값에 따른 가설의 검정과 해석(양측검정의 경우)]

검정 결과(양측검정)	해석
p값×2 ≤ α이면 H0 가설을 기각	H1 가설을 새로운 사실로 채택
p값×2 > α이면 H0 가설을 기각하지 않음	H0 가설을 사실로 유지 H1 가설은 받아들여지지 않음

■ 모수 검정과 비모수 검정

가설검정 방법에서 모수 검정과 비모수 검정의 차이는 가설을 검정할 때 모집단에 대해 특정한 분포를 가정하느냐 아니냐에 있다. 대부분의 검정은 모수 검정으로 모집단의 특성이 중심극한정리에 의해 정규분포를 따른다는 가정 하에 검정이 이루어지므로 주로 평균과 표준편차를 이용하지만, 비모수 검정은 모집단의 특성이 어떤 통계적 분포를 따른다는 가정을 하지 않은 상태에서 검정이 이루어지므로 빈도, 부호, 순위 등의 통계량을 이용한다.

■ 데이터에 대한 척도

데이터가 어떤 척도에 따라 작성되었는가는 그 데이터의 통계적인 처리방법이 달라진다. 예를 들어 평균이나 분산 등을 포함한 일반적인 분석방법은 구간척도나 비율척도에서 가능하며, 명목척도나 순서척도로 표현된 데이터에 대해서는 최빈값이나 중앙값에 관심을 두기 때문에 빈도분석, 분할표를 이용한 교차분석, 비모수통계분석을 이용한다.

데이터	척도	비교 측정	예
이산형 (discrete)	명목 (norminal)	속성에 따라 몇 개의 범주로 구분. 측정 대상의 특성을 분류하거나 확인할 목적으로 숫자부여	• 성별구분 : 남(1), 여(2) • 상품분류 : TV(1), 냉장고(2), 세탁기(3) • 국적분류 : 미국(1), 일본(2), 중국(3)
	서열 (ordinal)	속성의 크기에 따른 순서로 표시. 측정 대상의 순서관계를 밝혀주는 척도	• 만족도 : 만족(1), 보통(2), 불만족(3) • 노래순위, 성적순위
연속형 (continuos)	구간 (interval)	속성의 크기에 따른 순위를 동일한 간격으로 측정	• 측정된 데이터 간에 차이 비교가 가능 • 온도, 물가지수, 생산성지수
	비율 (ratio)	절대 영점을 기준으로 크기에 따라 동일한 간격으로 측정	• 측정된 데이터 간에 비율표시가 가능 • 연봉, 매출액, 나이, 길이

[다변량 분석의 구분]

구분	변수 간의 관계		개체 간의 관계		변수 간의 인과관계
목적	데이터의 차원(변수의 수)을 줄임		개체들 간의 구조를 파악		변수 간의 상관 또는 함수관계 도출
분석	주성분분석	인자분석	판별분석	군집분석	상관분석, 회귀분석
내용	모든 변수들의 분산을 이용하여 주성분을 찾고, 주성분은 변수들의 선형조합으로 남	변수들 간의 상관(또는 공분산)을 잘 예측할 수 있는 변수들의 묶음(공통 인자)을 찾음	과거의 관측값들을 이용하여 관측값들이 속한 집단을 잘 구분할 수 있는 방법을 찾고, 이를 이용하여 새로운 관측값이 어느 집단에 속할지를 판별	유사한 개체 또는 먼 개체들끼리 묶어가면서 군집을 만들어가는 방법	회귀분석은 종속변수와 독립변수 간의 함수관계를 밝히고 이를 통해 독립변수의 값으로부터 종속변수의 값을 예측

연습문제 6.1

1. 다음 문장의 괄호에 들어갈 적절한 단어를 보기에 골라 쓰시오.

> [보기]
> 추측통계학   기술통계학   표본통계량   검정통계량   통계 모집단   표본   모수 평균

(1) 어떤 현상을 종합적으로 한눈에 알아보기 쉽게 일정한 체계에 따라 숫자 또는 그림의 형태로 나타낸 것을 (   )라 한다.

(2) 통계적인 연구 또는 조사 대상이 되는 관측 가능한 개체로 된 집단 전체를 (   )이라 한다.

(3) 모집단에서 선택된 모집단 구성단위의 일부를 (   )이라 하고 이는 모집단의 부분집합이다.

(4) 표본을 추출하고 나서 표본이 가지고 있는 정보를 쉽게 파악할 수 있도록 데이터를 정리하거나 요약하는 것이 필요한데 하나의 숫자로 또는 그래프의 형태로 표현하는 절차를 다루는 분야를 (   )이라 한다.

(5) 표본으로부터 얻어진 결과물로서 표본 평균이나 표본 분산을 (   )이라 한다.

(6) 모집단의 특성을 나타내는 수치를 (   )라 하며 모집단 평균과 모집단 분산 등이 이에 속한다.

(7) 표본의 표본 통계량으로 부터 모집단의 특성인 모수에 관해 통계적으로 추론하는 절차를 다루는 분야를 (   )이라 한다.

2. 다음 문장의 괄호에 들어갈 적절한 단어를 쓰시오.

(1) 좋은 추정량의 선택 기준에서 (   )는 추정량 중에서 분산이 작은 추정량이 갖는 성질을 의미한다.

(2) (   )은 점추정과는 달리 모수가 포함될 것이라고 기대하는 범위를 설정하여 모수를 추정하는 방법이다.

(3) 모집단의 표준편차 를 모르는 경우, 표준화 에 대해 를 사용할 수 없으므로 대신 표본 표준편차인 를 이용하고, 정규분포 대신 (   )분포를 이용하여 신뢰구간을 계산한다.

3. 다른 조건은 동일하게 유지한 상태에서 신뢰수준을 높이면 추정된 신뢰구간은 어떻게 되는가?

① 신뢰수준을 변화해도 신뢰구간은 영향을 받지 않는다.

② 신뢰수준을 높이면 신뢰구간은 더 줄어든다.

③ 신뢰수준을 높이면 신뢰구간은 더 늘어난다.

4. 다른 조건은 동일하게 유지한 상태에서 표본의 크기를 늘리면 추정된 신뢰구간은 어떻게 되는가?

   ① 신뢰구간은 영향을 받지 않는다.
   ② 신뢰구간은 더 줄어든다.
   ③ 신뢰구간은 더 늘어난다.

5. 사당에서 출발하는 통학버스의 학교도착 소요시간을 25번 조사한 결과 평균이 35분, 표준편차는 5분으로 조사되었다. 소요시간 평균에 대한 95% 신뢰구간을 계산하시오(《예제 6-1》 참고).

6. 문제 5에 대해서 같은 신뢰수준(95%)은 그대로 유지한 상태에서 소요시간 조사 수를 10번, 50번, 100번으로 변화시킬 경우 신뢰구간이 어떻게 변할 것인지 예측해 보고 결과를 확인하시오.

7. 다음의 주장이 타당한지에 대해 통계 조사를 한다고 할 때 H0 가설(귀무가설)과 H1 가설(대립가설)을 세우시오.

   (1) 경찰청은 코로나 거리두기 규제로 음주운전 적발 사례가 과거보다 줄어들었다고 발표하였다.
   (2) 국민건강보험공단은 개개인이 개인 방역수칙을 준수하여 국민총의료비가 코로나 이전보다 줄어들 것으로 예상하였다.
   (3) 타이어를 생산하는 A 기업은 최근에 개발한 타이어의 평균수명이 이전 제품보다 늘어났다고 선전하고 있다.
   (4) 과학기술정보통신부는 코로나로 인한 원격 학습과 재택근무의 영향으로 인터넷 사용시간이 코로나 이전보다 늘어났다고 발표하였다.
   (5) 운동기구를 판매하는 C 업체는 최근 실시한 TV광고의 효과로 매출액에 차이가 있을 것으로 생각하고 있다.
   (6) 보건복지부는 코로나 유행의 결과로 흡연율에 변화가 있을 것으로 생각하고 있다.

8. 문제 7에 대해서 양측검정인지 단측검정인지를 구별하시오.

9. 다음의 설명이 맞으면 ○, 틀리면 × 표시하시오.

   (1) 고전적 가설검정은 검정이 이루어지기 전에 오로지 유의수준에 의해서 H0 가설을 기각할 것인가 채택할 것인가의 기준이 정해지므로 유의수준의 크기를 어떻게 정하느냐에 따라 검정결과가 달라진다. ( )

(2) 검정 과정에서 계산된 p값이 α의 크기보다 작다면, 잘못된 결론을 내릴 확률이 기준(α)보다 작다는 것을 의미한다. ( )

(3) 검정 과정에서 계산된 p값이 α의 크기보다 크다면 H0 가설(귀무가설)을 기각한다. ( )

(4) 단측검정이든 양측검정이든 계산된 p값은 모두 동일하다. ( )

10. 다음은 추론 통계에 대한 설명이다. 적절하지 않은 것은?

① 점추정은 오직 하나의 값으로 모수를 추정하는 것이다.

② 구간추정은 모수가 포함될 것이라고 기대하는 범위(모수의 신뢰구간)를 추정하는 것이다.

③ 표본의 크기를 늘리면 표준오차도 늘어난다.

④ 신뢰수준 95%의 신뢰구간이란 추정된 구간이 모집단 평균 를 포함하게 될 것이라는 믿음의 정도가 95%가 된다는 것이다.

11. 다음을 이산형 데이터와 연속형 데이터를 구분하시오.

① 몸무게   ② 1학년 학생수

③ 수익률   ④ 판매액

⑤ 반품 건수

12. 다음의 척도와 설명을 바르게 연결하시오.

(1) 명목척도   Ⓐ 절대 영점을 기준으로 크기에 따라 동일한 간격으로 측정

(2) 서열척도   Ⓑ 속성의 크기에 따른 순위를 동일한 간격으로 측정

(3) 구간척도   Ⓒ 속성의 크기에 따른 순서로 표시

(4) 비율척도   Ⓓ 속성에 따라 몇 개의 범주로 구분

13. 다음 데이터에 대해 척도를 구분하시오.

① 직업을 구분하기 위해 사용하는 척도   ② 100점 만점의 통계학 시험점수

③ 학생들의 월 생활비   ④ 거주 지역에 대한 조사

⑤ 소비자 만족도 조사(Ⓐ 매우 불만족 Ⓑ 불만족 Ⓒ 보통 Ⓓ 만족 Ⓔ 매우 만족)

14. 다음에 대해 연속확률변수와 이산확률변수를 구분하시오.

① 건전지의 수명   ② 안경을 착용한 학생의 수

③ 100점 만점의 통계학 시험 점수   ④ A학점을 받은 학생 수

⑤ 100m 달리기 기록   ⑥ 장마기간의 강수량

⑦ 가족수   ⑧ 사격에서 10점 과녁에 맞은 개수

15. 다음 내용 중 적절하지 않은 것은?

① 데이터가 어떤 척도에 따라 작성되었는가는 그 데이터의 통계적인 처리방법이 달라진다.

② 평균이나 분산 등을 포함한 일반적인 분석방법은 구간척도나 비율척도에서 가능하다.

③ 명목척도나 순서척도로 표현된 데이터에 대해서는 최빈값이나 중앙값에 관심을 두기 때문에 비모수 통계분석을 이용한다.

④ 비모수 검정은 가설을 검정할 때 모집단에 대해 특정한 분포를 가정한다.

16. 표본분포에 대한 설명이다. 적절하지 않은 것은?

① 표본의 크기가 충분히 크다면 표본평균은 정규분포를 따른다.

② 표본의 크기가 충분히 크지 않다면 표본평균은 정규분포를 따른다고 할 수 없다.

③ 모집단이 정규분포를 따르면 표본분포도 정규분포를 따른다.

④ 모집단 분포를 모르면 표본분포를 알 수 없다.

17. 다음의 χ^2 test(카이제곱 검정)의 분류 중 주사위 눈금의 빈도를 이용하여 주사위가 균등하게 만들어진 것인지를 검정하는 방법은?

① 적합도 검정　　　② 독립성 검정　　　③ 동질성 검정　　　④ 분류 검정

18. 다음의 χ^2 test(카이제곱 검정)의 분류 중 남녀 간의 찬반비율이 같은지를 검정하는 방법은?

① 적합도 검정　　　② 독립성 검정　　　③ 동질성 검정　　　④ 분류 검정

19. 동일한 유의수준 하에서 세 개 이상의 모집단 평균을 동시에 비교 분석하는 검정방법은?

① One sample t-test　　　　　② Paired sample t-test

③ Two sample t-test　　　　　④ Oneway ANOVA

20. 약을 복용하기 전과 복용한 후, 그 효과의 차이를 비교할 때 사용하는 검정방법은?

① One sample t-test　　　　　② Paired sample t-test

③ Two sample t-test　　　　　④ Oneway ANOVA

21. 남녀별로 스마트폰 사용시간의 차이가 있는지를 비교할 때 사용하는 검정방법은?

① One sample t-test　　　　　② Paired sample t-test

③ Two sample t-test　　　　　④ Oneway ANOVA

22. 고등학생의 신장이 10년 전에 비해 커졌는지를 알아보고자 할 때 사용하는 검정방법은?

    ① One sample t-test   ② Paired sample t-test

    ③ Two sample t-test   ④ Oneway ANOVA

23. 3개 이상 모집단의 평균비교를 위한 비모수적 검정방법은?

    ① Kruskal-Wallis test   ② Wilcoxon signed ranks test

    ③ Mann-Whitney test   ④ χ^2 test

24. 다음 중 다변량분석으로 구분할 수 없는 분석은?

    ① 주성분분석   ② 인자분석   ③ 판별분석   ④ t-검정

6.2 데이터 마이닝 기반 데이터 분석 모형

데이터 마이닝 기반의 데이터 분석 모형은 데이터 마이닝 기법을 활용하여 대량의 데이터에서 패턴, 관계 및 통찰력을 찾아내는 강력한 접근 방식입니다. 방대한 데이터 세트에서 유용한 정보를 추출하고 숨겨진 패턴을 발견하며 예측이나 추천을 하는 과정을 포함합니다. 데이터 마이닝 기반 분석 모형은 일반적으로 다음 단계를 따릅니다.

1. 데이터 수집(Data Collection) : 데이터베이스, 스프레드시트, 온라인 플랫폼 또는 IoT 장치로부터 관련 데이터를 수집합니다.
2. 데이터 클리닝 및 전처리(Data Cleaning and Preprocessing) : 데이터가 수집되면 데이터를 클리닝하고 전처리하여 불일치, 오류, 결측값 및 이상치를 제거합니다. 이 단계를 통해 데이터가 정확하고 분석 준비가 되었는지를 확인합니다.
3. 데이터 변환(Data Transformation) : 이 단계에서 분석에 적합한 형식으로 데이터를 변환합니다. 데이터의 차원을 축소시키거나 품질을 향상시키기 위한 정규화를 포함합니다.
4. 데이터 마이닝(Data Mining) : 데이터에서 패턴, 관계 및 통찰력을 추출하기 위하여 군집화(clustering), 분류(classification), 연관규칙(association), 예측(prediction) 과 같은 데이터 마이닝 기법을 적용합니다. 이러한 기법은 데이터의 추세, 상관관계 또는 이상 현상을 식별하는 데 도움이 됩니다.
5. 패턴 평가 및 해석(Pattern Evaluation and Interpretation) : 패턴이 확인되면 패턴의 중요성과 관련성을 결정하기 위해 평가 및 해석. 패턴에 대한 더 깊은 이해를 얻기 위한 통계 분석 또는 데이터 시각화 기술을 포함합니다.
6. 모형 검증 및 최적화(Model validation and optimization) : 데이터 마이닝 모형의 성능과 정확성을 평가하기 위해 테스트 데이터를 사용하여 데이터 마이닝 모형을 검증합니다. 필요한 경우, 모형을 더욱 최적화하거나 개선하여 예측 능력을 향상시킵니다.
7. 의사결정 및 보고(Decision-making and reporting) : 마지막으로 데이터 분석을 통해 얻은 통찰력을 활용하여 정보에 입각한 의사결정을 내리고 전략을 수립하거나 보고서를 작성하여 비즈니스 또는 연구 성과를 창출합니다.

데이터 마이닝 기법과 해당 알고리즘을 분류하면 [표 6-8]과 같습니다.

[표 6-8] 데이터 마이닝 기법과 알고리즘

구분	군집화	분류	연관규칙	예측
내용	클러스터링은 데이터의 특성이나 특징을 기반으로 유사한 데이터 포인트를 함께 그룹화함	일반적으로 주어진 데이터 세트의 클래스나 카테고리를 예측하는 데 사용되며 지도 학습의 일부임	데이터 집합에서 특정 항목 간의 관계나 연결성을 찾는 데 사용됨	과거 데이터에서 학습한 패턴을 기반으로 계량적 예측을 위해 사용되며 회귀분석의 핵심 요소
예	마케팅의 고객 세분화, 텍스트 분석의 유사 문서 그룹화	스팸 이메일 탐지, 대출 신청 승인 및 거부 여부 예측	장바구니 분석 (Market Basket Analysis)	면적, 침실 수와 위치를 기반으로 한 주택 가격 예측
알고리즘	• 군집분석 • *K*-means clustering	• 로지스틱 회귀분석 • 의사결정나무	연관성분석	• 회귀분석 • 시계열 분석 • 인공 신경망

이러한 기법들은 종종 조합되어 사용되며, 기법의 선택은 데이터의 성격과 분석의 구체적인 목표에 따라 달라집니다. 데이터 마이닝은 비즈니스, 의료, 재무 및 과학 연구를 포함한 다양한 분야에서 조직이 데이터 기반 의사 결정을 내리는 데 중요한 역할을 합니다.

■ 텍스트 마이닝

[표 6-8]의 기법 외에 텍스트 마이닝은 자연어 처리(NLP, Natural Language Processing), 머신러닝, 데이터 마이닝 기술을 결합하여 구조화되지 않은 방대한 텍스트 데이터(비정형 데이터)를 다양한 목적으로 분석하고, 사용할 수 있는(의미 있는) 구조화된 데이터로 변환합니다. 구조화 되지 않은 텍스트 데이터는 도서, 기사, SNS 미디어, 웹사이트, 이메일 등으로부터 얻을 수 있으며 텍스트 마이닝에는 다음과 같은 활동[2]이 포함됩니다.

1. 데이터 수집(Data Collection) : 문서, 웹 페이지, 소셜 미디어 게시물, 이메일 등과 같은 다양한 소스에서 구조화되지 않은 텍스트 데이터를 수집하는 것으로 시작됩니다. 데이터는 웹 스크래핑, API 또는 수동 수집을 통해 얻을 수 있습니다.

2. 텍스트 전처리(Text Preprocessing) : 원시 텍스트 데이터에는 종종 노이즈와 관련 없는 정보가 포함되어 있습니다. 분석을 위해 데이터를 정리하고 준비하려면 텍스트 전처리가 필수적입니다. 이 단계에는 구두점 제거, 중지 단어("and", "the", "is"와 같은 일

---

2) Sholom M. Weiss, Nitin Indurkhya, Tong Zhang(2015), "Fundamentals of Predictive Text Mining",second edition, Springer

반적인 단어), 형태소 분석(단어를 어근 형태로 축소), 특수 문자 처리 및 인코딩 문제와 같은 작업이 포함됩니다.

3. 토큰화(Tokenization) : 토큰화에는 텍스트를 토큰이라고 하는 더 작은 단위(일반적으로 단어 또는 구문)로 나누는 작업이 포함됩니다. 각 토큰은 텍스트의 의미 있는 정보 단위를 나타냅니다.

4. 텍스트 구문 분석(Text Parsing) : 구문 분석에는 문장의 문법 구조를 분석하여 단어와 구문 간의 관계를 식별하는 작업이 포함됩니다. 이 단계는 텍스트의 맥락과 의미를 이해하는 데 매우 중요합니다.

5. 특징 추출(Feature Extraction) : 이 단계에서는 텍스트 데이터에서 관련 특징이나 속성을 추출합니다. 이러한 표현은 텍스트를 분석에 사용할 수 있는 숫자 데이터로 변환합니다.

6. 텍스트 마이닝 알고리즘(Text Mining Algorithm) : 텍스트 마이닝은 다양한 알고리즘과 기술을 사용하여 준비된 텍스트 데이터에서 통찰력을 분석하고 추출합니다. 몇 가지 일반적인 기술은 다음과 같습니다.

주제 모델링 (Topic Modeling)	알고리즘을 사용하여 텍스트에서 주제 또는 주제를 식별하고 추출
감정 분석 (Sentiment Analysis)	긍정적, 부정적, 중립 등 텍스트의 감정이나 감정적 어조를 결정하여 여론이나 고객 피드백을 측정
명명된 엔터티 인식 (Named Entity Recognition)	사람 이름, 조직, 위치 및 날짜와 같은 명명된 엔터티를 텍스트로 식별하고 분류
텍스트 분류 (Text Classification)	텍스트 문서를 사전 정의된 카테고리 또는 레이블로 분류하며 문서 분류 및 스팸 감지
텍스트 클러스터링 (Text Clustering)	유사한 문서를 내용에 따라 그룹화
텍스트 요약 (Text Summarization)	긴 문서나 기사를 간결하고 유익한 요약

7. 시각화(Visualization) : 시각화 기술은 텍스트 마이닝 결과를 보다 이해하기 쉽고 해석하기 쉬운 형태로 제시하는 데 사용됩니다. 여기에는 단어 구름(word cloud), 막대 차트, 히트맵(heatmaps), 네트워크 다이어그램(network diagrams)이 포함됩니다.

8. 통찰력 생성(Insight Generation) : 마지막으로 텍스트 마이닝은 분석된 텍스트 데이터로부터 실행 가능한 통찰력 생성을 목표로 합니다. 이러한 통찰력은 의사 결정, 추세 분석, 시장 조사, 감정 모니터링 등에 사용될 수 있습니다.

텍스트 마이닝은 다음과 같이 다양한 분야에 응용되고 있습니다.

분야	내용
고객 피드백 분석	고객 리뷰 및 피드백을 분석하여 제품 또는 서비스 감정을 이해하고 개선 영역을 식별
정보 검색	사용자 쿼리를 기반으로 관련 문서나 웹 페이지를 검색하는 검색 엔진을 구축
의료	진단, 약물 발견 및 역학 연구를 지원하기 위해 의료 기록 및 연구 기사에서 정보를 추출
금융	금융 뉴스 및 보고서를 분석하여 투자 결정을 내리고 시장 동향을 파악
소셜 미디어 모니터링	소셜 미디어(social media) 플랫폼을 모니터링하여 브랜드 언급, 정서 및 새로운 트렌드를 추적
법률 문서 검토	관련 정보에 대한 법률 문서, 계약서, 사건 파일 검토를 자동
학술 연구	대량의 연구 논문 및 기사를 분석하여 과학 분야의 패턴과 추세를 파악

■ *K*-means 클러스터링

K-means 알고리즘은 군집의 수(k)와 미리 규정된 판정의 기준에 따라 개체들을 분할하는 방법으로 널리 알려진 방법입니다. *K*-means 알고리즘은 군집 내의 분산을 최소화시키는 최적분할방법 중 하나이며, 개체를 k개 군집의 중심에서 가장 가까운 군집에 할당하는 방법입니다.

K-means 알고리즘은 주어진 군집 수 k에 대하여 군집 내 거리 제곱 합의 합을 최소화하는 것을 목적으로 하며, 사전에 결정된 군집 수 k가 주어지면 데이터 개체 점들 간의 거리를 이용하여 전체 데이터 세트를 상대적으로 유사한 k개의 군집으로 나눕니다.

K-means 알고리즘은 이해하기 쉽고, 다른 군집분석 기법보다 계산량이 적으므로 빅데이터 대상으로 많이 활용됩니다. *K*-means 알고리즘은 다음과 같습니다.

[단계 1]	개체로부터 k개 군집의 초기 중심을 설정
[단계 2]	각 개체에 대해 k개 군집의 중심 중에서 가장 가까운 군집의 중심으로 할당
[단계 3]	새로 형성된 군집으로부터 군집 중심을 계산
[단계 4]	• 수렴의 조건을 만족할 때까지 [단계 2]와 [단계 3]을 반복 • 수렴의 조건 : 각 군집에 속하는 구성원이 바뀌지 않거나 모든 군집에 대해 군집 중심의 변화가 없을 때

■ 군집분석 또는 클러스터링(Clustering)

군집분석은 관측값들을 적절한 기준으로 서로 유사한 관측값끼리 동질적인 그룹으로 묶는(군집화) 기법을 말합니다. 분석 이전에 군집화에 대한 사전 정보가 주어지지 않은 상태에서 클러스터링이 이루어지므로 비지도 학습으로 구분되며 다변량 데이터로부터 유사한 특성으로 그룹을 만드는 통계적 기법 중의 하나입니다.

군집분석 방법은 크게 계층적 군집분석과 비계층적 군집분석으로 나누며, 계층적 군집방법은 가장 일반적인 방법으로 유사한 개체들끼리 묶어 군집은 형성하는 방법 또는 먼 개체들로 나누어가는 방법들을 이용합니다. 비계층적 군집방법은 군집의 수와 미리 규정된 판정기준에 따라 개체들을 분할하는 것이며, 가장 잘 알려진 알고리즘으로는 K-means 클러스터링이 있습니다. 자세한 것은 7장에서 설명합니다.

■ 의사결정나무(Decision Tree)

의사결정나무는 주어진 데이터를 분류하는데 목적이 있으며 이 과정은 우리가 과거에 많이 하던 스무고개와 유사합니다. 스무고개는 나의 질문과 상대방의 대답(보통 '예'와 '아니오')을 통해 상대방이 짐작(상상)하고 있는 대상(정답)을 알아내는 게임입니다. 상대방이 짐작하는 대상을 빨리 알아내기 위해서는 정답에 대해서 추가적인 정보를 얻을 수 있는 질문을 해야 하며, 정답을 알아내기 위한 질문의 숫자가 적을수록 게임에서 이기게 됩니다. 의사결정나무는 스무고개의 과정과 유사하게 그림과 같이 심장마비의 위험도를 결정해 나가는 의사결정의 경로(path)와 최종적인 위험도의 결과(result)를 나타내기 위해 나무구조[3]를 사용합니다.

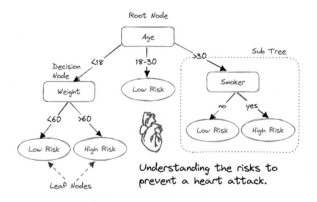

[심장마비의 위험도에 대한 의사결정트리]

---

3) https://www.datacamp.com/tutorial/decision-tree-classification-python

의사결정나무는 목표변수의 분류나 예측에 영향을 미치는 독립변수(설명 변수 혹은 입력 변수)들의 속성 기준값에 따라 트리구조의 형태로 뿌리 노드부터 잎(리프) 노드까지 뻗어나가며 모형화하는 기법을 말합니다. 의사결정트리는 그림과 같이 각 노드가 if-then의 형태로 분기되므로, 이런 트리 구조를 따라감으로써, 각 데이터의 속성값이 주어졌을 때 어떠한 카테고리로 분류되는지를 파악할 수 있습니다.

■ 연관성 분석(Association Analysis)

연관성 분석은 방대한 데이터에 대해 항목 간의 연관관계나 항목 간의 규칙을 찾아 이를 활용하는 방법입니다. 예를 들어 고객이 마트에서 삼겹살을 구매할 경우 쌈 채소와 쌈장도 함께 구매한다거나 식빵을 구매할 경우 치즈나 버터를 함께 구매한다는 규칙을 찾아내어 마트 내에서 고객의 효율적인 이동을 위해 상품을 재배치하는 등의 판매 전략을 세우는데 있습니다.

연관성 분석은 이와 같은 상품 구매나 마케팅 영역에서 주로 사용되었기에 장바구니 분석 (Market Basket Analysis)으로 불리기도 합니다. 연관성 분석은 사전에 목표가 주어지지 않은 상태에서 데이터로부터 상호 관계나 패턴 또는 규칙 등을 찾아내는 기법이므로 비지도 학습 기법에 속합니다. 연관성 분석은 고객의 구매 데이터로부터 항목 간 연관성 또는 규칙을 알아내기 위하여 한 상품이 다른 상품과 같이 판매될 확률을 계산하여 분석합니다.

■ 회귀분석과 로지스틱 회귀분석

회귀 분석은 매출액 또는 주택 가격 등 연속적인 범위에 속하는 값을 예측하는 데 사용하는 통계적 분석 방법이며 머신러닝에서 지도 학습 알고리즘에 속합니다. 회귀 분석은 단어 앞에 선형(linear)이라는 단어를 넣는 경우가 많은데 이는 분석에 있어서 입력 값으로 사용하는 독립변수(X)와 출력 값을 의미하는 종속변수(Y) 사이의 관계를 선형 함수식(절편과 기울기)으로 나타내기 때문입니다.

예를 들어 선형 회귀 분석은 키와 몸무게를 2차원 평면상에 산점도로 나타낼 때 각각의 점으로 표시된 데이터에 가장 적합한 직선 식을 찾는 방법이고, 이 직선 식을 이용하여 독립변수(몸무게, X)에 대해 종속변수의 값(키, Y)을 추정하거나 다음과 같이 함수관계를 통해 예측할 수 있습니다. 만약 몸무게가 60kg이라면 키는 함수식에 의해 0.7507×60 + 124.36 = 169.4로 예상(추측)할 수 있습니다.

$$키(Y) = 0.7507 \times 몸무게(X) + 124.36$$

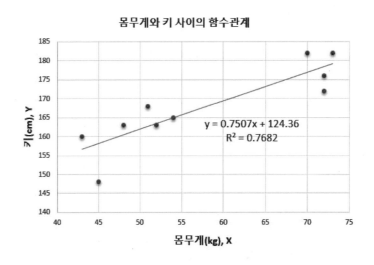

회귀분석의 결과로 만들어지는 두 변수 사이의 선형 함수식은 앞서 설명과 같이 몸무게 데이터가 주어지면 키를 예상할 수 있으므로 머신러닝의 학습 방법 중 지도 학습 문제에 사용할 수 있습니다.

회귀분석은 대부분 종속변수가 연속형 데이터로 선형분석이 이루어지지만 종속변수가 이산형 또는 범주형 데이터의 경우에는 로지스틱 회귀분석을 이용합니다. 로지스틱 회귀는 "로짓 회귀(logit regression)"라고도 알려져 있으며 종속변수의 예측결과가 이진 분류 작업에 사용되는 지도 학습 알고리즘입니다. 이 방법은 어떤 이미지가 사람인지 아닌지를 결정하는 것, 또는 시험 성적에 따라서 합격인지 불합격인지를 판정하는 것과 같이 입력된 내용이 한 클래스에 속하는지 다른 클래스에 속하는지 확인할 때 사용합니다.

단원 정리 6.2

■ 데이터 마이닝 기반 분석 모형의 처리 단계

1. 데이터 수집(Data Collection)
2. 데이터 클리닝 및 전처리(Data Cleaning and Preprocessing)
3. 데이터 변환(Data Transformation)
4. 데이터 마이닝(Data Mining)
5. 패턴 평가 및 해석(Pattern Evaluation and Interpretation)
6. 모형 검증 및 최적화(Model validation and optimization)
7. 의사결정 및 보고(Decision-making and reporting)

■ 데이터 마이닝 기반의 데이터 분석 모형

데이터 마이닝 기반의 데이터 분석 모형은 데이터 마이닝 기법을 활용하여 대량의 데이터에서 패턴, 관계 및 통찰력을 찾아내는 강력한 접근 방식이다.

[데이터 마이닝 기법과 알고리즘]

구분	군집화	분류	연관규칙	예측
내용	클러스터링은 특정 특성이나 특징을 기반으로 유사한 데이터 포인트를 함께 그룹화함	일반적으로 주어진 데이터 세트의 클래스나 카테고리를 예측하는 데 사용되며 지도 학습의 일부임	데이터 집합에서 특정 항목 간의 관계나 연결성을 찾는 데 사용됨	과거 데이터에서 학습한 패턴을 기반으로 계량적 예측을 위해 사용되며 회귀분석의 핵심 요소
예	마케팅의 고객 세분화, 텍스트 분석의 유사 문서 그룹화	스팸 이메일 탐지, 대출 신청 승인 및 거부 여부 예측	장바구니 분석 (Market Basket Analysis)	면적, 침실 수와 위치를 기반으로 한 주택 가격 예측
알고리즘	• 군집분석 • K-means clustering	• 로지스틱 회귀분석 • 의사결정나무	연관성분석	• 회귀분석 • 시계열 분석 • 인공 신경망

■ 텍스트 마이닝

자연어 처리(NLP, Natural Language Processing), 머신러닝, 데이터 마이닝 기술을 결합하여 구조화되지 않은 방대한 텍스트 데이터(비정형 데이터)를 다양한 목적으로 분석하고, 사용할 수 있는(의미 있는) 구조화된 데이터로 변환한다. 구조화 되지 않은 텍스트 데이터는 도서, 기사, SNS 미디어, 웹사이트, 이메일 등으로부터 얻을 수 있다.

■ K-means 클러스터링

K-means 알고리즘은 군집 내의 분산을 최소화시키는 최적분할 방법 중 하나이며, 개체를 k개 군집의 중심에서 가장 가까운 군집에 할당하는 방법이다. K-means 알고리즘은 주어진 군집수 k에 대하여 군집 내 거리 제곱 합의 합을 최소화하는 것을 목적으로 하며, 사전에 결정된 군집수 k가 주어지면 데이터 개체 점들 간의 거리를 이용하여 전체 데이터 세트를 상대적으로 유사한 k개의 군집으로 나눈다.

■ 군집분석 또는 클러스터링(Clustering)

군집분석은 관측값들을 적절한 기준으로 서로 유사한 관측값끼리 동질적인 그룹으로 묶는(군집화) 기법을 말한다. 분석 이전에 군집화에 대한 사전 정보가 주어지지 않은 상태에서 클러스터링이 이루어지므로 비지도 학습으로 구분되며 다변량 데이터로부터 유사한 특성으로 그룹을 만드는 통계적 기법 중의 하나이다.

■ 의사결정나무(Decision Tree)

의사결정나무는 목표변수의 분류나 예측에 영향을 미치는 독립변수(설명 변수 혹은 입력 변수)들의 속성 기준값에 따라 트리 구조의 형태로 뿌리 노드부터 잎(리프) 노드까지 뻗어 나가며 모형화하는 기법을 말한다. 의사결정트리는 각 노드가 if-then의 형태로 분기되므로, 이런 트리 구조를 따라감으로써, 각 데이터의 속성값이 주어졌을 때 어떠한 카테고리로 분류되는지를 파악할 수 있다.

■ 연관성 분석(Association Analysis)

연관성 분석은 방대한 데이터에 대해 항목 간의 연관관계나 항목 간의 규칙을 찾아 이를 활용하는 방법이다. 예를 들어 고객이 마트에서 삼겹살을 구매할 경우 쌈채소와 쌈장도 함께 구매한다거나 식빵을 구매할 경우 치즈나 버터를 함께 구매한다는 규칙을 찾아내어 마트 내에서 고객의 효율적인 이동을 위해 상품을 재배치하는 등의 판매 전략을 세우는데 있다.

■ 회귀분석과 로지스틱 회귀분석

회귀 분석은 매출액 또는 주택 가격 등 연속적인 범위에 속하는 값을 예측하는 데 사용하는 통계적 분석 방법이며 머신러닝에서 지도 학습 알고리즘에 속한다. 회귀분석은 단어 앞에 선형(linear)이라는 단어를 넣는 경우가 많은데 이는 분석에 있어서 입력 값으로 사용하는 독립변수(X)와 출력 값을 의미하는 종속변수(Y) 사이의 관계를 선형 함수식(절편과 기울기)으로 나타내기 때문이다.

회귀분석은 대부분 종속변수가 연속형 데이터로 선형분석이 이루어지지만 종속변수가 이산형 또는 범주형 데이터의 경우에는 로지스틱 회귀분석을 이용한다. 이 방법은 어떤 이미지가 사람인지 아닌지를 결정하는 것, 또는 시험 성적에 따라서 합격인지 불합격인지를 판정하는 것과 같이 입력된 내용이 한 클래스에 속하는지 다른 클래스에 속하는지 확인할 때 사용한다.

연습문제 6.2

1. 다음은 무엇에 대한 설명인가?

> 대규모로 저장된 데이터 안에서 체계적이고 자동적으로 통계적 규칙이나 짜임을 분석하여, 가치있는 정보를 빼내는 과정으로 KDD(knowledge-discovery in databases)라고도 일컫는다.

2. 다음 문장이 설명하는 단어를 보기에서 골라 쓰시오.

> [보기]
> 데이터 수집   데이터 마이닝   데이터 클리닝 및 전처리
> 패턴 평가 및 해석   데이터 변환   모형 검증 및 최적화

(1) 불일치, 오류, 결측값 및 이상치를 제거
(2) 테스트 데이터를 사용하여 데이터 마이닝 모형을 검증
(3) 데이터의 차원을 축소시키거나 품질을 향상시키기 위한 정규화
(4) 데이터베이스, 스프레드시트, 온라인 플랫폼으로부터 데이터를 수집

3. 다음의 알고리즘 또는 분석방법 중 군집화에 속하는 것은?
   ① 회귀분석　　　　　　　　　② 의사결정나무
   ③ K-means clustering　　　　④ 연관성 분석

4. 다음의 알고리즘 또는 분석방법 중 분류에 속하는 것은?
   ① 회귀분석　　　　　　　　　② 의사결정나무
   ③ K-means clustering　　　　④ 연관성 분석

5. 다음의 알고리즘 또는 분석방법 중 예측에 속하는 것은?
   ① 회귀분석　　　　　　　　　② 의사결정나무
   ③ K-means clustering　　　　④ 연관성 분석

6. 다음이 설명하는 기법에 해당하는 것은?

> 일반적으로 주어진 데이터 세트의 클래스나 카테고리를 예측하는 데 사용되며 지도 학습의 일부임

① 군집화 　　　　② 분류 　　　　③ 연관규칙 　　　　④ 예측

7. 다음이 설명하는 기법에 해당하는 것은?

> 데이터의 특성이나 특징을 기반으로 유사한 데이터 포인트를 함께 그룹화함

① 군집화 　　　　② 분류 　　　　③ 연관규칙 　　　　④ 예측

8. 다음이 설명하는 기법에 해당하는 것은?

> 데이터 집합에서 특정 항목 간의 관계나 연결성을 찾는 데 사용된다.

① 군집화 　　　　② 분류 　　　　③ 연관규칙 　　　　④ 예측

9. 다음이 설명하는 알고리즘 또는 분석 기법은?

> 주로 마케팅에 활용되는 기법으로 고객 구매데이터를 분석하여 한 상품이 다른 상품과 같이 판매될 확률을 통해 연관관계나 규칙을 도출하는 기법

① 회귀분석 　　　　　　　　② 의사결정나무
③ K-means clustering 　　　④ 연관성 분석

10. 다음이 설명하는 알고리즘 또는 분석 기법은?

> 종속변수가 이산형 또는 범주형 데이터의 경우에 이용하며 시험 성적에 따라서 합격인지 불합격인지를 판정하는 것과 같이 입력된 내용이 한 클래스에 속하는지 다른 클래스에 속하는지 확인할 때 사용

① 군집분석 　　　　　　　　② 연관성 분석
③ 로지스틱 회귀분석 　　　　④ 회귀분석

11. 다음이 설명하는 알고리즘 또는 분석 기법은?

> 목표변수의 분류나 예측에 영향을 미치는 독립변수(설명 변수 혹은 입력 변수)들의 속성 기준값에 따라 트리구조의 형태로 뿌리 노드부터 잎(리프) 노드까지 뻗어 나가며 모델링을 하는 기법

① 의사결정나무   ② 연관성 분석
③ 로지스틱 회귀분석   ④ 회귀분석

12. 기성복을 구매할 때 상의는 가슴둘레를, 하의는 허리둘레를 기준으로 선택하여 입어보고 구매한다. 이때 기성복의 사이즈는 가슴둘레와 허리둘레를 기준으로 표준화되어 있다는 것인데 표준화를 위해서 어떤 방법을 사용하겠는가?

① 군집화   ② 분류   ③ 연관규칙   ④ 예측

6.3 머신러닝 기반 분석 모형

딥러닝(deep learning)은 인공 신경망을 기반으로 하는 머신러닝(machine learning)의 하위 집합이며, 머신러닝은 인공지능(artificial intelligent)의 한 분야로 이들의 관계를 그림으로 나타내면 [표 6-9]와 같습니다. 결국 머신러닝과 딥러닝은 인공지능을 구현하기 위한 기술입니다.

[표 6-9] 인공지능, 머신러닝 그리고 딥러닝[4]

1950's	1980's	2010's	now
인공지능 컴퓨터로 하여금 인간의 지능을 모방하도록 하는 기술 (예로 머신러닝)을 포함하는 기술	**머신러닝** 기계로 하여금 경험을 통해 작업을 개선하도록 하는 기술(예로 딥러닝)을 포함하는 인공지능의 하위 집합	**딥러닝** 기계가 작업을 수행할 수 있도록 하는 신경망에 기반한 머신러닝의 하위 집합 (인공 신경망)	
	(선형 회귀, 로지스틱 회귀, …)		
(전문가 시스템, 규칙 기반 시스템)			

머신러닝은 사람의 학습 능력을 컴퓨터 시스템을 활용하여 구현하는 것입니다. 예를 들어 거의 매일 다른 옷을 입고, 가끔씩 다른 머리 스타일과 안경을 착용하더라도, 정면이 아닌 옆모습만 보더라도, 어떤 경우에는 뒷모습 또는 들리는 목소리만으로도 강의실의 많은 학생 사이에서 내 친구가 누구인지 알 수 있습니다. 우리는 이러한 일을 아주 쉽게 처리할 수 있지만 컴퓨터를 이용하고자 한다면 수많은 데이터를 통해 일정한 규칙을 찾아내야 하고, 그러한 규칙을 통해 찾고자 하는 목표를 분류하거나 예측해야 합니다.

따라서 머신러닝의 "머신(machine)"이란 일반적으로 많은 양의 데이터를 처리하고 그 데이터로부터 학습하여 예측이나 결정을 내릴 수 있는 컴퓨터 시스템 또는 장치를 가리키며, 머신러닝의 "러닝(learning)"이란 데이터로부터 일정한 규칙들을 찾아내는 과정이며, 이러한 규칙들을 찾았다고 한다면 그 규칙들을 새로운 데이터에 적용하여 문제를 해결하는 것입니다. 이렇게 사용하려는 규칙을 "모형"이라 하며 모형은 곧 프로그램을 의미합니다.

> 머신러닝이란 컴퓨터로 하여금 데이터로부터 일정한 규칙들을 찾아내는 과정이다.

---

4) https://learn.microsoft.com/ko-kr/azure/machine-learning/

요리사가 완성한 요리에 대해 들어간 재료를 모두 알려 주더라도 그 요리와 똑같이 만들기는 어려울 것입니다. 그러나 재료와 더불어 레시피(recipe)를 알고 있다면 거의 유사하게 그 요리를 구현할 수 있을 것입니다. 어떤 요리를 만드는 레시피는 한 가지만 있는 것이 아니라 수십 개 존재할 수 있으며 요리의 초보자는 선택한 레시피를 계속 따라하고 만들어가면서 자신의 입맛에 맞는 요리를 완성할 수 있습니다. 이때 레시피를 "모형"이라 하며, 이러한 레시피를 계속 적용하여 요리의 완성도를 높이는 과정을 "훈련"이라 합니다.

머신러닝 모형은 데이터와 경험을 기반으로 패턴이나 어떤 행동을 인식하도록 만들어진 일련의 지침이고, 레시피와 같으며, 프로그램으로 생각할 수 있습니다. 머신러닝 모형에는 다음과 같은 것들이 있습니다.

■ 머신러닝 기반 분석 모형

- 분류 모형(classification model)
- 회귀 모형(regression model)
- 클러스터링(clustering)
- 차원 축소(dimensionality reduction)
- 딥러닝(deep learning)

머신러닝 모형을 만들기 위한 방법을 머신러닝 알고리즘이라 하며, 머신러닝 알고리즘을 이용하여 만들어진 결과가 머신러닝 모형입니다. 머신러닝 알고리즘은 여러 가지가 있으며, 다음과 같이 크게 세 가지, 즉 지도 학습(supervised learning), 비지도 학습(unsupervised learning), 강화 학습(reinforcement learning)으로 분류하고([표 6-10] 참고), 분류된 알고리즘은 [표 6-11]과 같습니다. [표 6-11]에는 분류하지 않았지만 강화 학습에서 사용하는 알고리즘으로 Q-learning과 Deep Q 네트워크 등이 있습니다.

[표 6-10] 머신러닝 알고리즘의 분류

머신러닝 알고리즘의 분류	특징
지도 학습	선생님께서 학생들에게 문제를 주고, 이어서 답을 알려주는 것과 같은 학습 방법이다. 따라서 컴퓨터에 입력 데이터와 해당 데이터의 정답을 같이 입력하여 학습하도록 한다.

비지도 학습	지도 학습과는 달리 답이 정해져 있지 않고 입력 데이터로부터 특징을 스스로 학습하도록 한다.	
강화 학습	지도 학습과 유사하지만 완전한 답을 제공하지 않는다. 파블로프의 개 실험은 행동심리학 분야에 지대한 영향을 준 연구이며, 강화 학습은 행동심리학에서 발전된 알고리즘이다. 현재 상태를 관찰해서 어떻게 대응해야 하는가, 더 많은 보상을 얻을 수 있는 방향으로의 선택을 학습하도록 한다.	

[표 6-11] 머신러닝 알고리즘

머신러닝 알고리즘의 분류	머신러닝 기반 분석 모형	알고리즘
지도 학습	회귀 모형	• 선형 회귀(linear regression) • 의사결정트리(decision tree) • K-최접근 이웃(Nearest Neighbors, K-NN) • 랜덤 포레스트(Random Forest)
	분류 모형	• 로지스틱 회귀(logistic regression) • 서포트 벡터 머신(support vector machine, SVM) • 나이브 베이즈(naïve bayes) • 판별분석(discriminant analysis)
	딥러닝	인공신경망(artificial neural network, ARN)
비지도 학습	클러스터링	• 계층적 클러스터링 • 비계층적 클러스터링(K-means 클러스터링)
	차원 축소	• 주성분분석(principal component analysis) • 요인분석(factor analysis) • 특이값 분해(singular value decomposition)

■ K-최접근 이웃(K-NN)

K-NN 알고리즘은 목표변수의 범주를 알지 못하는 데이터 세트의 분류를 위해 미리 정의된 카테고리로 분류된 K개의 데이터들과 유사도를 측정하여 해당 데이터 세트와 가장 유사한 클래스로 지정하는 방식으로 분류예측을 하는 기법으로 지도 학습의 종류입니다. 이러한 K-NN 기법에서는 해당 데이터 점과 주변 데이터 세트 간의 '유사성'을 어떻게 측정할 것인가와 최종적으로 목표변수의 범주를 분류할 때 주변 데이터 세트 몇 개를 기준으로 판단할 것인가에 대한 기준이 필요합니다.

다음의 그림[5]에 대해서 새로운 데이터 포인트(별표)는 K값이 주어질 경우 어떻게 예측될

---

5) https://www.jcchouinard.com/k-nearest-neighbors/

것인가를 나타냅니다. $K=3$인 원에서는 삼각형(▲)이 대다수이므로 새로운 포인트(★)는
클래스 B에 속하는 것으로 예측되지만, $K=6$인 원에서는 원(●)이 대다수이므로 새로운
포인트는 클래스 A에 속하는 것으로 예측합니다.

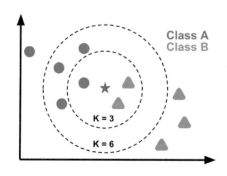

■ 랜덤 포레스트(Random Forest)

이 기법은 분류나 회귀 분석에 사용하는 앙상블(ensemble) 학습 방법의 하나입니다. 앙상
블 학습이란 예측의 정확도를 높이기 위해 여러 개의 모델을 학습한 후에 예측 결과를 종
합해서 결과를 만들어 냅니다. 랜덤 포레스트는 훈련과정에서 하나가 아닌 여러 개의 의사
결정나무를 사용하여 결과를 예측합니다.

■ 판별분석(discriminant analysis)

판별분석은 어느 집단에 속하는지를 알고 있는 과거의 관측값들을 이용하여 관측값들이
속한 집단을 잘 구분할 수 있는 방법을 찾고, 이를 이용하여 새로운 관측값이 어느 집단
에 속할지를 판별하는 다변량분석 방법입니다.

판별분석과 주성분분석의 공통점은 주어진 다변량 데이터에 대해 저차원으로 투영하는 방
법을 이용한다는 것이고, 차이점은 머신러닝 알고리즘에서 판별분석은 해결해야 할 문제
와 정답을 통해 학습하도록 하므로 데이터와 데이터의 정답(target)이 주어져야 하는 지도
학습으로 분류되고, 주성분분석은 데이터로부터의 특징을 스스로 학습하도록 하는 비지
도 학습으로 분류합니다.

■ 주성분분석

주성분분석과 인자분석은 데이터의 차원(변수의 수)을 줄이는데 목적이 있지만 주성분분

석은 모든 변수들의 분산을 이용하여 주성분을 찾는 것이며, 주성분은 변수들의 선형조합으로 나타납니다. 반면에 인자분석은 변수들 간의 상관(또는 공분산)을 잘 예측할 수 있는 변수들의 묶음(공통 인자)을 찾는 것입니다.

주성분분석은 데이터의 차원(변수의 수)을 줄이기 위해 고차원의 데이터를 더 적은 차원으로 투영(projection)하는 방법을 이용하고, 결과적으로는 기존 변수들의 선형조합으로 나타나는 새로운 변수를 만듭니다.

■ 인자분석

인자분석(factor analysis, 요인분석)은 상관관계가 있는 변수들 사이의 관계를 변수의 개수보다 적은 수의 인자를 이용하여 설명하려는 다변량분석 방법입니다. 여기서 인자는 변수들 간의 상관관계를 설명해 줄 수 있는 공통된 인자를 말하며 인자분석은 이러한 공통 인자를 찾아 그 구조를 해석하는 방법입니다.

인자분석은 주성분분석과 유사한 면이 있지만 주성분분석은 통계적 모형을 이용하지 않고 변수의 정보를 최대한으로 유지하면서 포함된 변수들의 선형결합으로 표현되는 주성분을 통하여 변수 간의 관계를 설명하지만 요인분석은 잠재적인 공통인자로 구성된 통계적 모형을 이용하여 변수들 간의 관계를 설명합니다.

단원 정리 6.3

■ 딥러닝

딥러닝은 인공 신경망을 기반으로 하는 머신러닝의 하위 집합이며, 머신러닝은 인공지능의 한 분야이다. 머신러닝과 딥러닝은 인공지능을 구현하기 위한 기술이다.

■ 머신러닝

머신러닝은 사람의 학습 능력을 컴퓨터 시스템을 활용하여 구현하는 것이다. 머신러닝의 "머신(machine)"이란 일반적으로 많은 양의 데이터를 처리하고 그 데이터로부터 학습하여 예측이나 결정을 내릴 수 있는 컴퓨터 시스템 또는 장치를 가리키며, 머신러닝의 "러닝(learning)"이란 데이터로부터 일정한 규칙들을 찾아내는 과정이며, 이러한 규칙들을 찾았다고 한다면 그 규칙들을 새로운 데이터에 적용하여 문제를 해결하는 것이다.

[머신러닝 알고리즘의 분류]

머신러닝 알고리즘의 분류	특징
지도 학습	선생님께서 학생들에게 문제를 주고, 이어서 답을 알려주는 것과 같은 학습 방법이다. 따라서 컴퓨터에 입력 데이터와 해당 데이터의 정답을 같이 입력하여 학습하도록 한다.
비지도 학습	지도 학습과는 달리 답이 정해져 있지 않고 입력 데이터로부터 특징을 스스로 학습하도록 한다.
강화 학습	지도 학습과 유사하지만 완전한 답을 제공하지 않는다. 파블로프의 개 실험은 행동심리학 분야에 지대한 영향을 준 연구이며, 강화 학습은 행동심리학에서 발전된 알고리즘이다. 현재 상태를 관찰해서 어떻게 대응해야 하는가, 더 많은 보상을 얻을 수 있는 방향으로의 선택을 학습하도록 한다.

[머신러닝 알고리즘과 분석 모형]

머신러닝 알고리즘의 분류	머신러닝 기반 분석 모형	알고리즘
지도 학습	회귀 모형	• 선형 회귀(linear regression) • 의사결정트리(decision tree) • K-최접근 이웃(Nearest Neighbors, K-NN) • 랜덤 포레스트(Random Forest)
	분류 모형	• 로지스틱 회귀(logistic regression) • 서포트 벡터 머신(support vector machine, SVM) • 나이브 베이즈(naïve bayes) • 판별분석(discriminant analysis)
	딥러닝	인공신경망(artificial neural network, ARN)
비지도 학습	클러스터링	• K-means 클러스터링 • 계층적 클러스터링
	차원 축소	• 주성분분석(principal component analysis) • 요인분석(factor analysis) • 특이값 분해(singular value decomposition)

■ K-최접근 이웃(K-NN)

K-NN 알고리즘은 목표변수의 범주를 알지 못하는 데이터 세트의 분류를 위해 미리 정의된 카테고리로 분류된 K개의 데이터들과 유사도를 측정하여 해당 데이터 세트와 가장 유사한 클래쓰로 지정하는 방식으로 분류예측을 하는 기법으로 지도 학습의 종류이다. 이러한 K-최접근 이웃 기법에서는 해당 데이터 점과 주변 데이터 세트 간의 '유사성'을 어떻게 측정할 것인가와 최종적으로 목표변수의 범주를 분류할 때 주변 데이터 세트 몇 개를 기준으로 판단할 것인가에 대한 기준이 필요하다.

■ 랜덤 포레스트(Random Forest)

이 기법은 분류나 회귀 분석에 사용하는 앙상블(Ensemble) 학습 방법의 하나이다. 앙상블 학습이란 예측의 정확도를 높이기 위해 여러 개의 모델을 학습한 후에 예측 결과를 종합해서 결과를 만들어낸다. 랜덤 포레스트는 훈련과정에서 하나가 아닌 여러 개의 의사결정나무를 사용하여 결과를 예측한다.

■ 판별분석(discriminant analysis)

판별분석은 어느 집단에 속하는지를 알고 있는 과거의 관측값들을 이용하여 관측값들이 속한 집단을 잘 구분할 수 있는 방법을 찾고, 이를 이용하여 새로운 관측값이 어느 집단에 속할지를 판별하는 다변량분석 방법이다.

■ 주성분분석

주성분분석은 데이터의 차원(변수의 수)을 줄이기 위해 고차원의 데이터를 더 적은 차원으로 투영(projection)하는 방법을 이용하고, 결과적으로는 기존 변수들의 선형조합으로 나타나는 새로운 변수를 만든다.

■ 인자분석

인자분석(factor analysis, 요인분석)은 상관관계가 있는 변수들 사이의 관계를 변수의 개수보다 적은 수의 인자를 이용하여 설명하려는 다변량분석 방법이다. 여기서 인자는 변수들 간의 상관관계를 설명해 줄 수 있는 공통된 인자를 말하며 인자분석은 이러한 공통인자를 찾아 그 구조를 해석하는 방법이다.

연습문제 6.3

1. 인간이 학습하는 과정과 방법을 모방하여 지식을 축적하고 이를 통해 어떤 문제해결의 정확도를 향상시키기 위해 데이터와 알고리즘을 활용하는 인공지능과 컴퓨터 과학의 분야는?

   ① 머신러닝(machine learning)　　　　② 자연어 처리(natural language process)
   ③ 패턴 인식(pattern recognition)　　　④ 자율주행(automatic driving)

2. 딥러닝과 머신러닝에 대한 설명이다. 적절하지 않은 것은?

   ① 머신러닝은 인공지능의 한 분야이고, 딥러닝은 머신러닝의 한 분야이다.
   ② 머신러닝과 딥러닝은 모두 신경망 학습법을 이용한다.
   ③ 머신러닝의 방법으로 지도 학습, 비지도 학습, 강화 학습 등으로 나눈다.
   ④ 딥러닝은 자율주행에 있어서 카메라를 통한 주변인식, 암진단에 있어서 보건의료 이미지를 분석 및 활용한다.

3. 딥러닝의 활용분야 중 적절하지 않은 것은?

   ① 자율주행에서 도로와 보행자를 감지
   ② 스마트폰에서의 음성인식
   ③ 고객들의 신용, 소득, 자산 등의 정보를 활용한 대출가능성 파악
   ④ 얼굴의 특징을 파악하고 구별하는 얼굴 인식

4. 다음은 머신러닝에 대한 설명이다. _____ 안에 들어갈 적절한 단어를 쓰시오.

   > _____ 이란 일반적으로 많은 양의 데이터를 처리하고 그 데이터로부터 예측이나 결정을 내릴 수 있는 컴퓨터 시스템 또는 장치를 가리키며, _____ 이란 데이터로부터 일정한 규칙들을 찾아내는 과정이며, 이러한 규칙들을 찾았다고 한다면 그 규칙들을 새로운 데이터에 적용하여 문제를 해결하는 것이다. 이렇게 사용하려는 규칙을 _____ 이라 하며 프로그램을 의미한다.

5. 다음이 설명하는 머신러닝 알고리즘의 학습 방법을 각각 무엇이라 하는가?

A : 선생님께서 학생들에게 문제를 주고, 이어서 답을 알려주는 것과 같은 학습 방법이다.	B : 답이 정해져 있지 않고 입력 데이터로부터 특징을 스스로 학습하도록 한다.

6. 다음 중 지도 학습으로 분류되지 않는 모형은?

   ① 회귀모형　　　② 분류모형　　　③ 딥러닝　　　④ 클러스터링

7. 다음 중 지도 학습의 회귀 모형으로의 분류가 적절하지 않은 것은?

   ① 선형 회귀　　　② 의사결정나무　　　③ 로지스틱 회귀　　　④ K-최근접 이웃

8. 다음 중 비지도 학습의 차원 축소 모형으로의 분류가 적절하지 않은 것은?

   ① 주성분분석　　　② 클러스터링　　　③ 요인분석　　　④ 특이값 분해

9. 다음 중 지도 학습 알고리즘을 적용하는 경우로 적절하지 않은 것은?

   ① 주변 시세를 이용하여 전세가격을 결정
   ② 수요를 예측하여 비행기 티켓값을 결정
   ③ 작년 여름 자료를 이용하여 올 여름의 강수량을 예측
   ④ 고객 데이터를 분석하여 상품 구매 방식을 판단

10. 사람들이 손으로 작성한 숫자 데이터를 활용하여 임의로 주어지는 손글씨 숫자를 컴퓨터로 하여금 알아내기 위해 사용할 학습 방법은?

    ① 비지도 학습　　　② 강화 학습　　　③ 지도 학습　　　④ 준지도 학습

11. 비지도 학습으로 적절하지 않은 알고리즘은?

    ① 신경망　　　② 회귀분석　　　③ 군집분석　　　④ 주성분분석

12. 앙상블(ensemble) 학습 방법을 이용하는 알고리즘은?

    ① 신경망　　　② 클러스터링　　　③ 랜덤 포레스트　　　④ 주성분분석

13. 다음의 알고리즘은 무엇에 대한 설명인가?

    > 데이터 세트의 분류를 위해 미리 정의된 카테고리로 분류된 K개의 데이터들과 유사도를 측정하여 해당 데이터 세트와 가장 유사한 클래스로 지정하는 방식

    ① K-최근접 이웃(K-NN)　　　② K-means 클러스터링
    ③ 랜덤 포레스트　　　④ 의사결정나무

14. 예측의 정확도를 높이기 위해 여러 개의 모델을 학습한 후에 예측 결과를 종합해서 결과를 만들어 내는 학습 방법은?

① 앙상블(ensemble) 학습   ② 지도 학습

③ 비지도 학습   ④ 강화 학습

15. 과거의 관측값을 이용하여 새로운 관측값이 어느 집단에 속할지를 결정하는 방법은?

① 군집분석   ② 판별분석   ③ 주성분분석   ④ 인자분석

07
분석 기법

대부분의 빅데이터에 대한 통계 기반 분석은 다변량 분석에 해당하며 회귀분석, 주성분분석, 인자분석, 판별분석, 군집분석 등에 대해서 알아봅니다.

contents

7.1 상관분석과 회귀분석 ┃ 7.2 다변량 분석

07 분석 기법

1. 상관분석과 회귀분석
2. 다변량 분석
   주성분분석, 인자분석, 군집분석, 판별분석

대부분의 빅데이터에 대한 통계 기반 분석은 다변량 분석(multivariate analysis)에 해당합니다. 다변량 분석은 p개의 변수에 대해서 n번 관측으로 얻어진 데이터에 대해 변수 간의 관계 또는 개체 간의 관계를 파악하려는 통계적 분석방법을 말하며 [표 7-1]과 같이 구분할 수 있습니다.

[표 7-1] 다변량 분석

구분	변수 간의 인과 관계	변수 간의 관계		개체 간의 관계	
목적	변수 간의 상관 또는 함수 관계 도출	데이터의 차원(변수의 수)을 줄임		개체들 간의 구조를 파악	
분석 기법	상관분석, 회귀분석	주성분분석	인자분석	판별분석	군집분석

변수 간의 관계를 다루는 방법으로는 주성분분석과 인자분석(또는 요인분석)이 있고, 개체 간의 관계를 다루는 방법으로는 판별분석과 군집분석이 있습니다. 그 외에 변수들 간의 인과관계(함수관계, 상관관계)를 분석하는 방법으로 상관분석, 회귀분석 등이 있습니다.

머신러닝 기반 분석 모형을 위한 방법을 머신러닝 알고리즘이라 하며 크게 세 가지, 즉 지도 학습, 비지도 학습, 강화 학습으로 분류하고, 분류된 알고리즘은 [표 7-2]와 같습니다.

[표 7-2] 머신러닝 알고리즘

머신러닝 알고리즘의 분류	머신러닝 기반 분석 모형	알고리즘
지도 학습	회귀 모형	• 선형 회귀(linear regression) • 의사결정트리(decision tree) • K-최접근 이웃(Nearest Neighbors, K-NN) • 랜덤 포레스트(Random Forest)
	분류 모형	• 로지스틱 회귀(logistic regression) • 서포트 벡터 머신(support vector machine, SVM) • 나이브 베이즈(naïve bayes) • 판별분석(discriminant analysis)
	딥러닝	인공신경망(artificial neural network, ARN)
비지도 학습	클러스터링	• 계층적 클러스터링 • 비계층적 클러스터링(K-means 클러스터링)
	차원 축소	• 주성분분석(principal component analysis) • 요인분석(factor analysis) • 특이값 분해(singular value decomposition)

7.1 상관분석과 회귀분석

매출액과 광고비 지출과의 관계, 부모의 키와 자식의 키와의 관계, 입학성적과 졸업성적 간의 관계, 온도와 수확량 간의 관계 등 연구하고자 하는 변수들 간의 상호 관련성을 파악하고자 하는 경우가 많이 있습니다. 이러한 관련성을 분석하는 통계적 방법으로 상관분석과 회귀분석이 있습니다.

상관분석은 변수들 간의 단순한 관련성의 정도를 파악하는 것이고, 회귀분석은 변수 간의 인과 관계를 분석하는 방법으로 변수들 중 하나를 종속변수(영향을 받는 변수)로 나머지를 독립변수(영향을 주는 변수)로 하여 이들의 함수 관계를 통해 관련성의 본질을 나타내는 방법입니다.

7.1.1 상관분석

상관분석은 변수들 간의 단순한 상호 관계성의 정도를 분석하는 통계적 기법입니다. 상관분석은 두 변수의 순서쌍으로 구성된 n개의 표본요소 (X, Y)에 대해서 두 변수 간의 상관관계를 다음의 표본 상관계수(correlation coefficient) r을 통해 나타냅니다.

모집단 상관계수 ρ	표본 상관계수 r (피어슨 상관계수)
$\rho = \dfrac{Cov(X,Y)}{\sqrt{V(X)V(Y)}}$	$r = \dfrac{\sum (X_i - \overline{X})(Y_i - \overline{Y})}{\sqrt{\sum (X_i - \overline{X})^2 \sum (Y_i - \overline{Y})^2}}$

위 식에서 ρ를 모집단 상관계수라 하고 $V(X)$와 $V(Y)$는 각각 X와 Y의 분산이고, $Cov(X, Y)$은 X와 Y에 대한 공분산(covariance)[1]을 의미합니다. 공분산은 변수 X와 Y에 대한 편차의 곱으로 계산합니다. 위의 상관계수를 피어슨(Pearson)의 상관계수라 하며 다음과 같은 특징을 갖고 있습니다.

■ 상관계수의 특징

---

1. r은 측정 단위가 없다.
2. $-1 \leq r \leq 1$
3. 변수 X와 Y가 서로 독립이라면 $r=0$

상관계수는 $-1 \leq r \leq 1$ 사이의 값을 갖고, $-1 \leq r < 0$이면 음의 상관관계, $0 < r \leq 1$이면 양의 상관관계라 합니다. 상관계수는 [그림 7-1]과 같이 두 변수 X와 Y에 대한 산점도(scatter diagram)를 그려봄으로써 어느 정도 파악이 가능합니다.

---

[1] 두 개의 확률변수의 선형 관계를 나타내는 값으로, 만약 두 개의 변수 중 하나의 값이 상승하는 경향을 보일 때 다른 값도 상승하는 선형 상관성이 있다면 양수의 공분산을 가지며, 두 개의 변수 중 하나의 값이 상승하는 경향을 보일 때 다른 값이 하락하는 경향을 보인다면 음수가 된다.

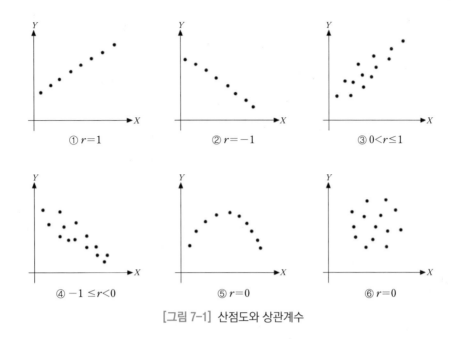

[그림 7-1] 산점도와 상관계수

[그림 7-1]에서 ①, ②와 같이 X와 Y 간의 산점도가 직선으로 표시된 경우는 두 변수 간에 뚜렷한 함수관계가 존재하는 경우로서 각각의 상관계수는 1과 −1로 계산됩니다. ③과 ④는 ①, ②와는 달리 직선 주변에 몰려있는 경우를 나타냅니다. ⑤와 ⑥은 상관계수가 0이 되는 경우이며, 상관계수의 특징에서 변수 X와 Y가 서로 독립이라면 상관계수는 0이 되지만, 상관계수가 0일 경우 X와 Y가 서로 독립이 아닐 수 있습니다.

예제 7-1   산점도와 상관계수

학생 건강검사 자료[2] 중 서울지역 초등학교 3학년 남학생에 대한 표본에 대해 키와 몸무게를 이용하여 산점도를 나타내고 상관계수를 계산하시오.

| 풀이 |

초등학교 3학년 남학생의 키와 몸무게 자료(초등학교3학년_남자.xlsx)에 대해 산점도 그래프는 함수 scatter()를 이용하고, 상관계수는 함수 pearsonr()을 이용합니다.

함수 scatter()	함수 인자
`matplotlib.pyplot.scatter(x, y)`	• x : x축 배열 데이터 • y : y축 배열 데이터

2) 2019년도 학생 건강검사 표본통계, 교육부, 2020년

함수 pearsonr()	함수 인자
scipy.stats.pearsonr(x, y)	• x : x축 배열 데이터 • y : y축 배열 데이터 피어슨의 상관계수와 p값을 반환

〈예제 7-1〉의 프로그램에서 엑셀 데이터를 DataFrame으로 불러왔고, 실제 엑셀 파일에는 열 제목이 한글로 표시(키, 몸무게)되어 있는 것을 영문 제목으로 바꿨습니다.

▌ 산점도와 상관계수(예제7-1.py)

```python
import pandas as pd
df = pd.DataFrame(pd.read_excel("..\데이터\초등학교3학년_남자.xlsx"))

# 데이터프레임 컬럼명 변경
df.columns = ['height', 'weight']
print(df.describe(), '\n')
```

[결과 1] 참고

```python
import matplotlib.pyplot as plt
plt.scatter(df.height, df.weight)    # 산점도
plt.xlabel("height")                 # x축 레이블
plt.ylabel("weight")                 # y축 레이블
plt.grid()                           # 격자출력
plt.show()
```

[결과 2] 참고

```python
import scipy.stats as stats
# 피어슨 상관계수 검정
corr = stats.pearsonr(df.height, df.weight)
print(corr)
```

[결과 3] 참고

| 결과 2 |

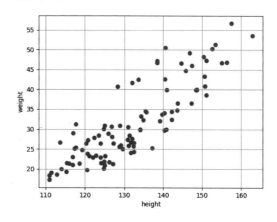

| 결과 1 |

	height	weight
count	98.000000	98.000000
mean	132.130612	31.536735
std	12.395954	9.699361
min	110.900000	17.200000
25%	122.975000	24.150000
50%	131.150000	28.950000
75%	140.725000	39.575000
max	163.000000	56.700000

| 결과 3 |

PearsonRResult(statistic=0.8583011404409243, pvalue=1.4375440398438247e-29)

| 결과 설명 |

[결과 1]은 데이터로 사용한 키(height)와 몸무게(weight)의 기술 통계량을 나타내고, [결과 2]의 산점도에서 키와 몸무게 간에 관계를 확인할 수 있습니다. [결과 3]에서 피어슨 상관계수는 0.858이 계산되었고, p값은 0에 가까우므로 아래의 H0 가설(귀무가설)을 기각하고 상관계수가 통계적으로 의미가 있는 것으로 결론을 내립니다.

- H0: $\rho = 0$ (변수 간에 상관관계가 없음)   [가설]
- H1: $\rho \neq 0$ 양측검정

7.1.2 회귀분석

회귀분석은 매출액 또는 주택 가격 등 연속적인 범위에 속하는 값을 예측하는 데 사용하는 통계적 분석 방법이며 머신러닝에서 지도 학습 알고리즘에 속합니다. 회귀분석은 단어 앞에 선형(linear)이라는 단어를 넣는 경우가 많은데 이는 분석에 있어서 입력 값으로 사용하는 독립변수(X)와 출력 값을 의미하는 종속변수(Y) 사이의 관계를 선형 함수식(절편과 기울기)으로 나타내기 때문입니다.

예를 들어 선형 회귀분석은 [그림 7-2]와 같이 키와 몸무게를 2차원 평면상에 산점도로 나타낼 때 각각의 점으로 표시된 데이터에 가장 적합한 직선 식을 찾는 방법이고, 이 직선 식을 이용하여 독립변수(몸무게, X)에 대해 종속변수의 값(키, Y)을 추정하거나 예측할 수 있습니다. [그림 7-2]에서 몸무게와 키 사이의 함수관계는 다음과 같으며, 만약 몸무게가 60kg이라면 키는 함수식에 의해 0.7507×60+124.36=169.4로 예상(추측)할 수 있습니다.

$$키(Y) = 0.7507 \times 몸무게(X) + 124.36$$

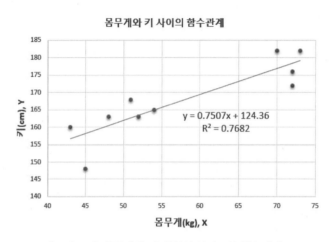

[그림 7-2] 몸무게와 키 사이의 산점도와 함수관계

회귀분석의 결과로 만들어지는 두 변수 사이의 선형 함수식은 앞서 설명과 같이 몸무게 데이터가 주어지면 키를 예상할 수 있으므로 머신러닝의 학습방법 중 지도 학습 문제에 사용할 수 있습니다. 회귀분석은 대부분 종속변수가 연속형 데이터로 선형분석이 이루어지지만 종속변수가 이산형 또는 범주형 데이터의 경우에는 로지스틱 회귀분석을 이용합니다.

독립변수(X)가 한 개인 경우를 단순회귀모형이라 하고, 종속변수(Y) 사이의 관계를 기울기 b와 절편 a를 추정하여 $Y=a+bX$ 로 나타냅니다. 이때 a와 b를 계산하기 위하여 최소제곱법(method of least square)을 이용합니다.

■ 회귀계수에 대한 추정

[그림 7-2]를 살펴보면 추정된 함수 직선이 데이터 포인트를 지나가는 경우도 있지만 대부분의 포인트들은 함수 직선과 차이가 있습니다. 실제 X와 Y에 대한 [그림 7-2]의 산점도 상에서 이 점들에 대해 가장 적합한 직선 식을 $\hat{Y}=a+bX$ 라고 합시다.

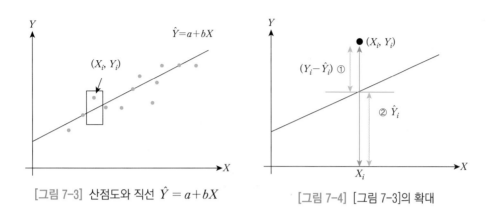

[그림 7-3] 산점도와 직선 $\hat{Y}=a+bX$ [그림 7-4] [그림 7-3]의 확대

[그림 7-4]는 [그림 7-3]의 사각형 부분을 확대한 것입니다. [그림 7-4]의 $(X_i,\ Y_i)$에 대해서 Y_i는 직선 식 $\hat{Y}=a+bX$ 에 의해 계산된 $\hat{Y}_i$와 $(Y_i-\hat{Y}_i)$로 표현할 수 있습니다.

$$Y_i = ①+②$$
$$= (Y_i-\hat{Y}_i)+\hat{Y}_i$$

위 식에서 ①에 해당하는 $(Y_i-\hat{Y}_i)$는 실제 값인 Y_i와 추정된 값인 $\hat{Y}_i$의 차이(오차)를 말하며 이를 잔차(residual)라 합니다. 위 식을 잔차에 대해 다시 풀어쓰면 다음과 같습니다.

$$\epsilon_i = Y_i - \hat{Y}_i = Y_i - (a+bX_i)$$

위 식에서 회귀계수 a와 b를 계산하는 방법으로 최소제곱법(method of least square)을 이용합니다. 이는 모든 ϵ_i에 대한 제곱합(SSE: Sum of Squares for Error)을 최소로 만드는 회귀계수 a와 b를 찾는 것입니다.

$$SSE = \sum_{i=1}^{n} \epsilon_i^2 = \sum_{i=1}^{n} \{Y_i - (a+bX_i)\}^2$$

[참고 1] **최소제곱법을 사용한 회귀계수 a와 b에 대한 추정**

모든 ϵ_i에 대한 제곱합인 SSE을 최소로 만드는 회귀계수 a와 b를 찾기 위해서 다음과 같이 SSE를 각각 a와 b로 편미분한 값이 0이 되도록 합니다.

$$\frac{\partial SSE}{\partial a} = -2\sum_{i=1}^{n}(Y_i - a - bX_i) = 0$$

$$\frac{\partial SSE}{\partial b} = -2\sum_{i=1}^{n}X_i(Y_i - a - bX_i) = 0$$

위의 식을 정리하면 다음과 같습니다.

$$\sum_{i=1}^{n} Y_i = na + b\sum_{i=1}^{n} X_i$$

$$\sum_{i=1}^{n} X_i Y_i = a\sum_{i=1}^{n} X_i + b\sum_{i=1}^{n} X_i^2$$

위의 식을 정규방정식(normal equation)이라 합니다. 정규방정식에 대해 회귀직선의 계수 a와 b의 값을 계산하면 다음과 같습니다.

$$b = \frac{\sum_{i=1}^{n}(X_i - \overline{X})(Y_i - \overline{Y})}{\sum_{i=1}^{n}(X_i - \overline{X})^2} = \frac{\sum_{i=1}^{n} X_i Y_i - \left(\sum_{i=1}^{n} X_i\right)\left(\sum_{i=1}^{n} Y_i\right)/n}{\sum_{i=1}^{n} X_i^2 - \left(\sum_{i=1}^{n} X_i\right)^2/n}$$

$$= \frac{\sum_{i=1}^{n} X_i Y_i - n\overline{X}\,\overline{Y}}{\sum_{i=1}^{n} X_i^2 - n\overline{X}^2}$$

$$a = \overline{Y} - b\overline{X}$$

이와 같은 방법으로 계산한 회귀직선 $\hat{Y} = a+bX$ 를 추정된 회귀직선(estimated regression line)이라 합니다.

■ 추정된 회귀직선의 정도

[참고 1]에 의하여 추정된 회귀직선이 두 변수 X와 Y 사이의 관계를 얼마나 잘 설명하여

주는가를 확인해야 합니다. 즉, X가 Y를 얼마나 잘 설명하고 있는가를 측정하기 위해서 결정계수 r^2과 추정된 표준오차를 이용합니다. 결정계수는 전체의 변동(총제곱합 TSS: Total Sum of Squares) 중에서 추정된 회귀직선에 의해 설명이 가능한 변동(SSR: Sum of Squares for Regression)의 크기가 얼마나 되는가를 계산하는 것입니다.

$$
\text{결정계수}(r^2) = \frac{\text{회귀직선에 의해 설명이 가능한 변동}}{\text{전체 변동}}
$$

$$
= \frac{\sum_{i=1}^{n}(\hat{Y}_i - \overline{Y})^2}{\sum_{i=1}^{n}(Y_i - \overline{Y})^2} = \frac{SSR}{TSS}
$$

만약 독립변수 X가 종속변수 Y의 변동을 설명하는데 전혀 정보를 제공하지 못한다면 $SSR = 0$이 될 것이고, 반대로 충분한 정보를 제공하면 SSR은 커지며 독립변수는 설명력 있는 중요한 변수가 될 것입니다. 따라서 SSR이 클수록 결정계수 r^2이 커지며 이는 추정된 회귀직선의 설명력이 높다는 것을 의미합니다. 결정계수는 0과 1 사이의 값을 갖습니다.

추정된 표준오차를 이용하는 방법은 산점도에서 실제 데이터 (X_i, Y_i)들이 추정된 회귀직선을 중심으로 얼마나 퍼져 있는가를 측정하는 것입니다. 이 크기는 Y_i와 회귀직선에 의해 추정된 $\hat{Y}_i$와의 차이인 잔차$(\epsilon_i = Y_i - \hat{Y}_i)$에 대한 것입니다. 만약 Y_i가 회귀직선 주변에 모여 있다면 잔차의 크기는 줄어들 것이고, 반대로 Y_i가 회귀직선으로부터 많이 떨어져 있다면 잔차의 크기는 커질 것입니다. 이를 나타내는 측정값으로 다음과 같이 잔차의 표준오차인 S_e를 사용합니다. 추정치의 표준오차가 작을수록 추정된 회귀직선이 독립변수인 X와 종속변수인 Y와의 관계를 잘 설명해 준다고 할 수 있습니다.

$$
S_e = \sqrt{\frac{\sum_{i=1}^{n}\epsilon_i^2}{n-2}} = \sqrt{\frac{\sum_{i=1}^{n}(Y_i - \hat{Y}_i)^2}{n-2}} = \sqrt{\frac{\sum_{i=1}^{n}(Y_i - (a + bX_i))^2}{n-2}}
$$

예제 7-2 단순 회귀분석

부모와 자식의 키 데이터를 이용하여 부모의 키가 자식의 키에 영향을 준다고 할 때 부모의 키를 독립변수로, 자식의 키를 종속변수로 하여 회귀분석을 실시하고 가설을 검정하시오. 추가로 산점도를 그리고 추정된 회귀직선을 나타내시오.

| 풀이 |

파이썬에서 산점도(scatter plot)와 회귀직선(line plot)을 동시에 나타내는데 함수 regplot()을 사용하고, 회귀분석은 함수 ols()를 이용합니다.

함수 anova_lm()	함수 인자
seaborn.regplot(x, y, data)	• x, y : 배열 데이터 • 만약 첫 번째와 두 번째 인자가 문자열로 표현된 경우는 x축과 y축의 범례로 사용하고 data 인자를 사용

함수 ols()	함수 인자
model=statsmodels.formula.api.ols(formula, data).fit()	• formula: 분산분석에 사용할 model(문자열로 표시) • data : 데이터 이름

1885년 연구에서 프랜시스 골톤이 사용한 데이터[3]에는 총 6개의 변수(가족 구분, 아버지의 키, 엄마의 키, 자식의 성별, 자식의 키, 자녀의 수)가 포함되어 있지만 〈예제 7-2〉의 프로그램(예제7-2.py)에서는 아버지의 키(독립변수)와 딸의 키(종속변수) 두 가지 변수를 이용하기로 합니다. 원자료의 단위는 인치(inch)이지만 2.54를 곱하여 cm 단위로 사용하였습니다.

▌ 단순 회귀분석(예제7-2.py)

```
import pandas as pd
import matplotlib.pyplot as plt
df = pd.DataFrame(pd.read_excel(r"..\데이터\Galtons Height Data_딸.xlsx"))
df = 2.54 * df

import seaborn as sns
sns.regplot(x=df.father, y=df.daughter)
plt.show()

  [결과 1] 참고
```

---

3) 프랜시스 골턴(Francis Galton), Harvard Dataverse(https://dataverse.harvard.edu/)

```
from statsmodels.formula.api import ols
fit = ols('df.daughter ~ df.father', data=df).fit()
print(fit.summary())
```

[결과 2] 참고

| 결과 1 |

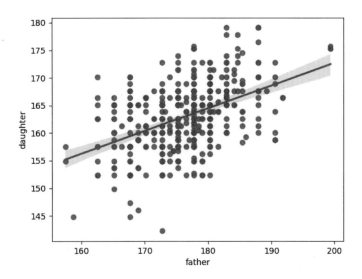

| 결과 2 |

```
                        OLS Regression Results
==============================================================================
Dep. Variable:            df.daughter   R-squared:                     0.210
Model:                            OLS   Adj. R-squared:                0.209
Method:                 Least Squares   F-statistic:                   114.9
Date:                Sun, 13 Feb 2022   Prob (F-statistic):         6.36e-24
Time:                        14:22:59   Log-Likelihood:              -1340.1
No. Observations:                 433   AIC:                           2684.
Df Residuals:                     431   BIC:                           2692.
Df Model:                           1
Covariance Type:            nonrobust
==============================================================================
                 coef    std err          t      P>|t|      [0.025      0.975]
------------------------------------------------------------------------------
Intercept      90.3865      6.764     13.362      0.000      77.091     103.682
df.father       0.4116      0.038     10.719      0.000       0.336       0.487
==============================================================================
Omnibus:                        0.354   Durbin-Watson:                 1.440
Prob(Omnibus):                  0.838   Jarque-Bera (JB):              0.410
Skew:                          -0.067   Prob(JB):                      0.815
Kurtosis:                       2.931   Cond. No.                   4.63e+03
==============================================================================
```

[결과 1]은 아버지의 키를 x축으로, 딸의 키를 y축으로 산점도를 나타냈고, 추정된 회귀직선을 표시하였습니다. 산점도에서 x축에 대해 수직 방향의 점들이 많이 나타나는 것은 특정 아버지의 딸이 여러 명 있는 경우에 아버지의 키(x)가 고정된 상태에서 딸의 키(y)를 표시했기 때문입니다. 회귀직선의 식은 [결과 2]에 나타나 있습니다.

[결과 2]에서 결정계수는 0.2, 회귀모형의 적합성을 검정한 결과 p값이 거의 0에 가까운 값이므로 아래의 H0 가설(귀무가설)을 기각합니다.

• H0: $\beta = 0$ [가설]
• H1: $\beta \neq 0$ 양측검정

회귀계수에 대한 검정에서 절편(intercept, 90.3865)과 계수(df.father, 0.4116) 모두 통계적으로 유의하며 추정된 회귀식은 다음과 같습니다. 이 결과는 1885년도의 자료를 이용한 것이기에 최근의 다른 표본을 이용한다면 표본 회귀식은 달라질 수 있습니다.

표본 회귀식
$\hat{Y} = a + bX$ 즉, 딸의 키 = 90.4 + 0.41 × 아버지의 키

7.1.3 로지스틱 회귀

회귀분석에서 독립변수를 이용하여 예측하려는 종속변수의 값은 연속형 데이터입니다. 로지스틱 회귀는 "로짓 회귀(logit regression)"라고도 알려져 있으며 종속변수의 예측결과가 이진 분류 작업에 사용되는 지도 학습 알고리즘입니다. 이 방법은 어떤 이미지가 사람인지 아닌지를 결정하는 것, 또는 시험 성적에 따라서 합격인지 불합격인지를 판정하는 것과 같이 입력된 내용이 한 클래스에 속하는지 다른 클래스에 속하는지 확인할 때 사용합니다.

로지스틱 회귀에서 사용하는 시그모이드(sigmoid) 함수 $S(x)$는 다음 그림과 같이 x가 음수로 작아지면 e^{-x}는 무한대에 가까워지므로 $S(x)$는 0에 가까워지고, x가 0일 경우에는 e^0은 1이 되어 $S(x)$는 0.5가 됩니다. 반면에 x가 양수로 점점 커지면 e^{-x}는 0에 가까워지므로 $S(x)$는 1에 가까워집니다.

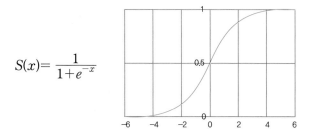

$$S(x)=\frac{1}{1+e^{-x}}$$

x	$S(x)$
$x<0$	$S(x)<0.5$
$x=0$	$S(x)=0.5$
$x>0$	$S(x)>0.5$

결과를 종합하면 위와 같이 음의 무한대부터 양의 무한대까지 모든 x에 대해 확률로 바꿀 수 있으므로 데이터를 이진 분류함에 있어서 중요한 역할을 합니다. 결과적으로 로지스틱 회귀는 일반적으로 예측 모델링보다는 이진 분류에 사용됩니다. 이를 통해 확률 추정 및 정의된 임계값을 기반으로 두 클래스 중 하나에 입력 데이터를 할당할 수 있습니다. 따라서 로지스틱 회귀는 데이터를 고유한 클래스로 분류해야 하는 이미지 인식, 스팸 이메일 감지 또는 의료 진단과 같은 작업을 위한 도구로 사용합니다.

단원 정리 7.1

■ 상관분석

상관분석은 변수들 간의 단순한 상호 관계성의 정도를 분석하는 통계적 기법이다. 상관분석은 두 변수의 순서쌍으로 구성된 n개의 표본요소 (X, Y)에 대해서 두 변수 간의 상관관계를 표본 상관계수 r을 통해 나타낸다.

■ 상관계수의 특징

1. r은 측정 단위가 없다.
2. $-1 \leq r \leq 1$
3. 변수 X와 Y가 서로 독립이라면 $r = 0$

■ 회귀분석

상관분석은 변수들 간의 단순한 관련성의 정도를 파악하는 것이고, 회귀분석은 변수 간의 인과관계를 분석하는 방법으로 변수들 중 하나를 종속변수(영향을 받는 변수)로 나머지를 독립변수(영향을 주는 변수)로 하여 이들의 함수관계를 통해 한 변수의 값으로부터 다른 변수의 값을 예측하는데 사용하는 분석방법이다.

■ 회귀모형

독립변수를 X라 하고 종속변수를 Y라 할 때 회귀분석의 기초가 되는 모집단 모형(model)을 단순회귀모형이라 한다.

모집단 회귀모형	표본 회귀식
$Y_i = \alpha + \beta X_i + \epsilon_i \ (i = 1, 2, \cdots, n)$	$\hat{Y} = a + bX$

회귀분석을 통해 궁극적으로 얻고자 하는 것은 회귀모형에서 모수인 α와 β에 대한 추정을 통해 위의 표본 회귀식과 같이 a와 b를 계산해 내는 것이다. 이는 오차항 ϵ_i에 대한 제곱합을 최소로 만드는 회귀계수 a와 b를 찾는 것이고 최소제곱법에 의해 계산한다.

$$SSE = \sum_{i=1}^{n} \epsilon_i^2 = \sum_{i=1}^{n} \{Y_i - (a + bX_i)\}^2$$

■ 추정된 회귀직선의 정도

최소제곱법에 의해 추정된 회귀직선이 독립변수 X와 종속변수 Y 사이의 관계를 얼마나 잘 설명해 주고 있는가를 확인하는 방법으로 결정계수를 이용하거나 추정된 표준오차를 이용하는 방법이 있다. 결정계수는 추정된 회귀직선이 종속변수 Y의 변동을 얼마나 잘 설명하는가를 하나의 수치로 나타내는 방법이고, 추정된 표준오차는 실제 관찰값이 추정된 회귀직선 주위에 흩어진 정도를 측정한다.

■ 회귀계수에 대한 추론

회귀분석의 가설검정은 회귀모형 $Y_i = \alpha + \beta X_i + \varepsilon_i (i = 1, 2, \cdots, n)$에 대해 회귀계수인 회귀직선의 기울기인 β에 대한 것이다.

• H0: $\beta = 0$ [가설]

• H1: $\beta \neq 0$ 양측검정

회귀직선의 기울기인 β가 0이라는 것은 독립변수 X와 종속변수 Y 사이에 선형 관계가 존재하지 않는다는 것이며, 독립변수 X는 종속변수 Y에 대해 아무런 영향을 주지 않는다는 것이다. 이에 대한 검정방법으로 t-검정과 F-검정이 있다.

■ 회귀분석의 결과

```
                          OLS Regression Results
==============================================================================
Dep. Variable:             df.daughter   R-squared:                       0.210
Model:                             OLS   Adj. R-squared:                  0.209
Method:                  Least Squares   F-statistic:                     114.9
Date:                 Sun, 13 Feb 2022   Prob (F-statistic):           6.36e-24
Time:                         14:22:59   Log-Likelihood:                 -1340.1
No. Observations:                  433   AIC:                             2684.
Df Residuals:                      431   BIC:                             2692.
Df Model:                            1
Covariance Type:             nonrobust
==============================================================================
                 coef    std err          t      P>|t|      [0.025      0.975]
------------------------------------------------------------------------------
Intercept      90.3865      6.764     13.362      0.000      77.091     103.682
df.father       0.4116      0.038     10.719      0.000       0.336       0.487
==============================================================================
Omnibus:                         0.354   Durbin-Watson:                   1.440
Prob(Omnibus):                   0.838   Jarque-Bera (JB):                0.410
Skew:                           -0.067   Prob(JB):                        0.815
Kurtosis:                        2.931   Cond. No.                     4.63e+03
==============================================================================
```

결정계수는 0.210, 회귀모형의 적합성을 검정한 결과 p값이 6.36e-24로 거의 0에 가까운 값이므로 다음의 H0 가설(귀무가설)을 기각한다.

| •H0: $\beta = 0$ | [가설] |
| •H1: $\beta \neq 0$ | 양측검정 |

회귀계수에 대한 검정에서 절편(intercept, 90.3865)과 계수(df.father, 0.4116) 모두 통계적으로 유의하며 추정된 회귀식은 다음과 같다. 이 결과는 1885년도의 자료를 이용한 것이기에 최근의 다른 표본을 이용한다면 표본 회귀식은 달라질 수 있다.

표본 회귀식
$\hat{Y} = a + bX$ 즉, 딸의 키 = 90.4 + 0.41 × 아버지의 키

■ 로지스틱 회귀

종속변수의 예측결과가 이진 분류 작업에 사용되는 지도 학습 알고리즘이다. 이 방법은 어떤 이미지가 사람인지 아닌지를 결정하는 것, 또는 시험 성적에 따라서 합격인지 불합격인지를 판정하는 것과 같이 입력된 내용이 한 클래스에 속하는지 다른 클래스에 속하는지 확인할 때 사용한다.

연습문제 7.1

1. 상관계수에 관한 설명 중 바르지 못한 것은?

   ① 변수 사이의 상관관계를 측정한다.
   ② 공분산과 두 변수 표준편차의 곱의 비로 표현한다.
   ③ 상관계수는 0과 1 사이의 값을 갖는다.
   ④ 상관계수의 값이 1이면 완전상관이다.

2. 다음 변수들 간의 상관관계 중에서 양의 상관관계인 것은?

   ① 산의 높이와 기압   ② 체중과 신장
   ③ 월수입과 엥겔계수   ④ 생산량과 가격

3. 두 변수 간에 강한 2차 함수관계가 존재할 경우 상관계수에 대한 설명으로 타당한 것은?

   ① 1   ② −1
   ③ 0   ④ 계산할 수 없음

4. 상관계수 r에 대한 설명 중 잘못된 것은?

   ① 단위를 바꾸더라도 값은 바뀌지 않는다.
   ② $-1 \leq r \leq 1$
   ③ 두 변수 X와 Y를 서로 바꾸어 계산해도 상관계수는 같다.
   ④ 두 변수 간의 인과관계를 나타낸다.

5. 두 변수 X와 Y의 상관계수가 r일 때 $2X+3$과 $3Y-5$의 상관계수는?

   ① $2r$ ② $3r$
   ③ r ④ $\dfrac{r}{2}$
   ⑤ $r-1$

6. 변수와 변수 사이의 관계를 수학적 함수관계로 분석하는 방법을 무엇이라 하는가?

   ① 분산분석   ② 회귀분석
   ③ 상관분석   ④ 시계열분석

7. 회귀계수 b(직선의 기울기)와 상관계수 r과의 관계로서 맞지 않는 것은?

① $b>0$이면 $r>0$ ② $b<0$이면 $r<0$

③ $b=0$이면 $r=0$ ④ $b=0$이면 $r=1$

8. 상관계수 r과 회귀직선 $y=a+bx$의 관계식이 맞는 것은?

① $b=\dfrac{S_y}{S_x}r$ ② $r=\dfrac{S_y}{S_x}b$

③ $b=r$ ④ $r=\dfrac{a}{b}$

9. 회귀분석에 대한 설명 중 틀린 것은?

① 최소제곱법으로 계산한 회귀직선은 (관찰값−추정값)의 제곱합을 최소로 한다.

② 회귀식의 계수는 종속변수와 독립변수를 서로 바꾸어 계산한 회귀식의 계수와 동일하다.

③ 두 변수 X와 Y에 대해 계산된 회귀식의 회귀직선은 두 변수의 평균인 $\overline{X}, \overline{Y}$을 지나간다.

④ 회귀분석에서 결정계수는 상관계수를 제곱한 값이다.

10. 회귀분석에서 결정계수에 대한 설명으로 적절하지 않은 것은?

① 추정된 회귀직선이 독립변수와 종속변수 사이의 관계를 얼마나 설명하여 주는가를 나타낸다.

② 결정계수 r^2은 항상 0과 1 사이의 값을 갖는다.

③ 회귀모형에 독립변수가 추가되더라도 결정계수의 값은 변화가 없다.

④ 추정된 회귀직선에 의해 설명이 가능한 변동의 크기를 계산한다.

11. 두 변수 X와 Y가 다음과 같을 경우 상관계수 r을 계산하시오.

X	2	3	4	5	6
Y	4	7	6	8	10

12. 두 변수 X와 Y가 다음과 같을 경우 회귀직선을 계산하시오.

X	1	2	3	4
Y	1	4	3	6

7.2 다변량 분석

다변량 데이터는 p개의 변수에 대해 n번 관측으로 얻어진 데이터이므로 다음과 같이 $n \times p$ 행렬로 나타납니다. 변수 간의 관계는 $n \times p$ 행렬의 데이터에 대해 차원 공간에 있는 p개의 점으로 간주하여 p개의 점들 간의 관계를 알아내는 것인데, 정보의 손실을 감수하더라도 p개보다 적은 r차원의 공간에 n개의 점으로 표시하려는 것입니다. 반면에 개체 간의 관계는 $n \times p$ 행렬의 데이터에 대해 p차원의 n개의 점으로 간주하여 이 n개의 점들 간의 관계를 밝혀내는 것입니다.

	변수$_1$	변수$_2$	변수$_3$	...	변수$_p$
사례$_1$					
사례$_2$					
사례$_3$					
사례$_4$					
⋮					
사례$_n$					

변수 간의 관계 ($r \leq p$)				개체 간의 관계					

	변수$_1$	...	변수$_r$
사례$_1$			
사례$_2$			
사례$_3$			
사례$_4$			
⋮			
사례$_n$			

		변수$_1$	변수$_2$	변수$_3$	...	변수$_p$
G_1	사례$_1$					
	사례$_3$					
	사례$_4$					
	사례$_6$					
G_2	사례$_2$					
	사례$_5$					
G_3	⋮					

7.2.1 변수 간의 관계 분석

주성분분석과 인자분석은 데이터의 차원(변수의 수)을 줄이는데 목적이 있지만 주성분분석은 모든 변수들의 분산을 이용하여 주성분을 찾는 것이며, 주성분은 변수들의 선형조합으로 나타납니다. 반면에 인자분석은 변수들 간의 상관(또는 공분산)을 잘 예측할 수 있는 변수들의 묶음(공통 인자)을 찾는 것입니다.

예를 들어 포도주를 판매하는 입장에서 사람들이 포도주를 구매(선택)할 때 포도주의 어떤 속성(알콜 도수, 산도, 포도품종, 당도 등)을 선호하는가 또는 포도주 구매(선택)의 요인(또는 인자)이 무엇인가에 관심의 대상일 것입니다. 이에 대해 주성분분석을 한다면 구매(선택)를 예측할 수 있는 속성들의 선형 결합을 찾는 것이고, 인자분석은 와인 구매(선택)의 원인을 몇 가지 요인(예로 산지 요인, 품질 요인, 사용 목적 요인 등)으로 설명하는데 있습니다.

주성분분석은 데이터의 차원(변수의 수)을 줄이기 위해 고차원의 데이터를 더 적은 차원으로 투영(projection)하는 방법을 이용하고, 결과적으로는 기존 변수들의 선형조합으로 나타나는 새로운 변수를 만들기 때문에 한식의 국물 또는 비빔요리에 사용하는 양념장에 비유할 수 있습니다.

양념장에 포함되는 기본적인 재료(변수)로는 고추장(X_1), 고춧가루(X_2), 마늘(X_3), 매실액(X_4), 파(X_5), 설탕(X_6), 참기름(X_7) 등이 포함되는데 이들 기존 재료(변수)들의 비율 조합을 어떻게 하느냐에 따라 새로운 변수, 즉 새로운 양념장이 만들어지는 것으로 볼 수 있습니다.

예를 들어 양념장($P_1 = 0.5X_1 + 0.3X_2 + 0.2X_3 + 0.15X_7$)은 비빔냉면용 양념장으로 활용(해석)하는 것이 적합하며, 이들의 조합은 곧 비빔냉면 양념장의 레시피가 되는 것입니다. 비슷한 방법으로 양념장($P_2 = 0.3X_1 + 0.1X_2 + 0.8X_3 + 0.4X_5$)은 떡볶이 또는 부대찌개에 들어가는 국물용 양념장으로 활용(해석)할 수 있으며, 이때 만들어진 각각의 양념장의 조합을 주성분으로 볼 수 있습니다.

■ 주성분분석

데이터의 차원(변수의 수)을 독립적인 주성분으로 변화시키는 것을 기하학적으로 설명하면 다음과 같습니다. 상관관계가 높은 두 개의 변수 X_1과 X_2에 대해 얻어진 30개의 데이터에 대해서 [그림 7-5]와 같이 2차원 평면 상에 산점도로 나타낼 수 있습니다.

[그림 7-5]에서 변수 X_1과 X_2 모두 변동의 폭이 넓은 것을 알 수 있습니다. 그러나 이 데이터를 직교변환하여 주성분 P_1과 P_2에 대해서 산점도를 나타내면 [그림 7-6]과 같습니다.

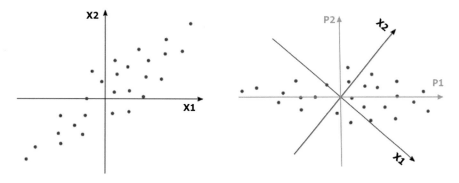

| [그림 7-5] 두 변수에 대한 산점도 | [그림 7-6] 직교변화 후의 산점도 |

직교변환은 [그림 7-5]의 축 X_1 과 X_2 에 대해서 가장 큰 변동을 나타내는 방향이 첫 번째 주성분이 되도록 X_1 과 X_2 를 P_1 과 P_2 의 축으로 회전시킨 것입니다. [그림 7-5]와 [그림 7-6]을 비교해 보면 [그림 7-6]에서 주성분 P_1 의 변동은 [그림 7-5]에서의 두 변수 X_1 과 X_2 의 변동보다도 크게 나타나고 있으며, 주성분 P_2 의 변동은 [그림 7-5]에서의 두 변수 X_1 과 X_2 의 변동보다도 더 적게 나타남을 알 수 있습니다. 결국 [그림 7-5]의 데이터는 직교변환으로 얻어진 주성분 P_1 에 의해 대부분 설명될 수 있음을 의미합니다.

주성분분석은 p차원 데이터의 공간을 그보다 낮은 r차원의 공간으로 축소하는 것인데 이때 문제가 되는 것은 r의 값, 즉 주성분의 개수를 결정하는 것입니다. 주성분의 개수를 결정하는 쉬운 방법으로는 고유값(eigenvalue)의 크기를 이용하는 방법과 전체 분산에 대한 비율로 결정하는 방법이 있습니다.

고유값을 이용하는 방법은 r번째 고유값의 크기는 r번째 주성분의 분산과 같으므로 $r+1$번째 고유값의 크기가 r번째 고유값보다 아주 작다면 r개의 주성분만 고려하는 것이고 두 번째 방법은 전체 분산에 대한 r번째까지 고유값 합의 비율을 이용하여 80% 이상 또는 90% 이상이 되는 r을 정하여 r번째까지 주성분의 개수를 정하는 것입니다.

예제 7-3 **포도주에 대한 주성분분석**

주성분분석의 예로 와인 등급 데이터[4]를 사용하기로 합니다. 이 데이터에는 178개의 와인 표본에 대해서 13가지의 특성(알콜 도수(Alcohol), 사과산(Malic acid), 회분(Ash), 회분의 염기도(Alcalinity of ash), 마그네슘(Magnesium), 총 페놀(Total phenols), 플

---
4) 파이썬 사이킷런 내장 데이터

라보노이드 폴리페놀(Flavanoids), 비플라보노이드 페놀(Nonflavanoid phenols), 프로안토시아닌(Proanthocyanins), 색상 강도(Color intensity), 색조(Hue), 희석 와인의 OD280/OD315(OD280/OD315 of diluted wines), 프롤린(Proline))을 나타내며 데이터는 [그림 7-7]과 같고, [표 7-3]은 13개 변수에 대해서 기술통계량을 나타냅니다.

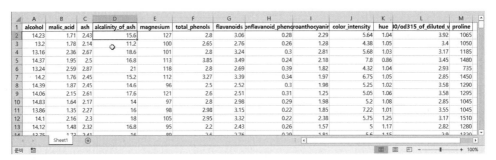

[그림 7-7] 와인 데이터

[표 7-3] 기술통계량

변수	평균	표준편차	최소	최대
Alcohol	13.000618	0.811827	11.030000	14.830000
Malic acid	2.336348	1.117146	0.740000	5.800000
Ash	2.366517	0.274344	1.360000	3.230000
Alcalinity	19.494944	3.339564	10.600000	30.000000
Magnesium	99.741573	14.282484	70.000000	162.000000
Total phenols	2.295112	0.625851	0.980000	3.880000
Flavanoids	2.029270	0.998859	0.340000	5.080000
Nonflavanoid	0.361854	0.124453	0.130000	0.660000
Proanthocyanins	1.590899	0.572359	0.410000	3.580000
Color intensity	5.058090	2.318286	1.280000	13.000000
Hue	0.957449	0.228572	0.480000	1.710000
OD280/OD315	2.611685	0.709990	1.270000	4.000000
Proline	746.893258	314.907474	278.000000	1680.000000

주성분분석에서는 변수에 대한 분산의 크기가 영향을 주기 때문에 각 변수들의 측정단위가 다르고, 각 변수들의 변동을 비교하는 방법이 불분명할 경우에는 표준화 주성분분석

을 실시하고 그렇지 않다면 비표준화 주성분분석을 실시합니다. 위의 데이터에 대해서도 알콜, 산도, 색상 강도, 색조 등의 측정단위가 다르기에 표준화 주성분분석을 실시합니다. [그림 7-8]은 표준화된 데이터를 나타냅니다.

	A	B	C	D	E	F	G	H	I	J	K	L	M
1	Alcohol	Malic acid	Ash	Alcalinity of ash	Magnesium	Total phenols	Flavanoids	Nonflavano id phenols	Proanthocy anins	Color intensity	Hue	OD280/OD31 5 of diluted wines	Proline
2	1.5186	-0.5623	0.2321	-1.1696	1.9139	0.8090	1.0348	-0.6596	1.2249	0.2517	0.3622	1.8479	1.0130
3	0.2463	-0.4994	-0.8280	-2.4908	0.0181	0.5686	0.7336	-0.8207	-0.5447	-0.2933	0.4061	1.1134	0.9652
4	0.1969	0.0212	1.1093	-0.2687	0.0884	0.8090	1.2155	-0.4984	2.1360	0.2690	0.3183	0.7886	1.3951
5	1.6916	-0.3468	0.4879	-0.8093	0.9309	2.4914	1.4665	-0.9819	1.0322	1.1861	-0.4275	1.1841	2.3346
6	0.2957	0.2277	1.8404	0.4519	1.2820	0.8090	0.6634	0.2268	0.4014	-0.3193	0.3622	0.4496	-0.0379
7	1.4816	-0.5174	0.3052	-1.2897	0.8607	1.5621	1.3661	-0.1761	0.6642	0.7319	0.4061	0.3366	2.2390
8	1.7163	-0.4186	0.3052	-1.4699	-0.2627	0.3283	0.4927	-0.4984	0.6817	0.0830	0.2744	1.3677	1.7295
	1.3086	0.1672	0.9000	0.5600	1.4926	0.4825	0.4178	0.5073	0.0035	0.4499	1.2677	1.7454	

Sheet1 ⊕

[그림 7-8] 표준화 데이터

표준화된 데이터를 이용하여 고유값을 계산하면 다음과 같습니다.

| 결과 1 |
Eigenvalues:
[4.73243698 2.51108093 1.45424187 0.92416587 0.85804868 0.64528221
0.55414147 0.35046627 0.29051203 0.25232001 0.22706428 0.16972374
0.10396199]

첫 번째 주성분 C_1 의 분산은 4.7324이고, 전체 표본분산의 36%(4.7324/13)를 설명하고, 두 번째 주성분 C_2 의 분산은 2.511이고, 전체 표본분산의 19%(2.511/13)를 설명합니다. 세 번째 주성분 C_3 를 포함하면 전체 표본분산의 약 67%(8.7/13)를 설명합니다.

다음의 결과는 각 주성분과 데이터 간의 관계를 나타내며 0으로 표시한 행은 첫 번째 주성분을 의미합니다.

| 결과 2 |
```
   alcohol  malic_acid       ash  alcalinity_of_ash
0  0.144329   -0.245188  -0.002051          -0.239320
1 -0.483652   -0.224931  -0.316069           0.010591
2 -0.207383    0.089013   0.626224           0.612080
```

```
       magnesium   total_phenols    flavanoids   nonflavanoid_phenols
0       0.141992       0.394661      0.422934              -0.298533
1      -0.299634      -0.065040      0.003360              -0.028779
2       0.130757       0.146179      0.150682               0.170368
       proanthocyanins   color_intensity      hue    od280/od315_of_diluted_wines
0             0.313429         -0.088617   0.296715                        0.376167
1            -0.039302         -0.529996   0.279235                        0.164496
2             0.149454         -0.137306   0.085222                        0.166005
       proline
0     0.286752
1    -0.364903
2    -0.126746
```

이를 정리하면 다음과 같습니다.

변수	C1	C2	C3
Alcohol	0.144329	−0.483652	−0.207383
Malic acid	−0.245188	−0.224931	0.089013
Ash	−0.002051	−0.316069	0.626224
Alcalinity	−0.239320	0.010591	0.612080
Magnesium	0.141992	−0.299634	0.130757
Total phenols	0.394661	−0.065040	0.146179
Flavanoids	0.422934	0.003360	0.150682
Nonflavanoid	−0.298533	−0.028779	0.170368
Proanthocyanins	0.313429	−0.039302	0.149454
Color intensity	−0.088617	−0.529996	−0.137306
Hue	0.296715	0.279235	0.085222
OD280/OD315	0.376167	0.164496	0.166005
Proline	0.286752	−0.364903	−0.126746

주성분 C_1에서 가장 큰 값은 Flavanoids(0.422934)로 주성분 C_1의 값이 큰 와인은 Flavanoids의 값도 높다는 것을 의미합니다. 주성분 C_2에서 가장 적은 값은 Color intensity(−0.529996)로 주성분 C_2의 값이 큰 와인은 Color intensity의 값이 낮음을 의미합니다. 주성분 C_1에 대해 선형관계식으로 나타내면 다음과 같습니다.

$$C_1 = 0.42{\times}\text{Flavanoids} + 0.39{\times}\text{Total phenols} + 0.38{\times}\text{OD280/OD315} + \cdots$$

만약 두 개의 주성분 C_1 과 C_2 를 축으로하여 산점도를 나타내면 [그림 7-9]와 같습니다.

| 결과 3 |

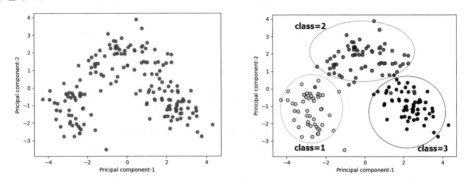

[그림 7-9] 두 개의 주성분을 축으로 나타낸 산점도 　[그림 7-10] 3개의 등급으로 구분하여 나타낸 산점도

앞에서 사용한 와인 등급 데이터에는 원래 와인 표본에 대한 등급(class)을 나타내는 변수가 포함되어 있으나 주성분분석에서는 등급을 나타내는 변수(종속변수)가 필요없으므로 사용하지 않았지만 [그림 7-9]의 산점도에 등급을 나타내는 변수를 포함하여 나타내면 [그림 7-10]과 같습니다. 이는 두 개의 주성분으로 데이터의 특성을 잘 반영해 준다는 것을 의미합니다.

▌ 주성분분석(예제7-3.py)

```
import pandas as pd
import numpy as np
import matplotlib.pyplot as plt
from sklearn.datasets import load_wine
from sklearn.preprocessing import StandardScaler
from sklearn.decomposition import PCA

wine = load_wine()
df = pd.DataFrame(wine.data, columns=wine.feature_names)
```

```
# 표준화
df = StandardScaler().fit_transform(df)

#projection, pca 매트릭스 만들기
pca_wine = PCA()
pca_wine.fit(df)
print("\n Eigenvalues: \n",pca_wine.explained_variance_)
```

[결과 1] 참고

```
pca = PCA(n_components=3)
pca_model=pca.fit(df)
df_trans=pd.DataFrame(pca_model.transform(df), columns=['pca1', 'pca2', 'pca3'])
print(df_trans)

comp=pd.DataFrame(pca_model.components_, columns=wine.feature_names)
print(comp.iloc[:,0:4])
print(comp.iloc[:,4:8])
print(comp.iloc[:,8:12])
print(comp.iloc[:,12:13])
```

[결과 2] 참고

```
# load data include class
df = pd.read_excel(r"..\데이터\wine_class_data.xlsx")
var_X = df.drop('class', axis=1)
var_class = df['class']

# 표준화
df = StandardScaler().fit_transform(var_X)

pca = PCA(n_components=2)
pca_model=pca.fit(df)
df_trans=pd.DataFrame(pca_model.transform(df), columns=['pca1', 'pca2'])

plt.scatter(df_trans['pca1'], df_trans['pca2'], alpha=0.8)
plt.xlabel('Pricipal component-1')
plt.ylabel('Pricipal component-2')
plt.show()

plt.scatter(df_trans['pca1'], df_trans['pca2'],c=var_class ,edgecolors='k',alpha=0.8)
plt.xlabel("Principal component-1")
plt.ylabel("Principal component-2")
plt.show()
```

[결과 3] 참고([그림 7-9], [그림 7-10])

■ 인자분석

인자분석은 상관관계가 있는 변수들 사이의 관계를 변수의 개수보다 적은 수의 인자를 이용하여 설명하려는 다변량분석 방법입니다. 여기서 인자는 변수들 간의 상관관계를 설명해 줄 수 있는 공통된 인자를 말하며 인자분석은 이러한 공통인자를 찾아 그 구조를 해석하는 방법입니다.

인자분석은 주성분분석과 유사한 면이 있으나 주성분분석은 통계적 모형을 이용하지 않고 변수의 정보를 최대한으로 유지하면서 포함된 변수들의 선형결합으로 표현되는 주성분을 통하여 변수 간의 관계를 설명하고, 인자분석은 잠재적인 공통인자로 구성된 통계적 모형을 이용하여 변수들 간의 관계를 설명합니다.

인자분석의 첫 번째 단계는 변수들의 상관관계로부터 최초의 인자를 추출하는 것이고, 첫 번째 인자는 변수들 대부분의 분산을 설명하게 됩니다. 두 번째 인자는 첫 번째 인자가 설명하지 못하는 나머지 분산을 설명할 수 있도록 추출됩니다. 이후에 계속 이러한 방법으로 앞선 인자가 설명하지 못하는 분산을 최대로 설명할 수 있도록 인자를 추출하는 것입니다.

인자를 추출하는 방법으로는 주성분방법(principal component method), 반복 주축인자법(iterated principal factor method), 최대 우도법(maximum likelihood method) 등이 있습니다. 인자분석에서 변수들이 어떤 인자에 의해서 관련되는지를 명확히 알아내고자 인자의 축을 회전시키는데 직교회전 방식인 Varimax 회전을 주로 많이 사용합니다.

인자분석은 공통인자의 개수를 어떻게 정하느냐에 따라 결과가 달라지므로 적절한 공통인자의 수를 결정해야 합니다. 인자의 구조를 이미 알고 있거나 미리 가정하는 경우에는 확인적(confirmatory) 인자분석이라 합니다. 그러나 대부분의 경우는 분석을 통해 인자를 찾게 되므로 탐색적(exploratory) 인자분석이라 하고, 탐색적 인자분석에서 최초 인자의 개수를 선택해야 하는데 일반적으로 고유값을 기준으로 하거나 스크리도표(scree plot)를 이용하는 방법이 있습니다. 고유값을 기준으로 하는 경우는 주성분방법으로 추정한 고유값 중에서 1보다 큰 고유값의 수를 이용하며, 스크리도표를 이용하는 경우에는 추정한 고유값을 Y축으로, 인자의 수를 X축으로 나타낸 도표에 표시된 곡선의 기울기가 급하게 변하는 지점의 인자 수를 이용합니다.

예제 7-4 | **주식 수익률에 대한 인자분석**

인자분석의 예로 미국 뉴욕의 주식수익률 데이터[5]를 사용합니다. 이 데이터는 화학산업과 관련된 주식(Allied Chemical, du Pont, Union Carbide)과 두 개의 석유산업 관련 주식(Exxon, Texaco)에 대해서 100주간의 주식수익률의 변화를 조사한 것입니다. 먼저 5개 회사의 주식수익률에 대한 상관행렬과 산점도 행렬은 다음과 같습니다. 주식 수익률은 연관 산업 간에 경제 여건에 따라 동반 상승과 하락하는 경향이 있기 때문에 서로 간에 상관관계가 있습니다.

[표 7-4] 주식수익률의 상관행렬([결과 2] 참고)

	Allied Chemical	du Pont	Union Carbide	Exxon	Texaco
Allied Chemical	1.000000	0.576924	0.508656	0.386721	0.462178
du Pont	0.576924	1.000000	0.598384	0.389519	0.321953
Union Carbide	0.508656	0.598384	1.000000	0.436101	0.425627
Exxon	0.386721	0.389519	0.436101	1.000000	0.523529
Texaco	0.462178	0.321953	0.425627	0.523529	1.000000

---

5) Johnson & Wichern, Applied Multivariate Statistical Analysis, 2002, 5th ed, table 8.4, p.469

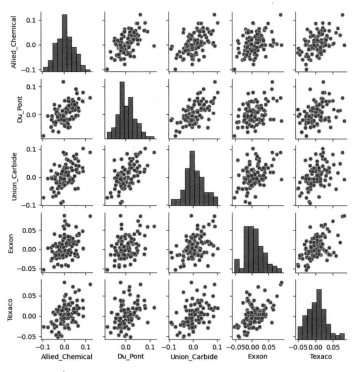

[그림 7-11] 주식수익률에 대한 산점도([결과 1] 참고)

주성분방법으로 [표 7-4]의 표본상관행렬을 이용하여 다섯 개의 고유값을 추정하였고, 이를 이용하여 스크리도표를 나타낸 것입니다. 첫 번째로 추정된 고유값은 2.856이고, 첫 번째 공통인자(Factor1)에 의하여 설명되는 비율은 약 41%입니다. 두 번째로 추정된 고유값은 0.809로 두 번째 인자(Factor2)에 의해 설명되는 비율은 32%입니다. 따라서 두 개의 공통인자에 의하여 설명되는 누적비율은 약 73%이고, 스크리도표의 결과에서도 인자의 수가 2개인 지점 이후부터 기울기의 차이가 커지므로 인자의 수를 2개로 합니다.

| 결과 5 |

	Eigenvalue
0	2.856487
1	0.809118
2	0.540044
3	0.451347
4	0.343004

| 결과 6 |

	Factor1	Factor2
SS Loadlings	2.058872	1.606733
Proportion Var	0.411774	0.321347
Cumulative Var	0.411774	0.733121

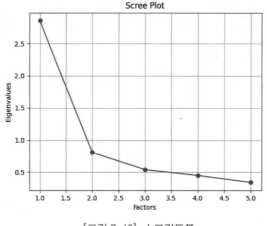

[그림 7-12] 스크리도표

이 예에서 인자를 단순한 구조로 변경하기 위한 회전방법으로 Varimax 회전을 이용하였고, 인자의 수를 두 개로 하였을 때 주성분방법에 의하여 추정된 인자적재 행렬과 공통성의 추정치를 나타냅니다.

추정된 인자적재는 변수와 공통인자 사이의 상관을 나타냅니다. 첫 번째 인자의 경우 모두 0 이상의 양의 값을 나타내고 화학산업과 관련된 주식(Allied Chemical, du Pont, Union Carbide)은 모두 0.75 이상의 값을, 두 개의 석유산업 관련 주식(Exxon, Texaco)은 모두 0.3 이하의 값으로 구분되는 것을 알 수 있습니다. 두 번째 인자의 경우도 화학산업과 관련된 주식은 0.35 이하의 값을, 석유산업 관련 주식은 0.8 이상으로 구분되므로 두 개의 인자 모두 화학산업과 석유산업의 산업구분을 나타내는 지표로 판단할 수 있습니다. 첫 번째 인자는 화학산업의 주식수익률에 영향을 주는 지표로, 두 번째 인자는 석유산업의 주식수익률에 영향을 주는 지표로 설명할 수 있습니다.

그리고 오른쪽 부분은 공통성을 나타내는데 공통성은 추출된 인자들에 의해 각 변수의 분산이 얼마나 설명되는가를 나타내며 일반적으로 공통성이 0.4 이상이면 인자분석이 적합한 것으로 볼 수 있습니다. 첫 번째 공통성 추정치는 0.66이고 나머지 4개 변수의 공통성이 0.65 이상으로 두 개의 인자모형이 적합한 것으로 판단합니다.

| 결과 3 |

	Factor1	Factor2
Allied_Chemical	0.747317	0.319728
Du_Pont	0.889388	0.124388
Union_Carbide	0.766897	0.312657
Exxon	0.261909	0.813977
Texaco	0.229460	0.853652

| 결과 4 |

	Communality Estimates
Allied_Chemical	0.660709
Du_Pont	0.806483
Union_Carbide	0.685885
Exxon	0.731155
Texaco	0.781374

▌인자분석(예제7-4.py)

```python
import pandas as pd
from sklearn.datasets import load_iris
from factor_analyzer import FactorAnalyzer
import matplotlib.pyplot as plt
import seaborn as sns

df_x = pd.read_excel("..\data\stock_price.xlsx")

sns.pairplot(df_x, diag_kind='hist')
plt.show()
```

[결과 1] 참고([그림 7-11])

```python
print('Correlatoin \n')
print(df_x.corr())
```

[결과 2] 참고([표 7-4])

```python
print('\n')
fa = FactorAnalyzer(n_factors=2, method='principal', rotation='varimax').fit(df_x)
print(pd.DataFrame(fa.loadings_, columns=['Factor1', 'Factor2'], index=df_x.columns))
```

[결과 3] 참고

```python
print('\n')
print(pd.DataFrame(fa.get_communalities(), columns=['Communality Estimates'], index=df_
x.columns))
```

[결과 4] 참고

```python
print('\n')
df1 = pd.DataFrame(fa.get_factor_variance(), columns=['Factor1', 'Factor2'])
df1.index = ['SS Loadlings', 'Proportion Var', 'Comulative Var']
print('\n')
print(df1)
```

[결과 6] 참고

```python
print('\n')
```

```
ev, v = fa.get_eigenvalues()
print(pd.DataFrame(ev, columns=['Variance explained by each Factor']))
```

[결과 5] 참고

```
plt.scatter(range(1, df_x.shape[1]+1), ev)
plt.plot(range(1, df_x.shape[1]+1), ev)
plt.title('Scree Plot')
plt.xlabel('Factors')
plt.ylabel('Eigenvalues')
plt.grid()
plt.show()
```

[결과 7] 참고

7.2.2 개체 간의 관계 분석

개체 간의 관계를 다루는 방법으로는 판별분석과 군집분석이 있습니다.

판별분석은 어느 집단에 속하는지를 알고 있는 과거의 관측값들을 이용하여 관측값들이 속한 집단을 잘 구분할 수 있는 방법을 찾고, 이를 이용하여 새로운 관측값이 어느 집단에 속할지를 판별하는 다변량분석 방법입니다.

예를 들어 은행에서 대출을 신청한 사람에 대해 은행은 그 사람이 과연 대출을 갚을 것인지 아닌지를 결정해야 합니다. 이를 결정하기 위해 신용점수나 신용등급을 평가하는데 여기에는 소득규모, 현재 부채수준, 과거 대출상환능력 등이 포함됩니다.

대출여부를 결정하는데 있어서 과거의 데이터를 이용한다면 대출을 받았던 모든 사람들에 대해서 대출금을 갚았던 사람들의 그룹(신용자)과 대출금을 갚지 않았던 사람들(신용불량자)의 그룹 두 개로 구별한 다음, 현재 대출을 신청한 사람이 어느 그룹에 속할지를 판별하는 것입니다. 기업의 경우에는 기업의 파산을 예측하는 모형을 개발하기 위해서 건전한 우량 기업과 이미 파산하거나 불량 기업의 재무비율을 조사하거나 기술력을 평가하는 자료를 이용하여 이를 구분하는 방법을 찾고, 이를 통해서 기업의 파산 가능성을 예측하는 것입니다.

군집분석은 동일한 군집에 있는 개체가 다른 군집(cluster)에 있는 개체보다 서로 더 유사하도록 개체를 그룹으로 묶는 것입니다. 군집분석에서는 군집을 어떻게 정의하느냐에 따라 다양한 알고리즘이 사용되고 이 알고리즘들은 클러스터 내에서는 유사성이 높도록, 클러스터 간에는 유사성이 낮도록 클러스터를 생성하는 것입니다. 군집분석은 상품시장의 고객층을 나누거나 범죄의 유형분석, 유사한 기후분석에 이용됩니다.

예를 들어 성공적인 마케팅이란 해당 상품의 구매욕구가 가장 높게 나타날 고객층을 타깃으로 공략하여 최대한의 매출을 이끌어내는 것으로 볼 수 있으며, 고객층을 어떻게 세분화 하여 그룹화 할 것인가? 고객층의 그룹 중에서 어떤 그룹을 타깃으로 할 것인가를 결정해야 합니다.

■ 군집분석

군집분석은 동일한 군집에 있는 개체가 다른 군집(cluster)에 있는 개체보다 서로 더 유사하도록 개체를 그룹으로 묶는 분석방법이며 크게 계층적(hierarchical) 군집방법과 비계층적(nonhierarchical) 군집방법으로 구분합니다.

계층적 군집방법은 가장 일반적인 방법으로 유사한 개체들끼리 묶어 군집은 형성하는 방법 또는 먼 개체들로 나누어가는 방법들을 이용합니다. 비계층적 군집방법은 군집의 수와 미리 규정된 판정기준에 따라 개체들을 분할하는 것이며, 가장 잘 알려진 알고리즘으로는 K-means 알고리즘이 있습니다.

1. 계층적 군집방법

계층적 군집방법은 유사한 개체들끼리 묶어가면서 군집을 만들어가는 병합적 방법 (agglomerative method)과 이와는 반대로 먼 개체들로 나누어가는 분할적 방법 (divisible method)이 있습니다.

병합적 방법은 n개의 개체 각각을 하나의 군집으로 간주하고, n개의 군집들 중에서 유사성이 가장 높은(가장 가까운) 것부터 한 쌍으로 묶어가면서 군집을 병합하는 과정을 반복하여 최종적으로 모든 개체가 하나의 군집을 형성할 때까지 진행합니다.

계층적 군집방법의 결과를 그래프로 표현하는 대표적인 방법으로 덴드로그램 (dendrogram)이 있고, 개체나 군집을 묶는 과정을 나무구조 형태로 표현하며, 각 단계마다 군집형성의 기준인 근접도(거리행렬의 값)를 표시합니다. [그림 7-13]은 28개 도시 간의 거리 데이터[6]를 이용하여 그린 덴드로그램입니다.

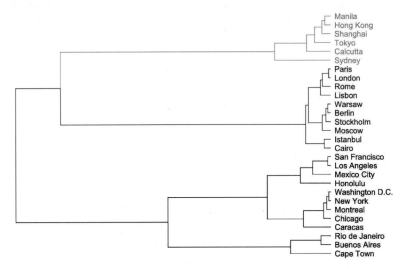

[그림 7-13] 28개 도시 간의 거리 데이터를 이용한 덴드로그램[7]

분할적 방법은 병합적 방법과 달리 모든 개체가 하나의 군집에 속한다고 보고 이를 n개의 군집으로 나누어가는 방법입니다.

계층적 군집방법에서 두 개체 사이의 유사한 정도를 나타내기 위한 척도로 근접도를 이용하며 근접도는 개체들 사이의 거리를 기준으로 하는 척도로 유클리디안 거리(Euclidean distance), 표준화된 유클리디안 거리(standardized Euclidean distance), 마할라노비스 거리(Mahalanobis distance)등이 있습니다.

유클리디안 거리는 다음 그림에서와 같이 2차원 평면의 두 개의 점 (x_1, y_1)과 (x_2, y_2) 사이의 거리 d를 피타고라스 정리를 이용하여 다음과 같이 계산합니다.

---

6) https://raw.githubusercontent.com/holtzy/data_to_viz/master/Example_dataset/13_AdjacencyUndirec
   terWeighted.csv

7) https://www.data-to-viz.com/graph/dendrogram.html

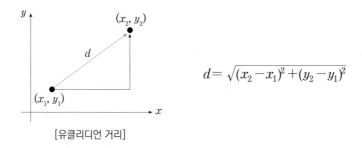

$$d = \sqrt{(x_2 - x_1)^2 + (y_2 - y_1)^2}$$

[유클리디언 거리]

계층적 군집방법에서 군집 간의 근접도를 측정하는데 연결법(linkage method)을 사용하고, 여기에는 최단연결(single likage), 최장연결(complete linkage), 중심연결(centroid linkage), 평균연결(average linkage), Ward 연결(Ward linkage) 등이 있습니다.

연결법	설명
최단연결법	각 군집에 속하는 두 개체들 사이의 거리 중에서 최단 거리를 사용하여 두 군집에 대한 근접도를 나타냄
최장연결법	최단연결법과는 반대로 최장 거리를 이용하여 두 군집의 근접도로 사용함
중심연결법	두 군집의 중심들 사이의 거리를 근접도로 사용함
평균연결법	두 군집의 크기가 n_1과 n_2일 때 각 군집에서 한 개씩의 개체를 뽑아 만든 $n_1 n_2$ 쌍의 거리들의 평균을 근접도로 사용
Ward 연결법	군집을 만들어가는 각 단계마다 군집을 형성할 수 있는 모든 가능한 쌍을 고려하여 각 쌍으로 형성한 군집의 평균과 이 군집에 속하는 개체들 사이의 편차들의 제곱합이 최소가 되는 쌍을 한 군집으로 선택하는 방법

병합적 방법을 이용하여 군집을 형성하는 알고리즘은 다음과 같습니다.

[단계 1]	n개의 개체로 구성된 데이터로부터 $n \times n$ 크기의 거리행렬(근접도)를 계산하고, 개체 각각을 하나의 군집으로 간주
[단계 2]	거리행렬에서 최소의 거리를 갖는 두 군집을 찾아 하나로 묶음
[단계 3]	합쳐진 두 군집과 나머지 군집 간의 거리행렬을 연결법으로 계산
[단계 4]	n개의 개체가 한 군집에 속할 때까지 [단계 2]와 [단계 3]을 $n-1$번 반복

이 알고리즘을 쉽게 설명하기 위해서 다음의 예를 통해 설명합니다. 이 예에서 사용할 연결법은 최단연결법입니다. 사용할 데이터(cluster_sample.xlsx)는 다음과 같고 이차원 평면의 산점도로 나타낸 예는 [결과 1]과 같습니다. 두 개체 사이의 유사한 정도를 나타내기

위한 척도로 유클리디안 거리를 이용합니다. 알고리즘의 결과는 프로그램(예제7-5.py)을 참고합니다.

[엑셀 데이터]

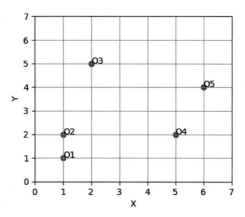

| 결과 1 | 5개의 군집을 산점도에 표시

[단계 1]	n개의 개체로 구성된 데이터로부터 $n \times n$ 크기의 거리행렬(근접도)를 계산하고, 개체 각각을 하나의 군집으로 간주

5개의 개체로 구성된 데이터로부터 5×5 크기의 거리행렬(근접도)를 계산하고 개체 각각을 하나의 군집으로 간주([결과 1] 참고).

[표 7-5] 5×5 크기의 거리행렬(근접도)

	O_1	O_2	O_3	O_4	O_5
O_1	0				
O_2	1	0			
O_3	4.123	3.162	0		
O_4	4.123	4.	4.242	0	
O_5	5.831	5.385	4.123	2.236	0

```
[[0.          1.          4.12310563 4.12310563 5.83095189]
 [1.          0.          3.16227766 4.         5.38516481]
 [4.12310563 3.16227766 0.          4.24264069 4.12310563]
 [4.12310563 4.          4.24264069 0.          2.23606798]
 [5.83095189 5.38516481 4.12310563 2.23606798 0.         ]]
```

| 결과 2 | 5×5 크기의 거리행렬(근접도)

[단계 2]	거리행렬에서 최소의 거리를 갖는 두 군집을 찾아 하나로 묶음

유클리디안 거리를 계산한 행렬은 [표 7-5]와 같고, 군집 O_1과 O_2의 거리가 가장 짧으므로 이 두 개의 개체를 한 군집(Cluster 1)으로 묶습니다([그림 7-14] 참고).

[표 7-6] 5×5 크기의 거리행렬(근접도)

	O_1	O_2	O_3	O_4	O_5
O_1	0				
O_2	1	0			
O_3	4.123	3.162	0		
O_4	4.123	4.	4.242	0	
O_5	5.831	5.385	4.123	2.236	0

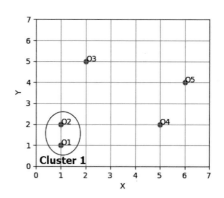

[그림 7-14] 두 개의 개체를 한 군집(Cluster 1)
으로 묶음

[단계 3]	합쳐진 두 군집과 나머지 군집 간의 거리행렬을 연결법으로 계산

[단계 2]의 Cluster 1과 나머지 군집 (O_3, O_4, O_5) 과의 거리를 유클리디안 거리를 이용하여 계산합니다. 군집 O_3 과 O_4, O_4 과 O_5 그리고 O_3 과 O_5 의 거리는 [표 7-6]을 참고합니다.

$dist[(O_1, O_2), O_3] = \min [dist(O_1, O_3), dist(O_2, O_3)] = \min [4.123, 3.126] = 3.126$
$dist[(O_1, O_2), O_4] = \min [dist(O_1, O_4), dist(O_2, O_4)] = \min [4.123, 4] = 4$
$dist[(O_1, O_2), O_5] = \min [dist(O_1, O_5), dist(O_2, O_5)] = \min [5.831, 5.385] = 5.385$
$dist[O_3, O_5] = 4.242$
$dist[O_3, O_5] = 4.123$
$dist[O_4, O_5] = 2.236$

[표 7-7] 4×4 크기의 거리행렬(근접도)

	Cluster 1	O_3	O_4	O_5
Cluster 1	0			
O_3	3.126	0		
O_4	4	4.242	0	
O_5	5.385	4.123	2.236	0

[단계 4]	n개의 개체가 한 군집에 속할 때까지 [단계 2]와 [단계 3]을 n-1번 반복

4개의 개체가 한 군집에 속할 때까지 [단계 2]와 [단계 3]을 (4-1)번 반복(반복 횟수 1)

[단계 2]	거리행렬에서 최소의 거리를 갖는 두 군집을 찾아 하나로 묶음

[표 7-7], [표 7-8]에서 계산된 거리행렬에서 가장 최소의 거리는 군집 O_4과 O_5의 거리이므로 이 두 개의 개체를 한 군집(Cluster 2)으로 묶습니다.

[표 7-8] 4×4 크기의 거리행렬(근접도)

	Cluster 1	O_3	O_4	O_5
Cluster 1				
O_3	3.126	0		
O_4	4	4.242	0	
O_5	5.385	4.123	2.236	0

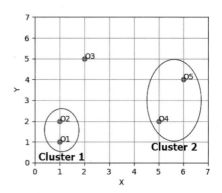

[그림 7-15] 두 개의 개체를 한 군집(Cluster 2)으로 묶음

[단계 3]	합쳐진 두 군집과 나머지 군집 간의 거리행렬을 연결법으로 계산

[단계 2]의 Cluster 1, Cluster 2와 나머지 군집(O_3)과의 거리를 유클리디안 거리를 이용하여 계산합니다.

$$dist[(O_1, O_2), (O_4, O_5)] = \min\{dist[(O_1, O_2), O_4], \ dist[(O_1, O_2), O_5]\}$$
$$= \min[4, 5.385] = 4$$
$$dist[(O_1, O_2), O_3] = \min\{dist[(O_1, O_3)]\}, \ dist[(O_2, O_3)]$$
$$= \min[4.123, 3.162] = 3.162$$
$$dist[O_3, (O_4, O_5)] = \min\{dist[(O_3, O_4)]\}, \ dist[(O_3, O_5)]$$
$$= \min[4.242, 4.123] = 4.123$$

[표 7-9] 4×4 크기의 거리행렬(근접도)

	Cluster 1	O_3	Cluster 2
Cluster 1	0		
O_3	3.126	0	
Cluster 2	4	4.123	0

[단계 4]	n개의 개체가 한 군집에 속할 때까지 [단계 2]와 [단계 3]을 $n-1$번 반복

3개의 개체가 한 군집에 속할 때까지 [단계 2]와 [단계 3]을 3-1번 반복(반복횟수 2)

[단계 2]	거리행렬에서 최소의 거리를 갖는 두 군집을 찾아 하나로 묶음

[표 7-9]에서 계산된 거리행렬에서 가장 최소의 거리는 군집 Cluster 1과 O_3의 거리이므로 이 두 개의 개체를 한 군집(Cluster 3)으로 묶습니다.

[표 7-10] 3×3 크기의 거리행렬(근접도)

	Cluster 1	O_3	Cluster 2
Cluster 1	0		
O_3	3.126	0	
Cluster 2	4	4.123	0

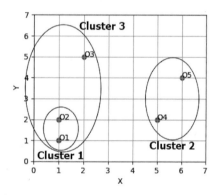

[그림 7-16] 두 개의 개체를 한 군집(Cluster 3)
으로 묶음

[단계 3]	합쳐진 두 군집과 나머지 군집 간의 거리행렬을 연결법으로 계산

[단계 2]의 Cluster 2와 Cluster 3과의 거리를 유클리디안 거리를 이용하여 계산합니다.

$$dist[((O_1, O_2), O_3), (O_4, O_5)] = \min\{dist[(O_1, O_2), (O_4, O_5)], \; dist[O_3, (O_4, O_5)]\}$$
$$= \min[4, 4.123] = 4$$

[표 7-11] 2×2 크기의 거리행렬(근접도)

	Cluster 3	cluster 2
Cluster 3	0	
Cluster 2	4	0

[단계 4]	n개의 개체가 한 군집에 속할 때까지 [단계 2]와 [단계 3]을 n-1번 반복

2개의 개체가 한 군집에 속할 때까지 [단계 2]와 [단계 3]을 2-1번 반복(반복횟수 3)

[단계 2]	거리행렬에서 최소의 거리를 갖는 두 군집을 찾아 하나로 묶음

[단계 3]에서 계산된 거리행렬에서 가장 최소의 거리는 군집 Cluster 3과 Cluster 2의 거리이므로 이 두 개의 개체를 한 군집(Cluster 4)으로 묶고 이제 군집이 한 개가 되었으므로 반복을 중단(총 반복횟수는 $4(n-1)$회)

	Cluster 3	cluster 2
Cluster 3	0	
Cluster 2	4	0

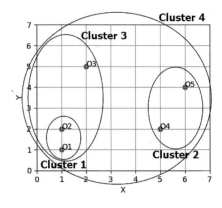

[그림 7-17] 두 개의 개체를 한 군집(Cluster 4)으로 묶음

앞에서의 과정을 최단연결법을 이용한 덴드로그램으로 확인하면 [결과 3]과 같습니다. 최초에 군집 O_1과 O_2가 묶여지고(Cluster 1, 최소거리 1), 이어서 군집 O_4와 O_5가 묶여집니다(Cluster 2, 최소거리 2.236). 다음 단계로 Cluster 1과 군집 O_4가 묶여지고(Cluster 3, 최소거리 3.125). 마지막으로 Cluster 2와 Cluster 3이 한 개의 Cluster 4(최소거리 4)로 묶여집니다.

| 결과 3 |

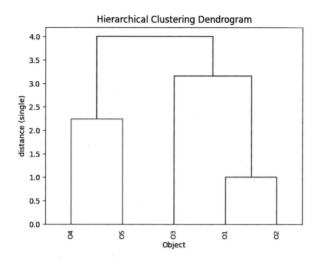

[결과 1], [결과 2] 그리고 [결과 3]에 대한 프로그램은 다음과 같습니다.

▌계층적 군집분석(예제7-5.py)

```python
import numpy as np
import pandas as pd
import matplotlib.pyplot as plt
from scipy.spatial import distance
from scipy.cluster.hierarchy import dendrogram, linkage

df = pd.read_excel(r"..\데이터\cluster_sample.xlsx")
label = df.Object
plt.scatter(df.X, df.Y)
plt.xlim(0, 7)
plt.ylim(0, 7)
plt.xlabel('X')
plt.ylabel('Y')
plt.grid(True)

for i, label in enumerate(label):
    plt.annotate(label, (df.X[i], df.Y[i]))
plt.show()
```

[결과 1] 참고

```
df = df.set_index('Object')
df_x =  df.reset_index(drop=True)

# Calculate the distance between each sample(euclidean 거리)
X_cdist = distance.cdist(df_x, df_x, metric='euclidean')
print(X_cdist)
```

[결과 2] 참고

```
# Calculate the distance between each cluster(최단연결법)
Z = linkage(df, 'single')

# Plot title
plt.title('Hierarchical Clustering Dendrogram')

# Plot axis labels
plt.xlabel('Object')
plt.ylabel('distance (single)')

# Make the dendrogram
dendrogram(Z, labels=df.index, leaf_rotation=90, leaf_font_size=9)

# Show the graph
plt.show()
```

[결과 3] 참고

다음의 예에서 사용한 데이터는 Henderson과 Velleman의 논문[8]에 인용된 것으로, 1974년 Motor Trend US 매거진에서 추출되었으며, 32대의 자동차(1973-74 모델)에 대한 연료 소비와 자동차 설계 및 성능의 11가지 변수로 구성되어 있으며 내용은 다음과 같습니다.

---

8) Henderson and Velleman (1981), Building multiple regression models interactively. Biometrics, 37, 391-411.

변수	내용
mpg	Miles/(US) gallon(연비)
cyl	Number of cylinders(실린더의 수)
disp	Displacement (배기량)
hp	Gross horsepower(마력)
drat	Rear axle ratio(기어비)
wt	Weight (1000 lbs)(무게)
qsec	1/4 mile time
vs	Engine (0 = V-shaped, 1 = straight)
am	Transmission (0 = 자동, 1 = 수동)
gear	Number of forward gears
carb	Number of carburetors

다음의 덴드로그램[9]은 나무구조를 통해 변수 간의 유사한 개체(자동차)를 묶는데 있어서 계층적 군집방법을 이용한 것입니다.

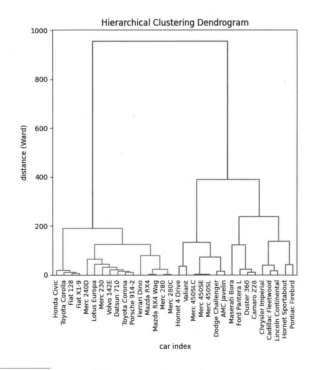

9) https://python-graph-gallery.com/400-basic-dendrogram/

2. 비계층적 군집방법

비계층적 군집방법에서 사용하는 분할방법(partitioning method)은 군집의 수와 미리 규정된 판정의 기준에 따라 개체들을 분할하는 방법으로 가장 널리 알려진 K-means 알고리즘이 있습니다.

K-means 알고리즘은 군집 내의 분산을 최소화시키는 최적분할방법 중 하나이며, 개체를 개 군집의 중심에서 가장 가까운 군집에 할당하는 방법입니다. K-means 알고리즘은 다음과 같습니다.

[단계 1]	개체로부터 k개 군집의 초기 중심을 설정
[단계 2]	각 개체에 대해 k개 군집의 중심 중에서 가장 가까운 군집의 중심으로 할당
[단계 3]	새로 형성된 군집으로부터 군집 중심을 계산
[단계 4]	• 수렴의 조건을 만족할 때까지 [단계 2]와 [단계 3]을 반복 • 수렴의 조건 : 각 군집에 속하는 구성원이 바뀌지 않거나 모든 군집에 대해 군집 중심의 변화가 없을 때

■ 판별분석

판별분석은 어느 집단에 속하는지를 알고 있는 과거의 관측값들을 이용하여 관측값들이 속한 집단을 잘 구분할 수 있는 방법을 찾고, 이를 이용하여 새로운 관측값이 어느 집단에 속할지를 판별하는 다변량분석 방법입니다.

판별분석과 주성분분석의 공통점은 주어진 다변량 데이터에 대해 저차원으로 투영하는 방법을 이용한다는 것이고, 차이점은 머신러닝 알고리즘에서 판별분석은 해결해야 할 문제와 정답을 통해 학습하도록 하므로 데이터와 데이터의 정답(target)이 주어져야 하는 지도학습으로 분류되고, 주성분분석은 데이터로부터의 특징을 스스로 학습하도록 하는 비지도 학습으로 분류합니다.

군집분석은 개체의 그룹에 대한 사전 정보없이 동일한 군집에 있는 개체가 다른 군집(cluster)에 있는 개체보다 서로 더 유사하도록 개체를 그룹으로 묶는 것이지만, 판별분석은 사전에 소속 그룹에 대한 정보가 주어진 상태에서 이들을 잘 판별하는 규칙을 통해 새로운 개체가 속할 그룹을 판별하는 차이가 있습니다.

통계학에서 판별분석은 오래 전부터 여러 분석방법이 제안되었고, 분석방법들에 대한 효율성에 대해 연구가 진행되었습니다. 판별분석에서 그룹을 구분하는데 사용하는 판별함수는 직선형태의 판별함수를 이용하거나 곡선형태의 판별함수를 이용할 수 있는데 여기에 서는 직선형태의 선형판별함수를 이용하는 Fisher(1936)가 제안한 선형판별분석(Linear Discriminant Analysis, 이하 LDA)으로 설명합니다.

LDA의 원리는 [그림 7-18]을 통해 설명할 수 있습니다. 이 방법은 이차원 공간에서 다음 의 ●과 ✱들을 잘 구분해주는 직선을 찾는 것입니다. 그림에서 투영2의 방향에서 투영한 결 과(LD2)와 투영1의 방향에서 투영한 결과(LD1)를 비교해 보면 LD1의 결과가 ●과 ✱들을 잘 구분해주는 직선임을 알 수 있으며 LDA는 분석을 통해 이러한 직선을 찾아내는 것입 니다.

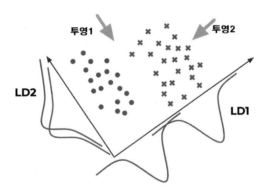

[그림 7-18] 이차원 공간상에서의 데이터 투영[10]

LDA는 투영 이후에 두 그룹 간 분산은 최대한 크게, 그룹 내 분산은 최대한 작게 만드는 것인데 두 그룹을 분리하기 위해서 그룹 간 분산(between-class scatter)과 그룹 내 분 산(within-class scatter)의 비율을 최대화 하는 방법으로 차원을 축소하므로 분산분석 (ANOVA), 회귀분석과 밀접한 관련이 있습니다.

예제 7-5 　붓꽃 데이터를 이용한 판별분석

LDA의 예로 iris(붓꽃) 데이터를 이용합니다. iris 데이터는 4개의 독립변수("Sepal. Length", "Sepal.Width", "Petal.Length", "Petal.Width")를 이용하여 iris의 종류 (setosa, versicolor, virginica)를 예측하는 것입니다. iris 데이터는 [표 7-12]와 같이 5 개의 변수와 150개(종류별로 각각 50씩)의 사례로 구성되어 있고 각 변수들이 의미하는 꽃의 명칭은 붓꽃 그림을 참고하기 바랍니다. [표 7-12]에서 변수 target은 0, 1, 그리고 2 로 구분되며 0은 setosa를, 1은 versicolor를, 2는 virginica를 의미합니다.

<hr />

10) https://www.georgeho.org/lda/

[표 7-12] iris 데이터

sepal_length	sepal_width	petal_length	petal_width	target
5.1	3.5	1.4	0.2	0
4.9	3	1.4	0.2	0
⋮	⋮	⋮	⋮	⋮
7	3.2	4.7	1.4	1
6.4	3.2	4.5	1.5	1
⋮	⋮	⋮	⋮	⋮
6.3	3.3	6	2.5	2
5.8	2.7	5.1	1.9	2
⋮	⋮	⋮	⋮	⋮

붓꽃과 명칭[11]

[결과 1]은 변수별, 종류별 평균을 [결과 2]는 전체 평균을 나타내며 이를 정리하면 [표 7-13]과 같습니다.

| 결과 1 | 변수별, 종류별 평균

```
LDA Means(Class-wise means)
[[5.006 3.428 1.462 0.246]
 [5.936 2.77  4.26  1.326]
 [6.588 2.974 5.552 2.026]]
```

| 결과 2 | 전체 평균

```
Overall mean
[5.84333333 3.05733333 3.758    1.19933333]
```

[표 7-13] 변수별, 종류별 평균과 전체 평균

구분	sepal_length	sepal_width	petal_length	petal_width
setosa	5.006	3.428	1.462	0.246
versicolor	5.936	2.770	4.260	1.326
virginica	6.588	2.974	5.552	2.026
전체 평균	5.843	3.057	3.758	1.199

[결과 3]은 LDA 모형의 결정 규칙에 사용될 예측변수의 선형조합을 나타내는 선형판별계수 로서 함수 LD1과 함수 LD2를 의미합니다.

---

11) https://apsl.tech/en/blog/using-linear-discriminant-analysis-lda-data-explore-step-step/

LD1: .829*Sepal.Length + 1.534*Sepal.Width − 2.201*Petal.Length − 2.81*Petal.Width
LD2: .024*Sepal.Length + 2.164*Sepal.Width − .931*Petal.Length + 2.839*Petal.Width

| 결과 3 | 선형판별계수

```
Scaling of the features
        LD1       LD2
0  0.829378  0.024102
1  1.534473  2.164521
2 -2.201212 -0.931921
3 -2.810460  2.839188
```

| 결과 4 | 설명된 분산비

```
explained_variance_ratio
[0.9912126 0.0087874]
```

| 결과 5 | 예측결과

```
Prediction
                pred_setosa  pred_versicolor  pred_virginica
real_setosa          50             0               0
real_versicolor       0            48               2
real_virginica        0             1              49
```

[결과 6]은 [표 7–12]의 4개의 변수에 대해 위의 함수 LD1과 LD2를 이용하여 계산한 판별점수를 의미합니다. [그림 7–19]는 이 두 열의 값을 축으로 하여 산포도로 나타낸 것입니다. 계산과정은 다음과 같습니다.

| 결과 6 | 판별점수

```
score of LD1 & LD2
         LD1       LD2
0   8.061800  0.300421
1   7.128688 -0.786660
2   7.489828 -0.265384
3   6.813201 -0.670631
4   8.132309  0.514463
..       ...       ...
145 -5.645003  1.677717
146 -5.179565 -0.363475
147 -4.967741  0.821141
148 -5.886145  2.345091
149 -4.683154  0.332034

[150 rows x 2 columns]
```

[단계 1] [표 7–12]의 데이터에서 각 변수의 전체 평균([결과 2])을 뺄셈하여 변수의 중심을 이동

case	sepal_length	sepal_width	petal_length	petal_width
1	5.1 − 5.843	3.5 − 3.057	1.4 − 3.758	0.2 − 1.199
2	4.9 − 5.843	3 − 3.057	1.4 − 3.758	0.2 − 1.199
⋮				

➡ 연산 결과

case	sepal_length	sepal_width	petal_length	petal_width
1	−0.74333	0.442667	−2.358	−0.99933
2	−0.94333	−0.05733	−2.358	−0.99933
⋮	⋮	⋮	⋮	⋮

[단계 2] 위의 연산 결과를 함수 LD1과 LD2에 대입
LD1 : .829*S.Length + 1.534*S.Width − 2.201*P.Length − 2.81*P.Width
LD2 : .024*S.Length + 2.164*S.Width − .931*P.Length + 2.839*P.Width

➡ 연산 결과

case	LD1	LD2
1	8.06084	0.30042
2	7.127728	−0.786659
⋮	⋮	⋮

[결과 4]는 선형 판별함수 LD1과 LD2가 설명하는 입력 데이터의 분산 비율을 나타내며, 원래의 데이터에 대해 축소된 차원 공간에서 얼마나 많은 정보가 유지되는지를 나타냅니다. 설명된 분산 비율이 높다는 것은 해당 판별 축에 데이터의 클래스 분리에 대한 더 많은 정보가 포함되어 있음을 의미합니다. [결과 4]에서 LD1의 분리 비율은 99.12%로 첫 번째 선형 판별함수 LD1는 전체 변동의 99.12%를 설명하는 반면에 두 번째 선형 판별함수 LD2는 0.88%만을 설명합니다. 이는 입력변수들의 판별력 대부분이 첫 번째 선형 판별함수 LD1에 의해 포착됨을 나타냅니다.

설명된 분산 비율이라는 용어는 LDA보다는 일반적으로 주성분분석과 연관이 있으며, 각 주성분이 수집한 데이터 분산의 비율을 나타냅니다. 각 주성분은 원래 특징의 선형 조합이며, 이들이 설명하는 분산의 양에 따라 순위가 매겨집니다. 설명된 분산 비율은 데이터의 전체 분산에 대한 특정 주성분이 설명하는 분산의 비율입니다. 반면 LDA에서는 차원 축소와 분류를 위해 사용되는 기법으로 데이터의 전체적인 분산보다는 계층 간 분리를 고려한다는 점에서 주성분분석과 차이가 있습니다.

[결과 5]는 LDA에 의해 예측된 결과를 나타냅니다. 그림에서 첫 번째 행과 첫 번째 열의 50은 실제 데이터(real data)가 setosa인데 예측 결과(predict data) 50개 모두 setosa로 정확히 분류되었고, versicolor에 대해서는 정확히 예측한 사례가 48개, virginica로 분류한 사례가 2개임을 나타냅니다.

LDA에 의해 4개의 변수로 구성된 iris 데이터([표 7-12] 참고)는 [그림 7-19]와 같이 2차원 공간(LD1과 LD2를 축으로 하는)으로 축소되었고, 산점도를 통해 세 가지 종류(setosa, versicolor, virginica)를 얼마나 잘 분류하였는지를 확인할 수 있습니다.

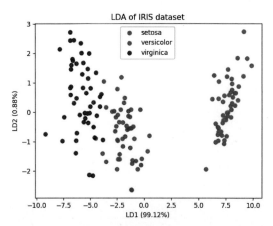

[그림 7-19] LD1과 LD2에 대한 산점도([결과 7] 참고)

```
import pandas as pd
import numpy as np
import matplotlib.pyplot as plt
from sklearn import datasets
from sklearn.decomposition import PCA
from sklearn.discriminant_analysis import LinearDiscriminantAnalysis
from sklearn.metrics import confusion_matrix

iris = datasets.load_iris()
df = pd.DataFrame(iris.data, columns=iris.feature_names)
df['target'] = iris['target']
print(df.head())

X = iris.data
y = iris.target

target_names = iris.target_names
lda = LinearDiscriminantAnalysis(n_components=2,store_covariance=True)
X_r = lda.fit(X, y).transform(X)
print('\nLDA Means(Class-wise means)')
print(lda.means_)
```

 [결과 1] 참고

```
print('\nOverall mean')
print(lda.xbar_)
```

 [결과 2] 참고

```
print('\nCOEF(Weight vectors)')
print(lda.coef_)

print('\nLDA Covariance(within-class covariance matrix)')
print(lda.covariance_)

print('\nexplained_variance_ratio')
print(lda.explained_variance_ratio_)
```

 [결과 4] 참고

```
print('\nscalings')
data = pd.DataFrame(lda.scalings_)
data.columns=["LD1","LD2"]
print(data)
```

 [결과 3] 참고

```
print('\nscore of LD1 & LD2')
data = pd.DataFrame(X_r)
data.columns=["LD1","LD2"]
print(data)
```

[결과 6] 참고

```
print('\nPrediction')
cf_m = pd.DataFrame(confusion_matrix(y, lda.predict(X)))
cf_m.columns = ['pred_setosa', 'pred_versicolor', 'pred_virginica']
cf_m.index = ['real_setosa', 'real_versicolor', 'real_virginica']
print(cf_m)
```

[결과 5] 참고

```
plt.figure()
colors =['red', 'green', 'blue']
for color, i, target_name in zip(colors, [0, 1, 2], target_names):
    plt.scatter(X_r[y == i, 0], X_r[y == i, 1], alpha=.8, color=color,
            label=target_name)
plt.legend(loc='best', shadow=False, scatterpoints=1)
plt.xlabel('LD Function 1 (%.2f%%)' %(lda.explained_variance_ratio_[0]*100))
plt.ylabel('LD Function 2 (%.2f%%)' %(lda.explained_variance_ratio_[1]*100))
plt.title('LDA of IRIS dataset')
plt.show()
```

[결과 7] 참고([그림 7-19])

단원 정리 7.2

■ 다변량 분석 기법의 분류

• 변수 간의 관계를 분석 : 주성분분석, 인자분석
• 개체 간의 관계를 분석 : 군집분석, 판별분석

■ 머신러닝 알고리즘의 분류

머신러닝 알고리즘의 분류	머신러닝 기반 분석 모형	알고리즘
지도 학습	회귀 모형	선형 회귀(linear regression)
	분류 모형	판별분석(discriminant analysis)
비지도 학습	클러스터링	• K-means 클러스터링 • 계층적 클러스터링
	차원 축소	• 주성분분석(principal component analysis) • 인자분석(factor analysis)

■ 판별분석

판별분석은 어느 집단에 속하는지를 알고 있는 과거의 관측값들을 이용하여 관측값들이 속한 집단을 잘 구분할 수 있는 방법을 찾고, 이를 이용하여 새로운 관측값이 어느 집단에 속할지를 판별하는 다변량분석 방법이다.

판별분석과 주성분분석의 공통점은 주어진 다변량 데이터에 대해 저차원으로 투영하는 방법을 이용한다는 것이고, 차이점은 머신러닝 알고리즘에서 판별분석은 해결해야 할 문제와 정답을 통해 학습하도록 하므로 데이터와 데이터의 정답(target)이 주어져야 하는 지도 학습으로 분류되고, 주성분분석은 데이터로부터의 특징을 스스로 학습하도록 하는 비지도 학습으로 분류한다.

■ 주성분분석

주성분분석과 인자분석은 데이터의 차원(변수의 수)을 줄이는데 목적이 있지만 주성분분석은 모든 변수들의 분산을 이용하여 주성분을 찾는 것이며, 주성분은 변수들의 선형조합으로 나타난다. 반면에 인자분석은 변수들 간의 상관(또는 공분산)을 잘 예측할 수 있는 변수들의 묶음(공통 인자)을 찾는 것이다.

주성분분석은 데이터의 차원(변수의 수)을 줄이기 위해 고차원의 데이터를 더 적은 차원으로 투영(projection)하는 방법을 이용하고, 결과적으로는 기존 변수들의 선형조합으로 나타나는 새로운 변수를 만든다.

■ 인자분석

인자분석은 상관관계가 있는 변수들 사이의 관계를 변수의 개수보다 적은 수의 인자를 이용하여 설명하려는 다변량분석 방법이다. 여기서 인자는 변수들 간의 상관관계를 설명해 줄 수 있는 공통된 인자를 말하며 인자분석은 이러한 공통인자를 찾아 그 구조를 해석하는 방법이다.

인자분석은 주성분분석과 유사한 면이 있지만 주성분분석은 통계적 모형을 이용하지 않고 변수의 정보를 최대한으로 유지하면서 포함된 변수들의 선형결합으로 표현되는 주성분을 통하여 변수 간의 관계를 설명하지만 인자분석은 잠재적인 공통인자로 구성된 통계적 모형을 이용하여 변수들 간의 관계를 설명한다.

■ 군집분석 또는 클러스터링

군집분석은 동일한 군집에 있는 개체가 다른 군집(cluster)에 있는 개체보다 서로 더 유사하도록 개체를 그룹으로 묶는 분석방법이며 크게 계층적(hierarchical) 군집방법과 비계층적(nonhierarchical) 군집방법으로 구분한다.

계층적 군집방법은 가장 일반적인 방법으로 유사한 개체들끼리 묶어 군집은 형성하는 방법 또는 먼 개체들로 나누어가는 방법들을 이용합니다. 비계층적 군집방법은 군집의 수와 미리 규정된 판정기준에 따라 개체들을 분할하는 것이며, 가장 잘 알려진 알고리즘으로는 K-means 알고리즘이 있다.

■ K-means 클러스터링

K-means 알고리즘은 군집 내의 분산을 최소화시키는 최적분할방법 중 하나이며, 개체를 개 군집의 중심에서 가장 가까운 군집에 할당하는 방법이다. K-means 알고리즘은 주어진 군집 수 k에 대하여 군집 내 거리 제곱 합의 합을 최소화하는 것을 목적으로 하며, 사전에 결정된 군집 수 k가 주어지면 데이터 개체 점들 간의 거리를 이용하여 전체 데이터 세트를 상대적으로 유사한 k개의 군집으로 나눈다.

연습문제 7.2

1. 다음에서 주성분분석의 설명으로 적절하지 않은 것은?

   ① 차원(변수의 수)을 줄이는데 목적이 있다.
   ② 모든 변수들의 분산을 이용하여 주성분을 찾는다.
   ③ 변수들 간의 상관(또는 공분산)을 잘 예측할 수 있는 변수들의 묶음(공통 인자)을 찾는다.
   ④ 기존 변수들의 선형조합으로 나타나는 새로운 변수를 만든다.

2. 다음에서 인자분석의 설명으로 적절하지 않은 것은?

   ① 인자는 변수들 간의 상관관계를 설명해 줄 수 있는 공통된 인자를 말한다.
   ② 잠재적인 공통인자로 구성된 통계적 모형을 이용하여 변수들 간의 관계를 설명한다.
   ③ 차원(변수의 수)을 줄이는데 목적이 있다.
   ④ 기존 변수들의 선형조합으로 나타나는 새로운 변수를 만든다.

3. 다음에서 판별분석의 설명으로 적절하지 않은 것은?

   ① 저차원으로 투영하는 방법을 이용한다.
   ② 데이터로부터의 특징을 스스로 학습하도록 하는 비지도 학습으로 분류한다.
   ③ 과거의 관측값들을 이용하여 관측값들이 속한 집단을 잘 구분할 수 있는 방법을 찾고, 이를 이용하여 새로운 관측값이 어느 집단에 속할지를 구분한다.
   ④ 변수 간의 관계가 아닌 개체 간의 관계를 분석한다.

4. 다음에서 군집분석의 설명으로 적절하지 않은 것은?

   ① 관측값들을 적절한 기준으로 서로 유사한 관측값끼리 동질적인 그룹으로 묶는(군집화) 기법을 말한다.
   ② 비지도 학습으로 구분된다.
   ③ 계층적 군집방법과 비계층적 군집방법으로 구분한다.
   ④ 계층적 군집방법은 군집의 수와 미리 규정된 판정기준에 따라 개체들을 분할한다.

5. 계층적 군집방법에서 다음이 설명하는 군집 간의 근접도를 측정하는 방법은?

> 군집을 만들어가는 각 단계마다 군집을 형성할 수 있는 모든 가능한 쌍을 고려하여 각 쌍으로 형성한 군집의 평균과 이 군집에 속하는 개체들 사이의 편차들의 제곱합이 최소가 되는 쌍을 한 군집으로 선택하는 방법

① Ward 연결법　　② 최단연결법　　③ 최장연결법　　④ 평균연결법

6. 독립변수는 연속형인데 반해 종속변수가 이산형이나 범주형일 때 사용하는 분석방법으로 적절한 것은?

① 판별분석　　　　　　　　　　② 회귀분석
③ 로지스틱 회귀분석　　　　　　④ 주성분분석

7. 주성분분석에 대한 설명으로 적절하지 않은 것은?

① 분산이 가장 적은 축을 선택한다.
② 주성분의 개수를 결정하는 방법으로 고유값과 분산을 이용하는 방법이 있다.
③ 모든 변수들의 분산을 이용하여 주성분을 찾는다.
④ 주성분은 변수들의 선형조합으로 나타난다.

8. 다음에서 인자분석의 설명으로 적절하지 않은 것은?

① 변수들 사이의 관계를 변수의 개수보다 적은 수의 인자를 이용하여 설명한다.
② 잠재적인 공통인자로 구성된 통계적 모형을 이용하여 변수들 간의 관계를 설명한다.
③ 인자를 추출하는 방법으로는 주성분방법, 최대 우도법 등이 있다.
④ 변수의 정보를 최대한으로 유지하면서 포함된 변수들의 선형결합으로 관계를 설명한다.

9. 과거의 관측값을 이용하여 새로운 관측값이 어느 집단에 속할지를 결정하는 방법은?

① 군집분석　　　② 판별분석　　　③ 주성분분석　　　④ 인자분석

10. 계층적 군집방법에 대한 설명 중 적절하지 않은 것은?

① 유사한 개체들끼리 묶어 군집은 형성하는 방법을 이용한다.
② 먼 개체들로 나누어가는 방법들을 이용하기도 한다.
③ 군집의 수와 미리 규정된 판정기준에 따라 개체들을 분할한다.
④ 군집방법의 결과를 그래프로 표현하는 대표적인 방법으로 덴드로그램이 있다.

참고문헌

1장

Conway, D. (2016), The data science venn diagram, http://drewconway.com/zia/2013/3/26/
the-data-science-venn-diagram.

Gantz, J. and E. Reinsel(2011), "Extracting Value from Chaos", IDC IView, IDC-1142, June

Hilbert, M. (2016). Big Data for Development: A Review of Promises and Challenges.
Development Policy Review, 34(1), 135-174. https://www.martinhilbert.net/big-
data-for-development/

Mann, S., & Hilbert, M. (2020). AI4D: Artificial Intelligence for Development. International
Journal of Communication, 14(0), 21. https://www.martinhilbert.net/ai4d-
artificial-intelligence-for-development/

Subhash, B.(2024, Mar 12), An Introduction to Data Engineering in Google Cloud Platform,
https://medium.com/@bijil.subhash/an-introduction-to-data-engineering-in-
google-cloud-platform-35817b15c29e

Tekiner, F., Herraiz, I.(2021), Building the data engineering driven organization from the
first principles, https://cloud.google.com/blog/products/data-analytics/building-
the-data-engineering-driven-organization?hl=en

Top big data analytics use cases, https://www.oracle.com/dz/a/ocom/docs/top-22-use-
cases-for-big-data.pdf

2장

네이션 야우(2011). 비주얼라이즈 디스: 빅데이터 시대의 시각화+인포그래픽 기법(VISUALIZE
THIS: The FlowingData Guide to Design, Visualization, and Statistics). 송용근(역),
에이콘.

Islam, M. and Jin, S.(2019), "An Overview of Data Visualization", 2019 International
Conference on Information Science and Communications Technologies (ICISCT),
Tashkent, Uzbekistan, pp. 1-7

Flowingdata, http://flowingdata.com

NewsJelly, http://contents.newsjel.ly

Matplotlib, https://matplotlib.org/stable/plot_types/index.html

Seaborn, https://seaborn.pydata.org/examples/index.html

Tableau Gallery, https://public.tableau.com/app/discover

Visualising Data, http://www.visualisingdata.com

3장

대한민국 공공데이터 포털, https://data.go.kr

교육통계서비스, https://kess.kedi.re.kr/index

국가통계포털, https://kosis.kr/index/index.do

문화셈터, https://stat.mcst.go.kr/portal/main

서울 열린데이터 광장, https://data.seoul.go.kr/

서울특별시 빅데이터 캠퍼스, https://bigdata.seoul.go.kr/main.do

지표누리, https://www.index.go.kr/

통계지리정보서비스, https://sgis.kostat.go.kr/view/index)

통계청, https://kostat.go.kr/ansk/

한국소비자원 참가격, https://www.price.go.kr/tprice/portal/main/main.do

Data Science Central, http://www.datasciencecentral.com/profiles/blogs/big-data-sets-
        available-for-free

ExchangeRate-API, https://www.exchangerate-api.com/

Google Dataset Search, https://datasetsearch.research.google.com/

Kaggle Datasets, https://www.kaggle.com/datasets

KDnuggets, http://www.kdnuggets.com/datasets/index.html

OECD.Stat, https://stats.oecd.org/

Open Notify, http://open-notify.org/

The Home of the U.S. Government's Open Data, https://data.gov/

UCI Machine Learning Repository, http://www.ics.uci.edu/~mlearn/MLRepository.html

5장

Bierly, M.(2022, May 17), 12 Python Data Visualization Libraries to Explore for Business
        Analysis, https://mode.com/blog/python-data-visualization-libraries

Matplotlib: Visualization with Python, https://matplotlib.org/

seaborn: statistical data visualization, https://seaborn.pydata.org/

Waskom, M. L., (2021). seaborn: statistical data visualization. Journal of Open Source
        Software, 6(60), 3021, https://doi.org/10.21105/joss.03021

Vega-Altair: Declarative Visualization in Python, https://altair-viz.github.io/

from Data to Viz, https://www.data-to-viz.com/

6장

Buyya, R., Neves Calheiros, R., & Dastjerdi, A. V.(2016). Big Data: Principles and Paradigms. U.S.: Morgan Kaufmann.

De Mauro, A., Greco, M., & Grimaldi, M.(2017). Human resources for Big Data professions: A systematic classification of job roles and required skill sets, Information Processing & Management 54(5).

EMC Education Services. 2015 Data Science & Big Data Analytics: Discovering, Analyzing, Visualizing and Presenting Data, John Wiley & Sons.

Hastie, T., Tibshirani, R., Friedman, J.(2009). "The Elements of Statistical Learning: Data Mining, Inference, and Prediction"(2nd ed), Springer.

Tan, P.N., Steinbach, M., Karpatne, A., Kumar, V.(2019), "Introduction to Data Mining" (2nd ed), Springer.

Sholom M. Weiss, Nitin Indurkhya, Tong Zhang(2015), "Fundamentals of Predictive Text Mining", second edition, Springer.

7장

Hardle, Wolfgang Karl and Simar, Leopold(2015), "Applied Multivariate Statistical Analysis"(4th ed), Springer.

Johnson, Richard A. and Wichen, Dean W.(2002), "Applied Multivariate Statistical Analysis"(5th ed), Prentice Hall.

Basic Dendrogram, https://python-graph-gallery.com/400-basic-dendrogram/

Harvard Dataverse, https://dataverse.harvard.edu/

찾아보기

ㄱ

개인정보보호 가이드라인 31
개인정보보호법 26
결정계수 305
결측값 187
구간추정 242
군집분석 258, 274, 329
기술통계 분석 240

ㄴ

네트워크 다이어그램 232

ㄷ

단어 구름 230
단측검정 251
대푯값 108
데이터 3법 26
데이터 마이닝 238
데이터 마이닝 기반 분석 모형 270
덴드로그램 329
딥러닝 283

ㄹ

라이브러리 56
랜덤 포레스트 286
로지스틱 회귀 276
리스트 166

ㅁ

마이데이터 32
막대그래프 91
머신러닝 239, 283
머신러닝 기반 분석 모형 284
머신러닝 알고리즘 284
모수 240
모수 검정 252
모집단 240

ㅂ

배열 166, 169
범위 111
분산 112
블록 74
비모수 검정 252
빅데이터 14
빅데이터 분석 16
빅데이터와 인공지능 25

ㅅ

사분위 범위 111
사분위수 95
사분위수 편차 111
산점도 97
산점도 행렬 98
산포도 110
상관계수 258, 298
상관분석 258, 298
상자 도형 95
선 그래프 94
순환 70
스크레이핑 126
스크리도표 323
시각화 기법 87
시계열 데이터 94
신뢰구간 242
신뢰수준 242

ㅇ

양측검정 251
연관성 분석 275
연산자 66
오픈 API 127
유의수준 248
의사결정나무 274
이스케이프 시퀀스 185

인자분석 257, 323

ㅈ

점추정 241
제1종의 오류 248
제2종의 오류 248
제어문 68
주석 66
주성분분석 256, 316
주피터 노트북 48
주피터 랩 52
중심극한정리 243
중앙값 109
직교변환 317

ㅊ

척도 252
최빈값 109
추론통계 분석 240
추정 241

ㅋ

크롤러 127
크롤링 127

ㅌ

탐색적 데이터 분석 202
텍스트 마이닝 230, 271
텍스트 파일 181
통계적 가설검정 245

ㅍ

파이 차트 93
판별분석 257, 328, 340
평균 108
표준편차 112

ㅎ

함수 75
회귀분석 259, 301
히스토그램 89
히트맵 231

A

add() 169
API 127
array() 169

C

catplot() 216
concat() 175, 186
count() 189
countplot() 212, 216, 217
crosstab() 217
CSV 파일 181

D

DataFrame() 97, 174
DataFrame.from_dict 134
describe() 114
df.describe() 153
df.head() 153
divide() 169
dot() 171
dropna() 193

E

escape sequence 185

F

fillna() 191
for 문 71

G

get_dataset_names() 152
groupby() 178

H

hisplot() 210
hist() 90, 210

I

IDLE 45
import 90
info() 189

input() 67
int() 67
isna() 190
isnull() 189, 190

J

json() 130
JSON 132

K

K-means 알고리즘 340
K-means 클러스터링 273
K-최접근 이웃 285

L

load_dataset() 203

M

map() 220
median() 96
melt() 175
merge() 177
min() 96
multiply() 169

N

NaN 187
ndarray 169
notnull() 190
np.average() 110
np.mean() 110
np.median() 110
np.unique() 110

O

ols() 306

P

pairplot() 100

pearsonr() 299
pie() 93, 210
pivot() 178
pivot_table() 179
plt.bar() 92, 213
plt.barh() 92, 213
plt.title() 92
plt.xlabel() 98
plt.ylabel() 98
print() 65
*p*값 250

R

range() 72
read_csv() 96, 183
read_excel() 90, 183
regplot() 306
replace() 192
return 문 77
r.json() 131
RSS 127

S

scatter() 98, 299
sns.catplot() 217
sns.countplot() 214, 224
sns.FacetGrid() 220
stats.mode() 110
subtract() 169

V

value_count() 210

W

while 문 72

5V의 특성 15